O Espírito das Trevas

CELESTINA ARRUDA LANZA

O Espírito das Trevas

ROMANCE MEDIÚNICO

☆

FEDERAÇÃO ESPÍRITA BRASILEIRA
DEPARTAMENTO EDITORIAL
Rua Souza Valente, 17
20941-040 — Rio-RJ — Brasil

ISBN 85-7328-171-5
6ª edição
Do 41º ao 43º milheiro

Capa de CECCONI
2ª ORTD 8460/G 19
5,23-AA; 000.3-O; 7/1998

FEDERAÇÃO ESPÍRITA BRASILEIRA
(Casa-Máter do Espiritismo)
Av. L-2 Norte — Q. 603 — Conjunto F
70830-030 — Brasília-DF — Brasil

Reprodução fotomecânica e impressão offset
Oficinas do Departamento Gráfico da FEB
Rua Souza Valente, 17
20941-040 — Rio,RJ — Brasil
C.G.C. nº 33.644.857/0002-84 I.E.nº 81.600.503

Impresso no Brasil
PRESITA EN BRAZILO

Pedidos de livros à FEB — Departamento Editorial, via Correio ou, em grandes encomendas, via rodoviário: por carta, telefone (021) 589-6020, ou FAX (021) 589-6838.

CIP-BRASIL. CATALOGAÇÃO-NA-FONTE
SINDICATO NACIONAL DOS EDITORES DE LIVROS, RJ.
E78
6.ed.

O espírito das trevas: romance mediúnico / [psicografado por] Celestina Arruda Lanza. — 6.ed. — Rio de Janeiro: Federação Espírita Brasileira, 1998.

ISBN 85-7328-171-5

1. Ficção espírita. 2. Obras psicografadas. I. Lanza, Celestina Arruda.

98-1019. CDD 133.93
CDU 133.7

190698 240698 005502

I

Num canto da Índia, ostenta-se pequena povoação rodeada de verde grinalda de ilhas, quais extensos bosques cobertos de caprichoso tecido de folhas e ramos de luxuriantes e copadas árvores de variadas espécies.

No meio desses bosques, divisam-se os tetos de casinhas brancas, coroadas de galhos de palmeira e construídas de pinho a pique, toscas e paupérrimas edificações, reveladoras do estado precário de civilização em que se acham os habitantes daquelas regiões.

Ischia é a povoação de melhor aspecto encerrada nessa circunferência de ilhas habitadas por tribos de indianos, atrasados e rudimentares, de inteligências incipientes, porém menos maus e mais comunicativos com os europeus do que as tribos que habitam a Índia Setentrional.

Erguida na fralda de uma montanha, Ischia apresenta à vista do espectador o mais pitoresco panorama que a Natureza pode oferecer.

Ao pôr do Sol, ou pelas auras matutinas, a sua vista deslumbra. Tem atrativos de arte mágica que enleva, que transporta a alma. Tudo ali é encanto, não só pela sombra espalmada que os cactos derramam nos esguios carreiros, cortados pelo meio de vistosas e entrelaçadas ramas de mirtos e de róseas campânulas de folhas aveludadas, reflorindo no maciço de relva prateada pelo orvalho da noite, como também pelo concerto dos pássaros, esvoaçando e catando as penas com os preguiçosos bicos, nos lânguidos galhos dos olmeiros brancos.

Por outro lado, as florestas, os rochedos, as montanhas, em cujas protuberâncias lança o Sol um véu de ouro pulverizado, que rebrilha nos espaços com fulgores de diamantes preciosos, apresentam maravilhoso espetáculo.

Existem penedias altas e austeras, com recortes talhados pela natureza, que parecem, à primeira vista, zimbórios de grandes catedrais com esculturas de basalto e colunatas engastadas na massa granítica.

Ali, as aves grandes, de asas pardacentas, vão empoleirar-se e fazer ninho. Nos contornos desses píncaros, que demandam as nuvens, há cavidades, algumas como algares profundos, que se rasgam pelos declives e vão embeber-se nas águas turvas do rio Deva, a correr sobre as bases da montanha, até despejar-se no golfo da Tírbia.

Muitas cabanas, feitas de troncos de nogal e cobertas de ramos de palmeiras, habitadas pelas famílias menores daquele aglomerado de raças orientais, que vivem e se mantêm pacìficamente, ignorando até a civilização, espalham-se pela fralda da grande montanha.

Cada habitante possui o seu pecúlio e o seu gênero de vida. Porém, todos têm a ideia de Deus e mais ou menos são unidos por um culto que praticam com respeito e reverência relativos ao grau de compreensão e de espiritualidade que atingiram e que consiste na invocação dos mortos.

No equinócio da primavera, celebram-se ali as cerimônias desse culto, presididas por um adepto venerável, de conhecimentos mais amplos, segundo a antiga doutrina dos Egípcios.

O ritual assume caráter festivo e celebra-se na cimeira da montanha, prévia e esmeradamente ornamentada de guirlandas de flores odorantes, de palmas e de ramos de mirra.

Uma teoria de donzelas, vestidas de branco e com coroas de jacintos, sobe o declive e vai postar-se em torno de um sarcófago de pedra, construído sob um um grande rochedo e todo coberto de pétalas de flores e de essências finas, ao pé do qual o sacerdote, paramentado com um manto branco cravejado de estrelas de prata, lê, em palavras hieroglíficas, um livro amarelento e antigo.

Quando as virgens sobem e vão prosternar-se, com as frontes curvadas, em torno do rochedo sagrado, o sacerdote fecha o livro e elas entoam, ao som das notas lânguidas e doces do alaúde e das cítaras que as mãos de castos jovens tangem com perfeição, um cântico melodioso e suave, que ressoa nas abóbadas crepusculares das cavernas, como um hino sacro e extenso a elevar-se ao céu, deixando no espaço um eco sonoro, atraente, cheio de veludosa ternura, como de uma alma que chama outra alma e que lhe vai avivando a memória e a saudade em brandos matizes.

Essa salmodia harmônica que as virgens cantam com extrema doçura, na ânsia de prestarem culto aos seus entes queridos, é um potente modo de atrações para as almas ainda presas à crassa atmosfera terrena e que acodem, pressurosas, à solenidade anual, na esperança de poderem trocar ideias com os seus amigos e parentes da Terra.

O austero sacerdote ergue-se e faz, pelos médiuns, as consultas solicitadas, interroga os visitantes invisíveis, que começam a manifestar-se por múltiplas formas: ora por objetos materializados, por fenômenos de transporte, que são provas inequívocas da sobrevivência; ora pelo apossamento de médiuns desenvolvidos, que proferem discursos, falando de coisas reais e irreais. Assim obtém ele respostas às consultas formuladas, não deixando, porém, de considerá-las, pelo fundamento moral ou indiscreto que tais manifestações apresentem, aceitando-as e dando-lhes valor, ou refutando-as de acordo com a sua substancialidade.

Depois, faz-se largo silêncio; as donzelas despertam a um tempo, erguem-se e entoam novos cânticos.

Após, atiram no sarcófago simbólico os ramalhetes, as coroas de jacintos, desfolham os lírios e as miriantéias, queimam toros de sândalo bem como resinas em incensórios de madrepérola, que agitam no ar com as mãos impulsionadas por íntimo e fremente júbilo.

Os acordes dos instrumentos confundem-se numa efusão de notas emotivas. Depois, o crepúsculo estende sobre a montanha, semelhante à nostalgia infinita de coisas passadas e mortas, um longo véu de sombras vagas. As aves noturnas espalmam as asas, alongam os bicos e começam a fazer caprichosos voos em forma de círculos e semi-círculos, por cima da grandiosa nave. Já, então, as donzelas principiavam a descer, cantando o hino sagrado, ostentando seus vestidos brancos. Os jovens descem também, gravemente, descobertos, até ao vale, onde corre, por uma garganta, um fio dágua cristalina.

A esse tempo, o Sacerdote dá por encerrada a comemoração anual.

II

Foi numa uessas solenidades plenas de emoções, em que ao vivo é concedida a graça de confabular com o seu saudoso pai ou filho, irmão, parente ou amigo morto, através do sono sonambúlico, magnético ou hipnótico, ou, ainda, sob o impulso sutil das faculdades mediúnicas de que são dotadas com exuberância certas criaturas, que encontramos uma das mais delicadas e nobres donzelas, cujas forças excepcionais lhe davam direito de fazer parte do grupo das virgens, por intermédio das quais o venerando oficiante realizava a invocação das almas dos que tinham ali vivido, na mesma época, em corpos físicos.

Hada era a mais meiga e a mais jovem do grupo das médiuns sonambúlicas, pois não contava ainda dezesseis anos de idade.

De invulgar espiritualidade, bela como uma dessas visões a que os poetas se afeiçoam, era também uma alma sonhadora e romântica, porém sumamente infeliz.

Um acerbo destino lhe dera, nos seus três breves lustros de existência planetária, horas amargas em que, por entre lágrimas, medira a intensidade de seus primeiros infortúnios. Por isso, seus olhos sonhadores, límpidos como o céu depois da saraiva do estio, lhe imprimiam às feições um tom de profundo desgosto.

Um lampejo, no entanto, de esperança, de suprema resignação, acompanhava-a nas suas tristes meditações e nos seus sonhos agitados e incompreensíveis. Assim, constantemente seus longos cílios se derramavam sobre a retina, volvendo ela depois extáticos os olhos para o céu, e soltava, quase imperceptìvelmente, esta exclamação: "Mãe! porque partiste para essas regiões ignotas onde não te vejo? Porque me abandonaste? Em que regaço poderei repousar esta fronte, para que as lágrimas me corram livremente?"

E, se chorava essa criança formosa como um anjo, chorava com muita razão. Mas, a querida imagem de sua mãe, morta havia muitos anos, não lhe respondia, não lhe aparecia, a despeito das constantes invocações que formulava. E o coração da órfã, enternecido pelas saudades e por prematuras mágoas, votava, contìnuamente, a sua ternura àquele espírito que daqui se fôra, vítima das calúnias e da insídia humanas, deixando, entretanto, com o tenro entezinho, um tesouro imenso de amor, destinado a ser, por anos e anos, o etéreo fio que a prenderia ao ciclo terreno. Por isso, ela, docemente, com o excepcional magnetismo de seus afetos bons e a resignação que buscava para as angústias que a acrisolavam, atraía a si o ente espiritual a quem mais amava e, sem ter prova real de sua presença, acreditava que a mãe não se lhe pudesse manifestar por imperioso motivo. Aguardava, todavia, uma oportunidade para formular o seu inquérito. Dizia consigo mesma, ao anunciar-se a cerimônia dos mortos:

"Tenho a esperança de ver minha mãe, de interrogá-la e de desvendar o segredo que guardo carinhosamente. Este ano, com certeza, ela me falará, se Deus o permitir — o coração mo diz."

E chegava a época festiva, consagrada ao culto; seus olhos fulguravam como iluminados pela íntima satisfação que uma doce esperança faz resplandecer no coração que anela alguma coisa, sem que seus desejos se realizassem.

Os anos se sucediam, as solenidades se renovavam e o espírito não vinha esclarecer o mistério, a origem de sua infelicidade.

Certa vez, Hada, aniquilada por grandes tribulações, resolveu procurar, secretamente, o venerando indu que celebrava os ofícios religiosos e que era tido, como mestre e como sacerdote, pelas melhores famílias de Ischia, nas quais o culto havia produzido a abstinência e a melhora de costumes.

Seu objetivo era fazer-lhe uma consulta e pedir-lhe um conselho, a fim de abrandar o seu amargurado destino, pois que ali vivia com os indígenas, sem saber porque, sofrendo no meio daquela raça grosseira.

Recordava-se de que, na idade de cinco anos, época em que seu pai, rico americano, habitava um palácio de três andares e de clássica construção, era os encantos dele, a quem amava de toda a sua alma inocente; lembrava-se de que, na primeira infância, era a retina dos olhos de seu querido pai, jovem de fronte pensadora, de cabelos louros, altivo e forte.

Entretanto, a luz de suas recordações enfraquecia quando, remontando aos primeiros anos de sua existência, se via objeto dos carinhos, dos afagos de sua mãezinha, jovem e linda, que, tomando-a ao colo, com infinita ternura lhe beijava os cabelos, os olhos, a boca, a abraçava e lhe fazia mimos sem conta.

Vinha, depois, a recordação de que sua mãe morrera e que a vira coberta de flores, estendida num ataúde; de que, mais tarde, vestida de luto, com seu pai também enlutado e grave, fôra visitar um túmulo de mármore, rodeado de estátuas brancas, de asas abertas, que pareciam meditar...

Tinha a lembrança de que, depois, sob aquele teto, recebera uma nova mãe, e que esta, bem diferente da sua legítima genitora, jamais pôde substituí-la no seu incomparável papel. Sobrevieram, daí, desinteligências com seu pai, que já não era feliz como outrora.

As querelas domésticas se repetiam, motivadas por cenas de ciúmes, mas a sua meninice inocente e loquaz não lhe permitia definir a gravidade da situação em que ela e o pai se encontravam. Sabia que, por amor, ele se unira à sua mãe; que eram felizes, como soem ser os que verdadeiramente se compreendem através da dialética sutil das afinidades espirituais.

Em seguida, de nada mais se recordava, porque sofrera grave enfermidade, que a prostrara durante meses no leito, febril, entre a morte e a vida. Nada mais vira, senão, a princípio, a fisionomia de seu pai, debruçado sobre a sua cama, vigiando-lhe o sono. Depois, como se houvesse dormido por dilatado tempo, despertara entre homens cor de bronze e mulheres semi-nuas, de braceletes de ouro e gargantilhos de coral, de tranças negras como o ébano, de lábios grossos e de colos nus.

Então, tivera a impressão de um longo e doloroso susto. Chorara, chamara, em vão, pelo seu papai, sem que, todavia, alguém lhe respondesse. Nunca mais o vira, nunca mais soubera notícias suas.

Os gritos brutais dos homens e das mulheres lhe haviam dado logo a amostra da vida que ali a esperava. Entre os tratos rudes e os costumes maus dessa gente inculta, cresceu como vítima resignada e calma do infortúnio.

Ao chegar à mocidade, o Sacerdote de Ischia, encontrando-a, certa vez, à beira do rio, contemplou-a demoradamente e, após alguns momentos, disse-lhe: — "Menina, tens em ti faculdades excepcionais... És inteligente, meiga, delicada, de sentimentos puros e possuis bastante magnetismo; os Espíritos dos nossos amigos mortos acharão em ti, certamente, um aparelho bom para se comunicarem. Sob o sono sonambúlico, em que cairás brevemente, verás fenômenos de raros encantos, que não podes imaginar."

E, mudando de tom, acrescentou: — "Queres trabalhar? Debaixo do meu domínio poderás obter o que mais fortemente desejares."

A jovem ergueu para ele os olhos tímidos e respondeu:

— Sim.

— Então, irás fazer parte da ordem das donzelas

sonambúlicas, nos festejos sacros deste ano, segundo a nossa religião.

— Mas, o senhor terá de pedir permissão a Alasca, meu pai, que é muito severo para comigo e, se não pedir, estou certa de que ele não consentirá.

Dito isso, Hada fechou as pálpebras, como para ocultar as lágrimas que já lhe embaciavam o brilho dos olhos.

O velho Ilca compreendeu. Passou-lhe de leve as mãos pelas fulvas madeixas caídas sobre os ombros, brancos como o alabastro queimado pelo Sol, e respondeu com ternura:

— Bem sei, Hada, que Alasca é mau pai; porém, será um homem bom e, se eu lhe falar e pedir a tua inclusão no quadro dos adeptos, não mo negará, estou seguro.

E, tomando a mão da moça, seguiu a larga estrada que se estendia até a casa do velho indígena.

III

A habitação de Alasca, rubicundo indiano da Tribo dos Airacás, era quase totalmente coberta de vinhedos, um tanto baixa, cercada de canaviais e frondosos salgueiros; ficava situada à margem de um riacho, que era um braço do Deva.

Aí vivia ele, desde mais de oito anos, com sua pupila, a branca Hada, que o destino, como um joguete qualquer, lhe lançara nas mãos.

Homem inculto e rurícola, desconhecia os suaves sentimentos do coração humano, a ternura e a bondade que alteiam a alma perante Deus.

Pelo sumo atraso de seu espírito, cujas existências de progresso talvez fôssem, na terra, apenas preliminares, era severo e brutal. Não compreendia razões, nem direitos que subvertessem suas ordens. Apenas cria na sua violência, na força muscular que possuia, na cólera de Eloá.

Sabedor da severidade do temido indiano, Ilca compreendera, desde logo, que devia falar-lhe sobre a moça com muita diplomacia, recorrer, até se possível fôsse, a uma aura sugestiva, a fim de conseguir a permissão do velho, para que ela tomasse parte no ritual.

Se o conseguisse, seria por sorte e muita arte, mas estava disposto á empregar os maiores esforços para salvar a moça, protegê-la contra o rigor excessivo do chefe dos Airacás.

Assim, quando o ancião e a jovem loura seguiam, confabulando, em direção a casa de Alasca, caminhando a passos lentos através da larga sombra das figueiras e dos tamarindeiros que formavam vasta alameda nos fundos da casa, o homem de bronze, como era chamado na tribo, se pôs a observar com o sobrolho carregado os dois viandantes que se dirigiam à sua residência.

Fechou-se-lhe o semblante e, a franzir e refranzir o músculo da face, apertando o cachimbo entre os alvos caninos, esperando, conjeturando mil coisas diversas, pensava, dentro da rudeza de suas ideias, como havia de receber o velho Ilca. Este, entretanto, sutil nas suas percepções, não se havia deixado tomar de surpresa e preparava-se para formular o seu pedido e conseguir o que desejava.

Com efeito, o envolvente magnetismo superior do bòm ancião dominou desde logo o rancor indômito do indígena, que se fêz, ante o profundo olhar do visitante, brando, passivo, aquiescendo ao pedido, sem custo e sem a mira de interesses materiais.

Não sabia ele da influência mágica que a aura espiritual exerce sobre a pessoa, mas, Ilca, que bem conhecia o fluido dos Espíritos familiares, deixou escapar imperceptível sorriso, quando Alasca suspendeu a mão três vezes em sinal de consentimento.

Desde esse dia, a moça ficara sob os ensinos do Ideólogo, trabalhando nas suas sessões anuais e adestrando-se em jejuns, em retiros e abluções, conforme a usança do credo.

Com a esperança de dulcificar a sua sorte, Hada se fêz crente fervorosa e suas faculdades mediúnicas se desenvolveram ràpidamente. Contudo, o seu misterioso destino não sofrera a menor alteração e continuou, sem reflexos, na mesma obscuridade.

Nos últimos tempos, porém, Alasca se tornara mais severo do que de costume, ao passo que as saudades do pai, como uma espécie de célica telepatia, se enraizaram mais fundo no coração da donzela, que desejava, por todas as graças, saber se ele existia ainda, ou se havia perecido, pois que, materialmente, fôra inútil toda tentativa de investigação.

Para esclarecer o mistério, queria ela obter uma comunicação de sua mãe e, dominada por essa intenção, resolveu falar particularmente a Ilca e contar-lhe a sua amarga história.

IV

Foi por uma cálida e límpida manhã, quando os vales, húmidos do rorejar da noite, possuem verdadeiro encanto para a alma, que a desventurada filha adotiva do homem dos Airacás subiu a montanha sagrada, a confabular com o velho Ilca.

Apesar de criança e de possuir uma alma angelical, Hada era realmente infeliz. O destino, inscrito em letras de fogo, desde as suas vidas precedentes a marcara com o estigma de uma sentença imutável. Em vão tentara destruir pela vontade o seu terrível carma. Lutara, lutara, mas, improficuamente. O que até ali se havia desenrolado, como ato de crueldade, na sua ainda breve existência, não passava de seguimento natural das duras provas, que devia, que necessitava suportar, para eliminar as nódoas de uma vida anterior.

Hada galgou vagarosamente as fragas da montanha, procurando o teto ameno que servia de habitação ao seu bom mestre. Já de longe avistara as alvas protuberâncias, as rochas recortadas que se dependuravam num vasto côncavo da montanha e a extensa caverna escalavrada pelas avalanches: a habitação do Velho. Ali, vivia Ilca desde longos anos.

Tinha por esposa a soledade e como companheiro uma gazela que, presa por uma corda, ele quase sempre levava pela mão, a banhá-la nas águas turvas do rio.

Ilca, sentado no escabelo, passava as mãos pela

corda que prendia a gazela, e pensava, e cismava, com os olhos fitos no horizonte, quando uma voz meiga veio arrancá-lo daquele meditar.

— Bom dia, mestre.

— Ah! és tu, minha menina... Sobe, entra, vem sentar-te aqui. O ancião, erguendo-se, lhe designava um assento no interior da caverna.

Hada subiu os degraus de pedra e sentou-se.

— Trazes as mãos frias e estás agitada. Que tens, Hada? — interrogou, ao ver que a menina, ligeiramente pálida, guardava silêncio.

A moça começou a falar com voz algo hesitante:

— Ilca, há muito que sofro em silêncio, sem externar as minhas amarguras, porque sei que ninguém me compreenderá. Não narrei ainda a pessoa alguma a minha história, porque, entre os rudes corações que palpitam nesta gente, raros são aqueles que podem avaliar o sofrimento alheio.

— E' verdade, respondeu o ancião, é verdade, a multidão que nos rodeia é rude, de índole inferior e medem-se todos pelo mesmo estalão. Quem pratica o mal não condena o mal e sorri do alheio tormento. Mas, vamos, estás triste, que tens? Estás enferma? Há meses que te não via e agora noto certa diferença em ti...

— Não, não estou doente, continuou a jovem. E' o meu espírito que sofre, por se não poder adaptar a este gênero de vida e a esta gente inculta. Tão-pouco me posso habituar aos tratos grosseiros de meu pai...

E, baixando a voz, acrescentou:

— Não vês, Ilca, que a minha epiderme é branca, que não pertenço aos Airacás? que as mulheres me odeiam e me injuriam, porque não sou da mesma raça? Escuta: tu, que tens a pele cor de bronze, mas cuja alma é clara como o Sol, dize-me: porque perdi os meus? Porque surgi dentro deste abismo que sepultou a minha mocidade, segregando-me da civilização? Minha mãe, é certo, morreu quando eu era pequenina; mas, meu pai? Ele vivia, era muito rico. Lembro-me de seus carinhos, dos brinquedos que me comprava. As criadas, que vieram substituir os cuidados maternais, amavam-me muito.

Eram de boa índole. Eu passeava nos jardins do nosso palácio com as minhas amas, e meu pai, à tardinha, deixava seus afazeres e descia para tomar-me nos braços, cobrir-me de beijos. Corria atrás de mim nas alamedas do jardim e eu me escondia. Ele achava nisso uma alacridade inocente e louca... Ah!... meu pai, sim, meu pai não morreu; diz-me o coração que ele existe, que me espera, que não esqueceu o amor de sua filhinha, seu encanto único...

Calou-se, porque o pranto lhe embargava a voz...

— Compreendo, respondeu, gravemente, o sacerdote. A tua prova, minha filha, é grande. A justiça divina, porém, é mais misericordiosa do que podemos imaginar e é possível que essa prova haja chegado ao fim...

— Em vão, prosseguiu Hada, tenho perguntado aos estrangeiros e aos viajantes; aos tripulantes de todas as embarcações que chegam ao nosso porto tenho inquirido, para saber se meu pai existe; mas, ninguém me responde satisfatòriamente. As cartas vão e voltam por não encontrarem o destinatário. Tenho feito esforços inauditos, sem resultado, a fim de chegar a uma conclusão.

Depois, passando a mão pelas pálpebras, para enxugar as lágrimas, prosseguiu acercando-se mais do velho e abaixando a voz:

— Se não fôra o temor da desonra, do opróbrio, Ilca, eu já não estaria aqui. Tive ímpetos, certa vez, de fugir numa corveta que partia para a Europa. Ah! iria à procura de meu pai. Os maus tratos que me infligiam davam-me, por fim, o desejo de voar para outros lugares, a ver homens e mulheres da minha cor. Os hábitos iníquos destes selvagens, destas indianas brutais me oprimiam a alma, a ponto de me fazer desdenhar da existência. Procurar meu pai ou, ao menos, poder beijar-lhe a pedra sepulcral, se ele não existisse, era todo o meu anseio. Para isso, desci, um dia, como demente, aos saltos, a penedia escabrosa que confina com o porto. Lá estava um veleiro com as suas bandeirinhas soltas ao vento. Conheci que era francês pelos desenhos e pelas cores dos mastros. Então, disse de mim para mim: "O' florestas de esmeraldas, ó lagos cristalinos, ó dias claros da América, porque me abandonastes? Como eu te amo, ó Pátria querida!" Acendia-se-me forte no coração a ânsia da fuga e cheguei ao porto, encorajada, resolvida a empreender a viagem. Penetrei no interior do veleiro, circunvaguei, ràpidamente, os olhos pelo fundo da embarcação; uma cena que se desenrolava entre a tripulação me estrangulou de um só golpe toda a esperança: os homens de bordo, rubros, libavam, numa orgia macabra. Havia ali uma espécie de abuso de liberdade, falavam com franca naturalidade de coisas obscenas e riam escandalosamente entre palavreados baixos. Apavorada daquele ambiente, retrocedi apressada, cheia de angústia, dizendo:

Não! não! Que horror! Esperarei que as potências divinas e os anjos me amparem." Desde esse dia, a imagem doce de meu pai se acha mais perto de meus olhos. Sonho com ele. Parece-me que está doente, que já está bom, que me sorri, que me chama. Ilca, compreendes as minhas saudades?...

O velho, que escutara em silêncio e atentamente a narrativa da donzela, soergueu-se, como se emergisse de profunda concentração. Quantas ideias lhe haviam passado pela mente, como vagas no oceano, ideias de piedade e de ternura, vislumbres de vidência, através de suas claras intuições. Vencendo o entorpecimento da memória, vira coisas extraordinárias, que, de momento, não podia explicar, porque não as compreendia.

— Nasceste numa noite sem estrelas, noite que se desdobra do passado, como longo véu, sobre o presente e envolve o teu corpo astral... Deus, porém, lançou sobre ti, minha menina, a sua misericórdia. Esquece, pois, momentâneamente, as tuas penas e volve o teu pensamento para o Infinito. E, dizendo isso, espalmou as mãos sobre a fronte da donzela e embebendo no dela o seu profundo olhar de esquisito fulgor, mergulhou-a lentamente numa atmosfera tépida de magnetismo.

Seu pensamento fixo, elevado, subjugava o Espírito da moça, fazendo-a, por fim, cair em sono sonambúlico.

V

Num clássico castelo de dóricas colunas e de simétricas arquitraves, situado num subúrbio de Paris, vivia um milionário, vindo do estrangeiro havia alguns anos, que se instalara naquela formosa vivenda, comprada a uma família ducal, por fabulosa importância.

Era intelectual e de fina estirpe o nobre estrangeiro. Um tanto recatado, não se mostrava francamente comunicativo, como o são muitos homens. Vivendo entre servidores de sua raça, trazidos da América do Norte, afeiçoara-se a limitado número de amigos, muito íntimos, que o acompanhavam nos passeios e nos jogos familiares a que se entregava com frequência.

Os curiosos boquejavam acerca de seu estado civil; uns o diziam casado, outros o acusavam de injustificável celibato. Afirmavam alguns que era viúvo; muitos, que divorciado. Porém, a verdade é que o conceituado estrangeiro vivia só, fugindo sempre à ideia do matrimônio, com um temor quase supersticioso.

As referências, entretanto, que lhe fazia o proletariado das imediações eram judiciosas e denotavam o alto conceito em que o tinha, pela generosidade que lhe era peculiar, sem afetação ou soberbia. A pobreza o louvava, entoava-lhe hinos de gratidão, porque ele lhe removia constantemente as dificuldades, mediante as fartas espórtulas com que a favorecia.

Desde a sua chegada, os necessitados viram como que um sol nascer no curso tétrico de suas misérias, sentindo que mão generosa soerguera o jugo doloroso da fome que de contínuo os oprimia.

E' que o desconhecido, possuidor de delicadas virtudes, se apiedava dos deserdados da sorte, dos que lutavam com a pobreza e dividia com eles parte da renda de sua fortuna. Esses atos generosos eram festejados, bastas vezes, como verdadeiros sucessos, pelos seus protegidos, que não se cansavam de louvar-lhe o nome.

No entanto, o nobre filantropo, senhor de imensa riqueza, desfrutando grande conforto na companhia de amigos fiéis e bons que o cercavam, não se sentia feliz, como qualquer outro que dispõe dos bens terrenos e de altos dotes de espírito.

A prova é que, quando estava só, Leony de Anfreyt, que assim se chamava ele, comprimia o coração, com as lágrimas a lhe marejarem os olhos.

Um de seus servos, o mais antigo, que o vira nascer, que o acompanhava desde seus primeiros passos, reconhecia que grande desgosto acabrunhava o seu nobre senhor. Mas, nunca falara nisso, para não o ver chorar.

Xisto, esse velho servidor do antigo palácio dos Anfreyt, votava sincera afeição ao amo e dele cuidava com solicitude paternal, tanto que Leony, confiante na sua inigualável dedicação, não lhe guardava segredos e o tinha na conta de seu melhor amigo.

Trazia-lhe no quarto o primeiro almoço, a correspondência, fazia-lhe os mandados particulares, narrava-lhe os acontecimentos, quando ele estava de bom humor, e, para não o agastar, dar-lhe-ia os dias de sua vida.

Numa dessas manhãs em que ia despertá-lo com uma chávena de chá nas mãos, soltou um grito de espanto ao vê-lo sentado no leito, com a respiração ofegante e a enxugar as lágrimas que vertera durante o sono.

O velho acudiu, interrogando:

— Por Deus! meu bom senhor, que foi que lhe aconteceu? Está doente?

— Não, Xisto; não estou doente. Foi apenas um susto. E, entre sorrindo e chorando, acrescentou:

— Um sonho, Xisto, um sonho lindo e mau.

— Ah! um sonho! interrompeu o criado. O senhor sonhou e chorou; não faça caso de sonhos meu bom menino, tome o chá. E, em tom bonacheirão, continuou: Os sonhos só servem para nos roubar o bom repouso do sono. Eu não gosto de sonhar, quando estou a dormir.

Leony, tomando a chávena de chá, parecia não escutar as palavras singelas do fiel servo de sua infância. Estava preocupado, com o sentido posto nas imagens doces e queridas que o tinham visitado no dormir.

O velho, de bom tento que era, passando as mãos pela felpa do canapé, perguntou ao amo, como para o arrancar dalguma triste lembrança:

— Conte, meu querido menino, qual o sonho bom ou mau que o veio perturbar; conte ao seu velho criado que o ama como o seu papai o amava e que é uma caixa forte de segredos.

O moço levantou a cabeça e respondeu baixinho, como um amigo que fala a outro amigo, de coisas muito sérias:

— Escuta, Xisto, meu servo e meu amigo: "Sonhei com a minha Ivone, a adorada filha que há tantos anos perdi."

— Foi com o nosso anjinho que o meu menino sonhou? Viu-a em sonho? interrompeu o velho, acercando-se do moço e abaixando a cabeça para fitar e ouvir mais de perto.

— Foi, Xisto, com o anjo de minha existência que acabo de sonhar. Se visses que sonho agitado e longo, cheio de comoções!... Acabo de ver a minha linda filhinha, que desapareceu, como sabes, há mais de dez anos. Mas, não a vi pequenina como era. Vi-a moça. Ah! sim, moça e formosa. O retrato vivo de sua mãe! Olha, prosseguiu, fremente, estava a dormir e sonhava achar-me sobre uma montanha, toda banhada de um sol incandescente e ela, sentada sobre uma rocha, contemplava o marulhar das catadupas de espumosa fonte, de onde corria uma água azul, como o pedaço de firmamento que se espelhava nela. Depois, afigurou-se-me que da espuma branca, que à água salpicava, subiam flocos que, montando uns sobre os outros, formavam ricos sendais, alvíssimos, que, esgarçando-se no ar, se elevavam para o céu quais pedaços soltos de nuvens!... Eu, enlevado, contemplava silencioso aquela mágica elaboração da Natureza... Mas, sentia que a nostalgia de uma coisa ignota se apegava à minha alma e me fazia de quando em vez suspirar. Estaria ali de longo tempo? Não sei. De repente, comecei a ver que as nesgas brancas, que se evolavam como fluídicos vitrais, desciam novamente, condensadas numa atmosfera astral de cor opalina, e como animadas por um fluido vivo que se solidificava quanto mais se aproximava de mim. Sem romper o fio dos meus íntimos cismares, acompanhava, como presa de mágico encanto, os movimentos daquela nuvenzinha que estremecia no ar e parecia encaminhar-se para a minha direita. Seguia-lhe os voluteios e, quanto mais fitava nela os olhos, mais se me afigurava que tinha em si o espírito de algum ser que eu amava, por isso que não podia afastar-me dela. E não me enganava... Começou a desenhar-se uma forma humana, como que animada por sobrenatural poder. Surgia diante do meu olhar a imagem tênue, a princípio, mas logo nítida de uma mulher. Oh! sentia-me fascinado, deslumbrava-me a vista aquela imagem risonha que acabava de aparecer-me dentre as gazes das nuvens! Era, nos olhos, nos cabelos, na inocência espiritual, a reprodução exata, se bem que aperfeiçoada, de minha Ivone... Mas... como nunca a tinha visto: moça!"

— Se ela está viva, moça é, atalhou o velho, enxugando os olhos humedecidos pela comoção.

— Sim, ela está viva, não morreu, retorquiu vivamente Anfreyt. Vi a minha Ivone descer entre reflexos de sóis, numa aura vaporosa, vestida de branco. Cingia-lhe a fronte uma coroa de jacintos. Ela me viu e me reconheceu. Correu a meus braços, beijou-me as mãos e chorou de contentamento. Eu estava como fora de mim, não podia articular nem uma sílaba. Era para mim um júbilo infinito ver de novo minha filha, abraçá-la, beijá-la, tê-la sobre os joelhos. E ela me acariciava e dizia: "Meu paizinho, estás vivo. Pensava que tinhas morrido."

Passados os primeiros transes de alegria, sentou-se numa rocha fronteira, silenciosa. Então, perguntei-lhe: "Onde estás minha filha? Há quanto tempo não te via! Em vão te procurei por todo o mundo. Gastei uma fortuna para saber onde estavas. Tinhas pouco mais de cinco anos quando desapareceste misteriosamente de casa e ninguém mais soube notícias tuas. Julguei-te morta para sempre. Quantos anos chorei por ti! Enfim, conta-me tudo, agora que te achei, que estamos juntos. Que te sucedeu? Onde moras? Com quem vives?"

Ela, Xisto, ergueu-se e, baixando a voz, como se tivesse medo, articulou esta frase: "Alasca"! Não compreendi. Encolhi os ombros; mas, Ivone, com suave melancolia, continuou: "Pai, sofro. Contar-te o que tem sido a minha vida seria amargurar-te. Para que relembrar o meu destino?!..."

Estremeci. Desconfiado, receoso, tomei-lhe as mãos e disse, vivamente: "Não, minha filha, eu te defenderei. Conta-me, conta-me tudo. Não quero que sofras. Sou rico, és rica, nada te faltará. Iremos, juntos, agora mesmo, para a nossa casa. Não nos separaremos mais."

Ela me tomou pela mão e subimos, vagarosamente, aquela montanha espectral!

Lá em cima, sob um zimbório de rochedos lampejantes, havia como que um conjunto de góticas catedrais, assentado sobre uma muralha. Pedaços de rocha, com formatos de bustos, rolavam pelo chão, como se a alavanca da Natureza se tivesse entretido, certo dia, em modelar e destruir monumentos raros, de típica arte, naquelas paragens.

Eu olhava abismado para os algares profundos que se rasgavam a cada passo e de onde subia o ruído surdo de cascatas que rumorejavam nos recôncavos subterrâneos da montanha.

Entretanto, subíamos, subíamos sempre, sem ver ninguém... Entardecia. Já a luz era indecisa, quando Ivone parou e estendeu a destra para o vasto panorama que se abria sob as colinas verdes, cobertas de vinhedos e tamarindos e disse-me: "Vês, meu pai, é lá que eu moro. Foi ali que vi passar os dias de minha infância."

Circunvaguei os olhos pelo ângulo designado e soltei uma exclamação, mais um grito de assombro. À beira de um rio de águas turvas, estendia-se vasto lençol de casinhas de palha, de seis pés ou pouco mais de altura, verdadeiros tugúrios; míseras habitações, construídas de taipas e capim e das quais iam e vinham homens e mulheres de cor escura, olhos rasgados e lábios grossos. Numerosa tribo de indígenas do oriente, semi-nus, com peles de cabrito à cinta, trabalhava muda e azafamada, em diversas ocupações. Uns moíam, a golpes de almofariz, os grãos que outros colhiam das frondosas árvores de uma floresta. Alguns desses homens, de sangue apurado, talvez Arianos, raça extinta, à beira de um rio se entregavam à pesca. Observei que se tratava de uma tribo relativamente atrasada, porém, não de todo selvagem, pois que já compreendiam o trabalho e se sustentavam de carne de cabritos e de lebres que caçavam diàriamente. A rudeza, a deplorável indigência de sentimentos, a concupiscência brutal e abjeta superabundavam neles, como instintos antes bestiais que humanos. Vida mais que material era a daqueles seres de inferior entendimento, que se votavam sòmente àquilo que tinham sob a vista, ou a ocupações determinadas pelo chefe, ou, ainda, aos folgares noturnos que se realizavam em torno de fogueiras, entre danças vertiginosas e obscenas.

Observava esse espetáculo fastidioso, com grande repugnância, pensando na desventura de minha filha. Queria ver o resto. Vi escravas, como belas serpentes de corpos nus, de contornos volumosos e pele luzida, vistosamente enfeitadas, bailando ao som dos anafis e dos adufes, para curar os tédios do Amir, vulto entufado e materialão, de membros curtos e olhos semelhantes aos do leopardo dos sarçais da África, o qual, sentado em peles de onça, aspirava, a grandes haustos, o fumo de um cachimbo, olhando as escravas que vinham, de quando em quando, roçar-lhe as bocas nos afivelados sapatos. Entretanto, eu já não contemplava de longe, acompanhava, ia através dessas veredas, para tudo olhando com curiosidade...

Atravessei um maciço de olmeiros, onde vi mulheres que sofriam brutais castigos, ou em estúpidos pugilatos, arrancando umas às outras os cabelos, por entre injúrias, imprecações, e incendidas em cólera... Repugnavam-me essas cenas, é certo, tanto mais que, já não sentindo Ivone a meu lado, para tudo olhava ansiosamente. Queria ver onde ela estava. Era impelido, sem saber para onde, e caminhava. Mas, tinha um pressentimento mau, que me magoava, que me produzia uma espécie de temor irreprimível. De repente, estaquei. Acabava de ver Ivone entrar num alpendrado de folhas de palmeiras, sob uma abóbada de vinhas e salgueiros, apanhar uma ânfora e sair novamente. Acompanhei-a de longe. Vi que descia ao rio com a água até à cinta voltava logo, trazendo cheia ao ombro a bilha. …ei atônito. Continuei a seguir-lhe os passos e a vi …trar naquela mísera habitação, que constava de uma única peça, tendo dois estrados de palha por leito, por mesa um poial, alguns utensílios domésticos feitos de cortiça e de argila e dois ou três escabelos. A um canto, ardiam toros entre brasas vivas. Ivone chegou ao fogo, deitou a água num vaso côncavo de barro e o colocou sobre as chamas. Iria ocupar-se em trabalho culinário. Pobre filha! Nesse momento, um vulto ergueu a cabeça coberta de uma juba, por detrás de um sicômoro. Era um vulto humano, Xisto. Custou-me acreditar, porque tinha a pele nua, inteiramente nua até à cintura, a cor castanha, grosso, alto, assemelhando-se a lendário gigante. Tinha os olhos faiscantes e os lábios rubicundos, enquanto os músculos, amplos e rijos, eram como os dos campeões da arena.

Quando esse homem entrou na habitação em que Ivone estava, ela correu ao seu encontro com uma escudela fumegante nas mãos. Ele se sentou no poial e fêz em silêncio o farto repasto. Depois, olhou-a de soslaio e lhe dirigiu algumas palavras, numa língua que eu não compreendia, mas cujo sentido verdadeiro interpretei, porque ele a interrogou se saíra de casa, ao que, a tremer, ela respondeu que sim. Ai! meu Deus! o covarde monstro levantou a manopla e bateu-lhe com violência, recriminando-a com frases injuriosas...

O fiel servo de Leony, que escutara, em silêncio, aquela narrativa, arregalou os olhos estupefato.

Leony continuou:

— Quando vi o monstro humano bater, covardemente, em minha filha, lancei-me sobre ele para o estraçalhar, numa espécie de cólera desesperada, semelhante ao tigre que, assanhado pelo cheiro da carne, salta sobre a presa para devorá-la. Já em mim não havia mais sentimento humano... Quando ia esmagar-lhe os ossos, senti que me arrastavam pelas costas, que um braço duro e longo me segurava os pulsos, enrolava-se-me ao pescoço uma mão e me asfixiava, desnorteando-me a razão. Que horríveis momentos, que luta titânica travei com esse outro ser invisível que me assaltara traiçoeiramente...

Mas, o desejo de punir o malvado me centuplicava a força, tornando-a hercúlea, contra o terrível inimigo que me subjugava, sem que eu pudesse conhecê-lo.

Foi uma luta surda e tremenda, que durou longo tempo, na qual, por fim, senti que as forças se me iam, que o meu antagonista dispunha de poder mefistofélico, muito superior ao meu.

Finalmente, vencido no combate desigual, vi-me arrastado, por entre gargalhadas e apupos, e arremessado, novamente, sobre a montanha junto à fonte encantada. Reconheci-me, então, só, com a minha alma torturada. O vento frio da noite soluçava ao redor de mim e uma dor profunda me trespassava a medula... Mas, a minha Ivone? Onde estaria ela? interrogava às sombras indecisas dos pirilampos, que voavam sobre a minha cabeça, acendendo suas lanternas mágicas. Onde estaria ela? Gritei ansiosamente à minha alma, falando com a minha própria dor: "Ivone! Ivone!" O eco, porém, não reboava, não produzia a menor vibração exterior; era soturno e me morria na garganta. Que desespero, que amargura!... Perdera, outra vez, a minha filha. Ela não ouvia, eu não podia falar-lhe. Em vão, abri as pálpebras para ver se porventura teria aparecido ali... Mas, a escuridão se adensava e o vento, cada vez mais forte, sibilava como infernal orquestra, sobre os promontórios negros que se erguiam quais fantasmas, uniformes, em torno de mim! Nada! Tudo sombras! E eu soluçava cheio de angústia... Cada vez mais desesperado, relembrando o terrível inimigo que não me deixara punir o algoz de minha filha, ergui os pulsos entre cóleras e maldições e o desafiei, novamente, a vir, dos céus ou dos infernos, a uma nova luta.

Desta vez, com certeza eu seria o vencedor. Julguei ouvir o retinir de uma gargalhada, que tinha mais o som metálico dos floretes quando se chocam, do que humano som. E nada mais. Esperei, com os punhos crispados; esperei... Tudo caíra, de novo, em silêncio. Quis descer a montanha; olhei pela direita e pela esquerda; mas, era impossível. A meus pés, um abismo revolto estremecia, gorgorejando nas gargantas dos penhascos, com um ruído trágico, ameaçador. Pus-me a chorar como criança, a chorar, porque não mais podia ver a minha filha. E ela sofria na escravidão!... Foi quando despertei, cansado, exausto, com os sinais das lágrimas sobre o travesseiro."

Dizendo isso, ele mostrava a almofada húmida ao seu fiel confidente.

Xisto, acurvado, enxugando as pálpebras, para o amo não perceber que também ele estava comovido, objetou:

— Esse sonho, meu menino, é muito forte para ser mentiroso, como os que sonhamos todas as noites. E' deveras impressionante e pode ser verdadeiro! Pobre do nosso anjinho, se fôsse verdade, se ela está viva! Se é cativa dos indígenas, pobrezinha! que horror!

E, abanando a cabeça, ergueu-se e correu, com a mão trêmula, as colgaduras que atenuavam a luz das amplas janelas, rasgadas nas paredes severas, cobertas de policromias raras.

Após breve pausa, Leony continuou, com a voz entrecortada:

— Sei de muitos casos em que crianças foram raptadas por certos exploradores, movidos pela covarde ganância. Sei também de outros, em que uma vingança bastarda exercida contra pais culpados era o móvel que induzia o inimigo a lhes amargurar a alma, roubando-lhes o filho.

— E' verdade, meu senhor, há muita gente má neste mundo, replicou o fiel servo. Nós, que sabemos ter sido a nossa menina vítima de um perverso atentado, não podemos duvidar de que ela agora, já mocinha, esteja a sofrer as consequências dessa maldade!

Achando um cunho de fundamento no que o velho dissera, o moço embalava-se numa esperança, enxugando o suor da fronte e meditando, quando soou a campainha.

— Vou atender, disse Xisto, pois o porteiro ainda não veio. E saiu.

Enquanto Xisto desce, o moço veste-se, lava o rosto e as mãos e vai ao espelho para pentear o cabelo.

— Minha esposa — murmurou ele ao olhar um retrato de mulher, colocado junto à moldura do espelho —, acaso é verdadeiro este sonho? — Será possível que esteja viva nossa filha? Fala, minha querida Iara. Tu morreste e eu delinqui, é verdade; mas já me perdoaste.

Sem saber por que mistério, Leony percebeu que o espelho se obscurecia, como se um hálito humano o houvesse atingido. Ao mesmo tempo, começou a desenhar-se ali uma sombra vaga, que logo tomou a forma de um busto de mulher, perfeitamente animado pelo espírito inteligente daquela que ele invocara com tão grande veemência.

A imagem de Iara, a falecida esposa do engenheiro, aparecia ao marido, atendendo-lhe ao apelo. Mas, na sua fisionomia era nítida a expressão de profunda mágoa.

Iara não falou, apenas, com piedoso olhar, passou o indicador sobre a superfície embaçada do espelho, escrevendo um nome, e desapareceu imediatamente.

— Bianca, exclamou Leony, retrocedendo um passo. E, voltando a ler, repetia: Bianca! Bianca!

Era sonho ou realidade! Acabara de ver o Espírito de sua esposa e ela própria escrevera o nome da terrível Bianca, cuja lembrança ele amaldiçoara por todo o sempre.

Era indescritível!

Que ligação teria o nome dessa mulher com a existência de Leony e com o desaparecimento de Ivone? — perguntará o leitor.

Vejamos.

VI

Durante os anos que estiveram casados, Leony e Iara foram felizes, como sòmente podem ser aqueles que se identificam no culto dos sagrados deveres e nos afetos d'alma.

Descendente de uma das mais distintas famílias de

Nova Iorque, Iara, possuidora de nobres sentimentos e de excelsas virtudes, casara muito cedo, aos vinte e um anos de idade, com Leony, notável engenheiro, filho único de um Lorde inglês, que passara a residir nos Estados Unidos da América do Norte e que se chamava William Anfreyt.

Lorde Anfreyt formara o filho, também muito jovem, aos vinte e dois anos, e lhe legara toda a sua fabulosa fortuna, ao expirar, oito meses após o consórcio do filho, isto é, no ano de 1883, naquela cidade.

De posse dos bens paternos, Leony se viu obrigado a permanecer na cidade onde o pai tinha todos os seus interesses e onde ele nascera, para administrar por si mesmo a fortuna herdada, visto como quase toda esta se achava colocada em grandes empresas.

Entretanto, o seu maior desejo era viver debaixo do rútilo sol da França, respirar a atmosfera serena de suas campinas e não levar a vida que o pai tivera, afanosa, sobrecarregada de negócios, vida que, embora detestando-a, ele se via obrigado a continuar.

Lorde William, temendo, supersticiosamente, a queda de sua riqueza, ou a ruína, empregara seu vultoso capital nas grandes empresas de trabalhos ferroviários, razão por que queria que seu filho continuasse a dirigir a companhia, enquanto não conseguisse o término dos negócios.

Como a esposa estava de pleno acordo com as suas deliberações, Leony lhe disse, certo dia:

— Minha boa Iara, espero liquidar estes contratos fastidiosos com o Governo para em seguida partirmos numa viagem recreativa por diversos países. Iremos ao Oriente, visitaremos o Japão e a Indo-China; depois regressaremos à Europa e passaremos a residir na França. Não é assim?

Respondeu-lhe a moça:

— Viajar, meu marido, é um dos meus maiores ideais. Passearmos sòzinhos, de mãos dadas, por esses lugares desconhecidos, subirmos as montanhas legendárias dos iniciados do oriente, atravessarmos vales atapetados de flores — seria de uma beleza infinita. Mas, escuta, a verdade é que já não estamos sós. Não percebes, na minha fronte, na expressão dupla da minha vista, certa anormalidade? E' que, nesta fronte, os anjos acabam de escrever a palavra: "Maternidade".

Estreitando a esposa nos braços, entre beijos efusivos e sentando-a nos joelhos, num impulso amoroso, Leony exclamou:

— E' verdade o que estás dizendo, meu amor? E' certo que vamos ter um filho?

— O Dr. Grey saiu ainda há pouco daqui. Quando me senti mal, não estavas e, por esse motivo, mandei chamá-lo. Ele não se fêz esperar. Examinou-me cuidadosamente e formulou o seu diagnóstico. Imagina, Leony, eu estava toda a tremer de susto, pensava achar-me gravemente enferma, de sorte que, quando ele me disse... experimentei comoção tão forte que quase caí em delíquio... Um filho, que será todo o nosso amor.

— Será toda a nossa alegria, afirmou ele, com o coração anelante, beijando a esposa, que já trazia no seio o fruto do seu amor.

Enquanto isso, o anjo invisível, esperando o dia de seu breve regresso à Terra, estendia sobre ambos suas longas asas de suave ternura.

Ao cabo de alguns meses, eles receberam nos braços o Espírito amigo de vidas anteriores, que, reencarnando num corpinho gracil, estremecia já, sonhando com as emoções, ora inefáveis, ora dolorosas da vida terrena.

Deram-lhe o nome de Ivone, porque era menina e porque esse nome trazia a ambos as mais gratas reminiscências.

Foram, para o moço engenheiro e para sua doce companheira, nos primeiros anos subsequentes, só prazeres, alacridade, horas, dias, noites em que, absorvidos nas garrulices, nos brinquedos, nos encantos da criança, esqueciam os caprichos do destino.

Ivone já teria mais de três anos, quando Iara, pela primeira vez depois de casada, recebeu a visita de uma moça que fora sua condiscípula: Bianca de Landraux, filha de abastado industrial daquela praça.

Era uma dessas donzelas orgulhosas, altivas, excêntricas, que escondia, sob o esplendor de rara beleza física, uma verdadeira cratera de paixões, que lhe ardiam no íntimo com assustadora impetuosidade.

Iara conhecera-a quando educanda do primeiro ano, no Asilo das Dominicanas. Não tinha, aliás, com a sua condiscípula, afinidades de virtudes ou de sentimentos. Entretanto, nunca tivera ânimo de recusar a amizade que ela lhe oferecia com espirituosa espontaneidade.

Não percebia Iara o fundo do caráter de sua amiga, pois, seguindo a diretriz da boa educação que recebera e dos nobres sentimentos que exuberavam nas suas ações diárias, não via nas constantes demonstrações de amizade da jovem Landraux nenhum inconveniente em manter o fio de suas relações.

Assim, no dia em que anunciada lhe foi a visita de Bianca, a Senhora Anfreyt apressou-se a recebê-la com efusiva cordialidade.

— Bianca, não conheces meu esposo? interpelou a jovem, depois das primeiras expressões.

— Não tive ainda o prazer de lhe ser apresentada. Como sabes, eu não estava em Nova Iorque por ocasião do teu contrato nupcial, pois, em companhia de meu pai, empreendera uma viagem à América do Sul, nos primeiros dias de Janeiro, a bordo do "Assíris". Foi com pesar que embarquei sem te procurar para despedir-me e apresentar-te as minhas felicitações, porque a resolução repentina de papai não nos deixara senão escasso tempo para fazermos alguns preparativos de viagem e nada mais. Posteriormente, li nos jornais americanos a notícia do teu consórcio e experimentei imenso júbilo ao saber que havias desposado o filho do célebre Lorde William Anfreyt.

E Bianca esboçava indefinido sorriso.

Deu-se pressa Iara em redarguir, vivamente, apanhando a última frase:

— E' verdade, Bianca, o filho de Lorde Anfreyt era o esposo que eu idealizava desde os meus suaves anseios de menina. Lembras-te, certo, de que muitas vezes, quando fugíamos das irmãs, no Asilo, e íamos confidenciar os nossos segredos inocentes, nos canteiros dos jardins, à sombra das viçosas grindélias, eu desenhava nos livros de histórias o retrato de meu príncipe. E Iara ria encantadoramente.

— Desenhavas até nos vidros das janelas, onde escorria o orvalho daquelas noites eternas do colégio, uma cabeça grega, de nariz aquilino, com olhos de metafísico, não um homem de negócios, como presumo que seja o teu esposo, minha querida, respondeu num leve gracejo a jovem Bianca.

— Tens razão. Através do letargo da ideia, eu não definia o que só podia esboçar por impulso íntimo, inconsciente; nunca, todavia, te disse de que nacionalidade queria o meu príncipe encantado; porém, das condições essenciais do seu caráter, da sua enfibratura moral, da austeridade incorruptível de sua consciência, ocupava-me com extrema predileção. Não é assim? Mas, falemos de outra coisa, minha querida Bianca.

Uma voz varonil e as garrulices de uma criança soaram, entre estalidos de beijos, na ante-sala.

— São meu esposo e minha filha, observa Iara, tomando a mão de sua amiga. Vamos ao encontro deles.

— Minha amiga Bianca Laudraux; meu esposo Leony de Anfreyt, proferiu ela ao chegar junto do marido.

— Minha senhora, sou grato à vossa presença.

E os olhares de ambos trocaram-se com a mesma expressão de elevada finura. Depois, sentaram-se e conversaram de diversos assuntos.

Mas, a verdade é que o negror dos olhos de Bianca possuía, como se se tratara de uma serpente mágica, um quê de misterioso, que fascinava, porque, no íntimo, ela bem sabia o que era, qual o seu poder e o que fazia.

Espírito de grande argúcia, mesmo acima do nível comum dos homens, Leony não era dos que à primeira vista merecem o epíteto de conquistador. Um tanto fleugmático, sabia aparar os grandes lances feminis que se lhe apresentavam na trama negra da hipocrisia e das astúcias comuns ao belo sexo.

Conquanto fôsse um desses caracteres raros de psicólogo, que percebem, através de uma estética deliciosa, do lampejo de uns olhos meigos, as artimanhas de um espírito medíocre, todavia Bianca o vencia na justeza do golpe de vista, tanto que mudava de tática ao dar com homens daquele quilate.

Aparentava imperturbável serenidade, sopitando, na esfera incandescente de seu espírito, o que a fazia palpitar. Exteriorizava apenas aquilo que não pudesse inspirar suspeitas. Mordendo os lábios até torná-los da cor do rubi, ergueu-se com simulada bonomia e despediu-se de seu interlocutor.

As paixões difíceis eram, justamente, as que quase nunca ela podia apaziguar. Assim, como noutras ocasiões, foi a primeira a interromper o gracioso curso da palestra, não sem pedir antes permissão. E, beijando a amiga e envolvendo Leony num olhar inexplicável, saiu, subindo para o "char-à-bancs" luxuoso que a esperava à porta.

Que espécie de mulher será esta, pensava ele, encolhendo os ombros, quando o seu anjo gracil entrou, de novo, gritando:

— Papai, papai!

Esquecendo o mundo nos carinhos da sua filhinha, tomou-a nos braços.

— Ó meu único amor, minha única verdade, meu paraíso! E beijava a cabecinha inquieta de Ivone.

VII

As concepções insensatas de certos espíritos medíocres, que animam muitas vezes os corpos de mulheres formosas, quase sempre alcançam sobre o homem vitórias indignas e destroem a felicidade de muitas almas inexperientes.

Assume assustadoras proporções o predomínio das maléficas influências que, nessas almas incautas, exerce, vencendo-as pela precariedade de senso moral, a coorte tenebrosa das individualidades invisíveis, que foram, outrora, mulheres e homens que viveram alheados dos sentimentos nobres e entregues à negligência do espírito, às ilusórias conquistas, à mendacidade e à corrupção.

Para realizarem um sonho impossível, correndo atrás de caprichos vãos e de mentiroso e efêmero ideal, frequentemente, essas criaturas doudivanas não hesitam diante de coisa alguma. Conspurcam os dotes espirituais, rebaixam-se e recorrem às maiores insídias.

Na complicada trama da existência humana, criaturas há que, mesmo belas, são o flagelo contínuo da bondade e da virtude e que parecem esconder, nos fluidos impalpáveis de seu astral, nos traços apurados de suas formas, os esgares feios do crime. Condenadas pela lei do carma à expiação de suas lubricidades anteriores, nem por isso triunfam dos impuros pensamentos, nem lhes inspira temor a justiça divina. E' que, no impenetrável negror dos sentimentos maus que as dominam, a ideia verdadeira da existência e da sobrevivência da alma se obscurece. E o materialismo se impõe, por íntimas afinidades, afastando da verdade e do apoio da religião essas almas fracas, afundando-as nas ilusões, nos gozos e nas paixões excessivas, que marcam a decadência e a consagração moral de uma época.

Se todos acatassem a lei das reencarnações, essas mulheres lindas, que mergulham na indignidade, teriam mais do que terror de alentar quimeras nocivas e nunca se rebaixariam à degradante impudicícia: ostentariam sempre a auréola celestial da honestidade que dá à mulher a supremacia e a beleza imperecíveis. Existem, entretanto, milhares delas que, deixando de atender à consciência, que clama por afastá-las das tentações materiais, seguem, de bom grado, um ideal mascarado de verdades aberrantes, que, aliás, não passam de ciladas armadas pelos inimigos do mundo incorpóreo, espíritos malfazejos, cujas inteligências incipientes desabrocharam na Terra sob o guante do instinto obscuro da concupiscência e dos sentimentos inferiores. Daí, a ausência de progresso espiritual.

Muitas individualidades, que refulgem na sua trajetória e que a morte surpreende, renascem, depois, com um cérebro morboso, para, desse modo, expiarem os delitos cometidos. Assim, as almas frívolas, fracas e dúbias, que animam corpos gentis, esculturais, graciosos, descem ao oceano do Éter universal e reaparecem, novamente, no mundo, animando um corpo físico atrofiado, defeituoso, consequência lógica do abuso do livre arbítrio.

Pois, não é o próprio espírito, quando atribulado pelo remorso, que prepara, no imponderável mistério da evolução dos seres, o seu renascimento no planeta? Não é ele que constrói o envoltório material que há-de concorrer para as suas provas e merecimentos? — Indubitàvelmente.

Prossigamos, porém, a narrativa.

A história destas almas que aqui figuram é a expressão da justiça divina.

O leitor benévolo e inteligente verá um claro exemplo da verdade, da realidade subjetiva de cada espírito humano e os segredos do destino que tanto o intriga, refletidos nas cenas e nos transes que se vão desenrolar consecutivamente, no decurso destas páginas.

*
* *

Desde o dia em que a ex-condiscípula da jovem esposa de Leony estivera a visitá-la, ficara no espírito desta um pressentimento vago, qualquer coisa estranha, indecifrável, que involuntàriamente a entristecia.

Certa tarde nebulosa, em que se entretinha com o ver a neve cair sobre os galhos despidos dos sicômoros, chegou-lhe, entre jornais e a correspondência, uma carta cuja letra lhe era inteiramente desconhecida e cuja leitura lhe causou verdadeira surpresa.

Era uma carta anônima, escrita por alguma criatura que, ocultando a personalidade, procurava esconder-lhe a má procedência, sem, no entretanto, conseguir dissimular o seu caráter infame.

Iara leu-a demoradamente.

Seria verdade o que aquele anônimo dizia? e abanava a cabeça em sinal de dúvida.

E' impossível, pensava ela. E tornava a ler o documento, que comprometia duas personagens, por ela consideradas modelos de virtude e incapazes de qualquer ação indecorosa.

Quem eram essas pessoas? Que dizia a missiva?

Iara fôra vítima de um embuste.

Entristeciam-na aquelas injúrias, que cobriam de lama o nome honrado e leal de seu esposo, porque o delator não trepidara em apodá-lo de adúltero e de afirmar a sua deslealdade, a sua hipocrisia violadora dos sagrados deveres conjugais.

Era nisso que se fundava a insidiosa carta que Iara tinha nas mãos e que a irritava.

Foi a primeira sombra no sereno firmamento de uma vida exemplar.

Entre ela e o esposo solícito, nunca houvera sequer a mais leve suspeita. Não o admoestaria nunca a preço algum, por isso que ele a adorava com verdadeira paixão.

Espírito de boa moral, educação esmerada, não podia transviar-se do caminho do dever.

E a moça ficou a pensar naquela complicada insídia, conjeturando quem seria o seu autor.

Quase inconscientemente, o nome de Bianca lhe escapou dos lábios. Mas, temendo emitir juízo temerário, abanou a cabeça, em gesto negativo. Guardou a carta, em segredo, sem lhe dar crédito.

Por essa época, ela sentia que seu estado de saúde requeria certa atenção, sem ligar, porém, a isso a mínima importância. Continuava, bem disposta, a atender, como sempre, às pessoas de sua amizade, quando Bianca de Landraux veio, novamente, visitá-la e convidá-la para a reunião festiva que ia realizar no castelo de seus genitores, para celebrar a data de seu aniversário natalício.

Os esposos Anfreyt aceitaram, de bom grado, o convite e prepararam-se para a festa. Antes de chegar a hora marcada, surgiu uma nova carta anônima. Esta, porém, com frases ainda mais infamantes, se destinava a Leony e envolvia numa injúria atroz o nome de sua esposa.

Iara e seu primo Otávio, moço de caráter reto, que inspirava a máxima confiança, eram os alvejados.

Que língua viperina seria essa que se ocupava, com

tão desusado interesse e tanta vilania, em os caluniar? Iara era modelo vivo da virtude feminina. Seu primo, tido por ele na conta de irmão, como poderia alimentar sentimentos tão indignos, como seria capaz de corromper um lar?! — pensava Leony.

Era monstruosa intriga!

O engenheiro, detestando a anonímia, rasgou a carta e a espezinhou, como a esmagar a cabeça de vil serpente. De logo dirigiu-se ao "boudoir" da esposa, a dizer-lhe que já estava pronto para a festa.

Nunca duvidaria de Iara, embora o repugnante estratagema se reproduzisse dezenas de vezes, chovesse, mesmo, a intriga surda do embuçado traidor; no seu conceito, ela seria sempre a sua virtuosa companheira.

Chegando, entretanto, junto ao canapé onde ela se sentara, encontrou-a inanimada.

— Iara, minha querida, que tens? que foi? — interroga ele, tomando-lhe as mãos, inquieto, olhando para todos os lados. Que te aconteceu? Estás doente?

Como Iara não lhe respondesse, alarmado com o semblante lívido e inerte de sua companheira, tocou a campainha, chamando:

— Xisto, depressa, procura um médico. Iara adoeceu.

Enquanto o fiel criado saía à procura do facultativo, Leony lhe abria o corpete e o vestido, afrouxando-lhe a roupa. Nessa ocasião, seus olhos fixaram-se num papel que estava sobre o tapete. Com justa curiosidade o apanhou e examinou.

Era uma terceira carta anônima, em cujo conteúdo havia a mais revoltante calúnia referente à sua personalidades. Incrível!

Com que direito ousava esse tartufo, esse vilão, interferir na vida de um casal para o atormentar?

Sua esposa acabara de levar inesperado golpe. Comovera-se e enfermara. Ainda meditava, com a carta entre mãos, quando o Dr. Grey entrou.

O excelente clínico, antigo amigo da família, que estimava a senhora Anfreyt, como se fôsse sua filha, mostrou-se, conforme era de esperar, muito interessado pela enferma, atendendo-a imediatamente.

— Nossa Iara enfermou repentinamente, caro doutor. Acabo de entrar aqui e a encontrei sem sentidos. Presumo que estivesse sòzinha, porque Ivone e suas áias estão no pavimento térreo.

— Teria tido algum abalo? Experimentaria alguma comoção?

— Ignoro. Como lhe disse, entrei aqui neste momento.

Aproximando-se da moça, o Dr. Grey tomou-lhe o pulso.

— Seu estado é gravíssimo. Não há tempo a perder.

— Que diz, doutor?

— E' grave, é gravíssimo, repetiu o clínico. Sua esposa é cardíaca e acaba de ser acometida de uma síncope.

Lançando mão, prontamente, de todos os recursos aconselhados pela medicina para tais casos, o médico fêz tudo o que lhe era possível. Mas, inùtilmente, pois Iara apenas abriu os olhos já turvos, moveu os lábios e exclamou em voz quase imperceptível:

— Meu marido, escuta...

Ele se acercou, tomou-lhe as mãos e curvou-se para ouvir o que ela ia dizer.

— A carta, não leias a carta que tenho no seio, sim? — E acrescentou: "Vou morrer, beija a nossa filha, transmito ao seu coração o meu afeto maternal. Cuida bem dela. Adeus, vou regressar à pátria dos vivos, ao mistério a que pertencemos."

E, apertando-lhe a mão num derradeiro esforço, cerrou as pálpebras e ficou tranquila.

— Iara! Iara! por Deus! exclama ele.

Ela, porém, não lhe respondeu: deixara de existir.

O médico, sombrio e grave, com as mãos cruzadas e os olhos baixos, testemunhava aquela cena, que tudo faria para evitar.

Num ângulo, ajoelhado, Xisto murmura e repete o nome de Deus. O resplendor dos candelabros lhe realça a fronte coberta de cabelos grisalhos a caírem-lhe sobre as orelhas. Parece nada sentir nem ouvir.

VIII

Contristado profundamente com o passamento da esposa, Anfreyt resolve investigar quem era o autor daqueles papéis anônimos, pois estava convicto de que os dias de Iara tinham sido abreviados pelas fortes comoções que recebera e contra as quais o seu temperamento sensível não conseguira reagir. Ninguém podia dissuadi-lo de que a esposa sucumbira vítima do pérfido anônimo.

— "Não sei o que devo pensar dos acontecimentos que causaram a morte da pobre Iara", disse ele, dirigindo-se a uma das pessoas de suas mais íntimas relações, de quem ouvira palavras de consolação.

Os longos cílios da formosa filha do milionário Landraux desceram, para esconder o efeito que essas palavras lhe produziram. Fizera-se amiga do viúvo e, assim, maneirosamente, respondeu:

— Não creia, Dr. Anfreyt, que a *causa-mortis* tenha sido a forte comoção que ela haja sofrido ùltimamente. Iara estava enferma de muitos meses, dissera-mo da penúltima vez que aqui estive. Encontrei-a descorada, interpelei-a e ela me respondeu que não se sentia muito bem; mas, que não supunha inspirasse cuidados a sua saúde.

— O mal se desenvolvia no seu organismo há longo tempo, creio, como o inimigo encoberto que nos afronta, insidiosamente, sem dar a perceber a sua presença. Somos neste mundo eternas vítimas, quer dos que se ocultam sob a máscara da afeição, quer dos nossos próprios instintos; assim do sangue, como também daqueles que mais atenção nos merecem. Quantas e quantas vezes descobrimos a traição nos que mais amamos, não é verdade?

— Não pense nessas coisas que acabrunham o espírito. Se tentarmos, doutor, apreciar o caráter humano, confundir-nos-emos a ponto de cairmos em contradições. Devemos encarar o mundo tal qual ele se nos apresenta. Comparemos a existência à flor que se expande ao sol, viçosa e louçã, e que, amanhã, ao pôr desse mesmo sol que lhe acariciou as pétalas e que lhe avivou o aroma, já nada mais vale. A vida é como a flor a que o sol deu perfume e matizes e que depois crestou. A mocidade é a quadra da existência que nos oferece todos os encantos imagináveis; que ensina os corações a modular o hino da ventura. Para que, pois, mergulharmos o pensamento em passadas mágoas, que já exerceram sobre nós o seu império, orvalhando-nos de lágrimas as faces durante muito tempo? E' chegada a hora de ceder à ternura. O que a morte ceifou já não passa de recordação...

— Não, Bianca; não fale assim, não profane os afetos mais caros de minha existência, que se não extinguirão jamais.

— Compreendo os seus pesares, aos quais me associo; porém, não posso admitir que um coração exuberante de virtudes, um caráter altivo, sejam vencidos pelas coisas naturais, verossímeis, a ponto de esquecer-se de si próprio. Pois não se lembra que agora é que está na primeira mocidade? que agora é que principia a desdobrar-se-lhe o cenário delicioso da existência, pela idade em que acaba de entrar e pela experiência que vai adquirindo das coisas da vida?

— Para aprendermos as coisas do Mundo e delas adquirirmos prática, é preciso que a existência se nos alongue, por efeito de miraculoso filtro. Não temos tempo para isso, minha amiga; nada se aprende em trinta, quarenta ou sessenta anos, que nos seja dado existir. Se cremos, acaso, haver solucionado um problema difícil, o contrário, de repente, se nos depara e aí temos a decepção naquilo que afirmávamos com segurança. Ainda há pouco tempo, eu pensava resolvido o problema da minha felicidade e dizia de mim para mim: Sei o que os outros não sabem — o segredo de ser feliz, que consiste em não fazer mal a ninguém, em não ambicionar o que não está ao nosso alcance, em não julgar para não ser julgado. Praticando a probidade, o devotamento, a modéstia, a fidelidade, as virtudes, enfim, que enobrecem o espírito, terá o homem resolvido o problema da felicidade na Terra.

E me esforçava por aproximar-me desse modelo imaginário, que se me afigurava concebido com irrefutável lógica e ao qual votava uma espécie de culto sagrado. Quando me sentia feliz, não pensava nos que detestam a felicidade alheia e que procuram destruí-la a todo custo. Acreditava que todos os homens fôssem como eu e que as mulheres fôssem como Iara, em cujos olhos a virtude se espelhava. Não percebia a maldade, nem as traições dos monstros humanos que, acastelados na impostura, fomentam a intriga, num solilóquio infernal, escondidos na sombra, no segredo de suas paixões. Não cria que houvesse almas ignominiosas, cujo prazer sòmente consistisse em torturar o coração daqueles que não as ofendem, com o estilete da maledicência, por uma ambição invejosa e pessoal.

Mordendo os lábios, para dissimular o efeito que lhe produziam essas palavras de fogo e com uns longes de censura, Bianca apressou-se a retorquir:

— Ó! doutor, desde que o mundo é mundo, esses senões da humanidade foram considerados simples variantes do caráter humano. Se fôssem todos, como o senhor idealizava, plasmados na virtude, o mundo perderia o seu valor essencial, que reside nas lutas contínuas da moral contra o vício, do amor contra o ódio, do perdão contra a vingança.

— Eu não idealizava o gênero humano como sinônimo de perfeição. O que não compreendo é que entre almas boas existam consciências que são como um lodaçal de águas corruptas, que contaminam, que poluem com seus salpicos os sacrários da inocência. Não sou pessimista, nem otimista, nem, tão-pouco, mau julgador. O que não concebo é que se possa coadunar com a harmonia da Criação o eterno ataque dos invejosos, dos iconoclastas, aos homens de bem; é essa contínua sêde, que certas criaturas têm, de saborear o licor ardente das vinganças injustas, por questões a que faltam fundamentos quaisquer.

— Uma contínua permuta de bondade seria monótona para os espíritos combativos e valorosos, que preferem as lutas das conquistas humanas, à placidez dos lares. Veja quão diversos são os nossos ideais. O senhor quer que o mundo seja o resplandecer de virtudes recíprocas em seres castos, sobrenaturais, talvez, quais arcanjos a vaguearem num Paraíso translúcido. Eu o encaro como o revolver incessante das lutas, o atrito constante dos seres, na conquista das glórias objetivas. Não condeno a simulação, porque admiro a verdade e a encontro em toda parte: ou no céu olímpico das virgens, ou no caos das imperfeições terrestres, ou, ainda, nos infernos que a Igreja aponta aos réprobos. Adoro as delícias da vida e aceito os tormentos que ela nos inflige para lhe compreendermos o valor. Já vê, doutor, que, segundo o meu raciocínio, o mundo está em ótimas condições.

E sorria deliciosamente, deixando à mostra a fieira de seus dentes primorosos.

Leony fitou-a demoradamente.

Aquela mulher belíssima, sedutora e seduzida pelas potências maléficas, parecia-lhe bem uma pantera amorosa. Não compreendia o que havia nela de original. Instintivamente a repelia, porque o assustavam as paixões que lhe borbulhavam no íntimo e que ele paulatinamente ia surpreendendo. Entretanto, não sabia explicar por que fascinação estranha era atraído para ela e obrigado a escutar as suas falas, que se estendiam, às vezes, por entre arrebatamentos, e com as quais, julgando esconder, confessava uma ternura exaltada, que o dominava e vencia.

Assim é que, aconchegando-se ao estofo acetinado da poltrona, disse-lhe, em tom de extrema cordialidade:

— Talvez tenha razão, Bianca... O mundo nos ensina a sofrer e a amar... E' a luta ingente das almas, através do espesso manto dos séculos, que sintetiza o valor da vida... Ademais, o amor, doce magia, nos atrai e nos eleva à tiara das glórias, ou nos despenha no báratro da perdição. Muitas vezes, pelo seu conduto, sorvemos o filtro inebriante dos prazeres e muitas vezes também tragamos o veneno amargo e destruidor.

— O desregramento das paixões, o amor enceguecido do corpo, a sensualidade, o excesso das delícias mundanas, é o que nos relega das plagas divinas para as penas eternas. Não é verdade, meu amigo?

— Sim, Bianca. Mas, nunca o amor espiritual que,

na sua essência, é a fusão mais perfeita dos sentimentos puros da alma.

Em seguida, Bianca, erguendo-se o estendendo-lhe a mão enluvada, acrescentou:

— Dr. Leony, perdoar-me-á o ter que interromper a nossa agradável palestra, que eu muito estimaria prolongar por horas infindas...

— Então, já vai? E' tão cedo. — E, chegando à janela que dava para o jardim, acrescentou: — Os raios do Sol ainda beijam a vegetação luxuriante dos nossos prados... Devem ser apenas seis horas...

— Papai me espera. Quer que o acompanhe à Ópera; não o devo impacientar. Ele é o único ser que me ama na Terra, não é assim?...

— Bianca! quem pode penetrar em nossos afetos, se cada coração é um escrínio sagrado, onde ocultamos os sentimentos mais caros da nossa vida?

— E' verdade, é verdade, respondeu ela a sorrir. E, apertando-lhe a mão, desceu a escadaria de mármore que chegava até ao jardim. Ele a acompanhou.

Atravessaram, juntos, as aleias de jasmineiros e camélias nacaradas, de pétalas macias e cetinosas, aspirando o perfume dos cravos encarnados e dos lírios brancos, sob caramanchões de risos do prado e de glicínias, para alcançarem o portão.

— Quer dar-me o prazer de vir jantar comigo, amanhã, cara Bianca? Estou sòzinho. Otávio não tem vindo ver-me. Ele, com suas árduas ocupações, me esquece.

— Sim, não vejo nenhum obstáculo; mas, olhe que estamos em contínuo desacordo, num antagonismo de ideias deveras contristador. E' necessário que aceite o meu raciocínio, por mais lógico — diz Bianca, fitando-o e envolvendo-o nas carícias de um meigo sorriso.

Leony, confundido por aquele olhar de veludosa ternura, responde:

— O tempo demonstrará, como juiz imperturbável, qual de nós tem razão. Esperemos... esperemos.

— Até amanhã.

E ela subiu com seus estofos custosos para a carruagem que a esperava na rua.

IX

Meditando nas frases da formosa filha do afamado industrial Landraux, o moço perdera o sono, o que o obrigara a só despertar às dez horas do dia seguinte, coisa que não era de seu costume, pois se levantava sempre cedo, o mais tardar às oito horas da manhã.

Ivone despertara-o àquela hora, com a zoada de seus risos e de suas correrias.

— Papai, não durma, Ivone está aqui, acorde, papai.

E beijava-o, e lhe abria com o dedinho róseo as pálpebras, para que despertasse.

— Que é, minha rica filhinha, exclama ele descendo da cama e tomando-a nos braços.

— E' que o titio está aqui, trouxe-me um pianinho e deu-me muitos beijos...

— Ó! meu amor, dize ao titio que espere, que papai já vai, que não demora, sim?...

Entrementes o engenheiro vestia-se e saía do aposento.

Otávio já o esperava no refeitório, artístico departamento, de paredes esculturais e divididas em painéis clássicos, rasgadas em amplas aberturas cujas portadas ogivais externas eram ladeadas de colunas herméticas, sendo que das bases subiam, até aos capitéis, trepadeiras em flor e trêmulos espargos de delicados tecidos. Imitando o estilo Luís XV, o conjunto, de apurado gosto, que servia de mobiliário vistosíssimo, se compunha de um canapé de damasco, duas poltronas forradas de finíssimo tecido de Arrás, uma espreguiçadeira e um divã do mesmo tecido. Havia vasos de "cristofle" colocados em colunas de alabastro, e estatuetas de Carrara; sobre uma mesinha oblonga, pousava um vaso de flores naturais e o tapete era uma pele de pantera com dentes de marfim. Atrás, estendia-se o jardim, formoso paraíso de flores bem cultivadas, desde as mais comuns até as da mais fina espécie, que impregnavam o ambiente de um odor vivo e embriagante. Suave perfume de jasmins e nardos se evolava das câmaras luxuosas do artístico palacete, pomposa criação arquitetônica que revelava não só a estesia, como o apurado gosto do seu proprietário.

Otávio, moço nobre, de impecáveis maneiras, de severa linhagem, de brilhante inteligência, descendia de uma família inglesa, sendo o filho mais velho do casal. Seu pai fizera-o formar-se em filosofia. Jovem ainda, era entretanto um literato consumado, cujas obras, baseadas na filosofia espiritualista, o recomendavam condignamente, nada deixando a desejar a sua leitura agradável, recreativa, edificante.

Era o amigo dileto de Leony. Entre ambos não havia segredos de espécie alguma. Aconselhavam-se quando, porventura, algum complicado problema da vida comum os interessava. Ouviam-se, com submissão recíproca, nos momentos em que exercia um ou outro o direito de admoestação, por qualquer erro cometido. Não usavam de subterfúgios, nem viam inconveniente no arvorarem-se em julgadores severos um do outro. Repreendiam-se com austeridade, sem que disso resultassem desinteligências; entravam sempre numa concordância amistosa e abraçavam-se. Andavam juntos nos passeios, nas reuniões, nos estudos, nos passatempos. Como era grata para ambos aquela fidelidade fraternal, aquela exemplar comunhão de pensamentos, que provocavam comentários dos egoístas, desses que, levados de contínuo por interesses mesquinhos, não cultivam a sinceridade no campo de suas relações e a recalcam sempre por vãos preconceitos. Talvez, daí, o serem Otávio e Leony frequentemente alvejados pela maledicência dos vilões de alto coturno, que, mesmo vestidos de toga e ostentando anéis simbólicos, não conseguem disfarçar a inveja e a hipocrisia que são apanágio de seus caracteres.

Acentuavam os traços anímicos dos dois amigos a honestidade, a sinceridade e a franqueza, com dotes primordiais e característicos de inegável mérito.

— Então, meu ilustre poeta, exclama Leony, ao entrar no refeitório! Não me apareces há mais de vinte e quatro horas. Podia ter eu morrido e estar metido na cova, sem que de nada soubesses.

— Não creias que não adivinhasse tantas vezes quantas pudesses ter morrido. Se souberas o que ontem andei a fazer, certamente não te admirarias de eu adivinhar que ia servir de obstáculo às inefáveis horas da tarde passada...

— Não gracejes, Otávio. Com a tua presença, as horas correriam mais animadas.

— Deixa de histórias. Eu cá sei o que tu não sabes, ou deixas passar despercebido.

— Que queres dizer? Nada de subterfúgios. Estás com suspeitas vãs, a tatear nas sombras.

— Não julgues que te vá construir um castelo fantástico nas asas da brisa. O que presumo não é fantasia, mas um fato assente nas bases sólidas da verdade.

— Não compreendo...

— Queres que te exponha o que sei a respeito da sedutora fada de faces de jasmim e olhos de veludo?

— Ora bem, sorriu Leony, procurando esconder a viva curiosidade que o empolgava internamente. Desconfias demais: és até injusto...

— Pois, vou mostrar-te que sei mais do que pensas.

— Fala, quero ouvir-te.

O moço louro arrastou uma cadeira para junto da janela, por onde entravam frescas auras, trazendo o aroma dos plátanos húmidos pelo rocio da noite.

— Senta-te.

Leony obedeceu e, apoiando o braço direito no peitoril da janela, ficou a observar com atenção os gestos de Otávio, que puxou outra cadeira e tomou assento defronte do amigo, na mesma posição em que este se achava. Abriu uma carteira de ouro que trazia na algibeira, tirou um charuto e o ofereceu a Leony. Tomou outro, meteu-o entre os dentes, acendeu-o e, depois de soltar duas espessas baforadas de fumo, cruzou as pernas e disse:

— Ontem fui à Ópera.

Leony mordeu imperceptìvelmente o charuto, olhou de soslaio o amigo e redarguiu:

— Que tem isso?

— Fui convidado pela menina Landraux para assistir à representação de "Parsifal".

Era interessante a maneira por que Otávio frisava palavra por palavra, na expectativa de perceber, por meios sutis, o efeito que elas produziam no íntimo do amigo, que silenciosamente o escutava.

— Quais foram as impressões que guardaste da ópera soberana, dos artistas, da música?

— Maravilhosas! Bianca de Landraux, minha gentil companhia, foi quem não achou que o desempenho estivesse à altura da magistral concepção do autor. A meu ver, Bianca foi injusta e creio, com muito fundamento, que tinha no espírito a preocupação de uma coisa que lhe absorvia, de quando em vez, a atenção e que não a deixava gozar da belíssima partitura. Pobre Bianca, sempre irrequieta. Imaginação travessa como quando éramos condiscípulos no Colégio das Dominicanas de S. Pedro.

— Conheces essa moça desde muito?

— Fomos condiscípulos e muito amiguinhos. Quantos castigos recebemos juntos, da preceptora, respeitável matrona de olhos penetrantes, cujo fuzilar de indignação nos fazia estremecer de medo... Eu e Bianca éramos as suas vítimas, porque, de fato, fazíamos a cinquentona perder a cabeça com as nossas travessuras desordenadas. Depois, saí do colégio e lá a deixei, encontrando-a dois anos mais tarde em Nova Iorque. Amo-a como a uma irmã. Mas, meu caro amigo, a jovem Landraux é agora de uma beleza estonteante e, todavia, não ama, nem é amada.

— Ora, não podes saber disso. Como pretendes conhecer o que é um segredo do coração?

— Pela nossa conversa durante os intervalos da ópera, surpreendi que ela tem anseios ardentes que a impulsionam, porém, não é o amor definido. Mulheres como essa não podem ter amor, mas, sim, paixão: paixão impetuosa, semelhante ao desencadear dos elementos indomáveis da natureza.

— Detesto essas mulheres em quem a voz do instinto é mais forte que a da espiritualidade.

— Nunca meditaste sobre o influxo mágico que as mulheres belas exercem sobre o nosso ânimo; por isso, ousas dizer que as detestas.

— Amei uma só vez na vida. Era o amor do espírito e do corpo, que acendia em mim o facho das esperanças suaves de uma ventura sem fim.

— E' dignificante essa atitude. Mas, não creio que não venhas a amar outra vez e que continues, perpètuamente, nessa viuvez enfadonha. Faz quase um ano que vives enclausurado, só, tendo o pensamento saudoso a rever a sombra esvanecida do passado. Porventura não cuidas do presente, nem do futuro, nem dos carinhos maternos de que Ivone ainda necessita?

— Minha filha tem os meus carinhos e os cuidados das amas e, depois, sinto-me bem assim. Não penso em casar novamente.

— Meu amigo, não quero indicar-te esta ou aquela mulher. Deves, sim, seguir a voz do teu coração. Entretanto, acho que a vida solitária de um homem, que já foi casado, não é aconselhável; de mais a mais, não vejo inconveniente nenhum em estudares o caráter dessa jovem que, com tanta solicitude, tem vindo orvalhar-te com o bálsamo da consolação.

E, baixando a voz, como para contar um segredo precioso, inclinou-se, tomou a mão de Leony e atraiu-o a si, dizendo: — Bianca está apaixonada por ti; arranquei-lhe dos lábios esta confissão.

— Otávio, que estás a dizer?... E' uma brincadeira, que te acarreta responsabilidade.

— Nada tenho que ver com a simpática afinidade que te prende a ela.

E, encolhendo os ombros, prosseguiu: "És novo, és inteligente, tens toda a beleza do sexo masculino na acentuação das linhas fisionômicas e na decisão do caráter. Que queres? Eu é que nunca tive essa sorte..."

— Falas cheio de mendacidade, Otávio. Clamas por

um amor, quando viste, na tua juventude, mulheres, quais estrelas, virem depor nas tuas mãos os seus corações arfantes! Dize, antes, que andas a correr atrás da ninfa alada do sonho; que queres uma Afrodite, uma Beatriz ressuscitada no castelo plenilunal de tuas fantasias, mas, não que mendigas um amor.

A porta entreabrira-se.

— Que é? pergunta o engenheiro.

— Sou eu, meu senhor; trago-lhe a correspondência, responde um criado com um porta-cartas repleto de jornais e envelopes carimbados com o selo do correio municipal.

Otávio ergue-se. — Bom, meu amigo, tenho um trabalho urgente. Até logo.

— Até logo.

Leony examina a correspondência. São circulares, cartões de visita, memorandos, notas comerciais, avisos bancários, enfim, uma variedade de assuntos que ele vai verificando e pondo de lado, quando abre uma das cartas e lê, com interesse, o conteúdo, escrito nos seguintes termos:

"Uma noite passada em vigília me ocasionou ligeiro mal-estar, o que me obriga, com muito pesar, a faltar ao seu delicado convite. Espero, com infinita confiança, que esse generoso coração me perdoará. Saúda-o, afetuosamente, sua muito dedicada

BIANCA DE LANDRAUX."

Que estranho pensamento lhe veio à mente, ao ler aquelas linhas! E' que as frases do amigo ressoavam aos seus ouvidos, com o som metálico de uma sentença: — *Bianca está apaixonada por ti...*

Ele, porém, não sabia se amava Bianca. No entanto, tinha, sem poder explicar porque, desejos de estar a seu lado, admirando-lhe a formosura, escutando-lhe a voz, muito embora sentindo certa timidez ridícula assaltar-lhe a imaginação, receios inexplicáveis, quando ela o envolvia no doce fluido magnético do seu olhar!

Contudo, o fio inquebrantável do passado invisível,

remoto, o arrastava para ela de modo invencível, como por uma decretação irrevogável.

X

— Flor, és o meu enlevo. Como te amo nessa fragrância que inebria — dizia Bianca a uma rosa orvalhada, que colhera do roseiral de seu jardim, aspirando-lhe voluptuosamente o perfume e agitando-a entre os dedos pequeninos, de nacarinas unhas.

Presa do exagero de seus ideais excêntricos, a donzela despertava sempre ao despontar da aurora, envolvia o busto numa mantilha de gaze e descia ao jardim.

Ali, passava as primeiras horas matutinas, ou sentada na relva dos canteiros, ou a escutar o rumor da fonte gargulejando pelos golfinhos, ou desfolhando as mércias sob as cerradas abóbadas dos rosmaninhos esmaltados pelas cintilações do Sol.

Conquanto fôsse impenitente materialista, Bianca adorava os encantos da natureza. Quer ao admirar os campos matizados de flores, quer ao contemplar o céu crivado de estrelas, sentia fremir a fibra artística da sua alma. Amava o mar com os seus ritmos, ou quebrando docemente as vagas multicores nos dias calmos, ou nos seus roncos de procela. Gozava com o encandear-se das paixões recônditas de sua alma, no mistério dos abismos revoltos. Mas, experimentava invencível atração pelos vales verdejantes onde singela, incauta, qual virgem modesta, desabrocha a bonina viçosa, reverdecem as avencas e as gencianas tremulam nas suas hastes delicadas. Entretanto, tinha predileção pela voragem dos despenhadeiros. Embrenhar-se nos bosques sombrios, viver nas montanhas nevadas, visitadas pelo raio, varridas pelos vendavais do inverno, era a singular tendência de seu espírito trêfego...

Últimamente, porém, votada a um oculto ideal, a donzela moderara seus singulares impulsos. Limitava-se a tecer um véu de ilusões, onde esboçava a figura varonil, insinuante, do engenheiro Leony de Anfreyt. Despertada essa paixão caprichosa em seu espírito carente do apoio de uma crença religiosa, que tudo vivifica e transforma, ela que, confinando a razão tão sòmente no círculo acanhado da vida objetiva, vivia presa da ilusão dos sentidos corpóreos, era capaz de grandes sacrifícios, de vencer escrúpulos, de remover obstáculos, para realizar os seus desejos.

A imagem de sua antiga amiga, desaparecida fisicamente do número dos vivos, fôra, para os seus primeiros anseios, o maior entrave a dominar. Arredá-la, antes de tudo, de seu caminho, seria difícil tarefa que o destino ou a fatalidade tomariam a seu cargo. Não vacilara em verter sobre ela, sigilosamente, o veneno de um ódio injusto, que o ciúme oculto destilara com assombrosa violência. A morte inesperada de Iara lhe abrira os bastidores das esperanças, traçando às suas concepções mesquinhas perspectivas de inequívoco triunfo.

Confiada na sua formosura, na sua idade juvenil e nas suas astúcias femininas, julgara, a princípio, fácil cativar o coração do engenheiro. Enganara-a, porém, a floração de suas quimeras.

Viu, mais tarde, em horas de íntimas reflexões, que aquele caráter, fiel às tradições do velho código da moral, era difícil de ser vencido pela magia dos encantos plásticos.

Mulheres de rara beleza, de formas esculturais, graciosas, de olhos fascinadores, de lábios semelhantes a um fruto saboroso, não granjeavam a atenção de Leony, se não as animasse a chama da espiritualidade; porque, no seu conceito, as sutilezas de uma alma cândida estavam acima da estética fictícia da matéria. Uma exemplar conduta, a enfibratura moral de um caráter, a simplicidade e a modéstia eram, a seu ver, dotes inerentes à perfeição divina, capazes de imperar soberanamente e de cativar os mais indóceis corações.

Então, estudando outros meios, a donzela, perspicacíssima, arquitetara novos planos, lançando um golpe de vista sobre as dificuldades que impediam a realização de seus projetos. Adotou a candura, como arma dominante, e a bondade, por sistema, julgando assim avançar pouco a pouco em mérito no coração do digno engenheiro.

Escudada nesse estratagema, seu triunfo seria certo, porque a verdade era que a ternura soava sempre de modo preponderante na alma de Leony.

Assim, a moça continuava a cultivar em silêncio o seu amor, revelando-o apenas ambìguamente, por furtivos clarões, numa frase melancólica, num ardente olhar, que mal lhe desvendavam o íntimo. Por outro lado, era seu confidente Otávio de Valence, que lhe desentranhava confissões da maior importância. E' que ela o considerava um intermediário fiel, um coração leal, que sòmente pulsava de bons sentimentos. Quando, a falar consigo mesma, agitava a rosa no caule, não suspeitava que Otávio, oculto atrás de uma sebe, lhe surpreendia as frases, lhe acompanhava os gestos com interesse afetivo, para assustá-la depois, num gracejo de ingênua confiança. Surgiu-lhe ele assim inesperadamente, tomando-lhe o braço e exclamando com intimidade:

— Creio que não é sòmente a rosa que amas e admiras; queres também referir-te ao elegante viúvo que conquistou o teu coração; não é verdade?

— Que susto! Sempre com essa eterna mania de andar a pregar-me peças, pareces um vampiro. Estás a violar eternamente os meus segredos. Assenhoreias-te de minhas divagações, se as exteriorizo. Se medito em silêncio, parece-me que possuis o dom da ubiquidade e percebes, adivinhas tudo...

Otávio passara a mão à cintura da donzela, atraindo-a a si, num gesto de intimidade, mercê da confiança, da amizade fraternal que os unia.

— Estás zangada?

— Estou. Afasta-te.

— Pois, então, guardarei comigo, em silêncio, as fagueiras novidades que te trazia...

Com a curiosidade peculiar ao belo sexo, Bianca apressou-se a fazer as pazes. Tomou-lhe do braço e o convidou a sentar-se nos degraus da fonte. Ali, de mãos dadas, olhos nos olhos, narrou-lhe ele a sua palestra com o amigo, acendendo um facho de risonhas esperanças, sem avaliar as graves e irremediáveis consequências que adviriam a ambos dessa união, para a qual ele, iludido pela sua benevolência e boa fé, inconscientemente cooperava.

XI

Meditando com calma nas ponderações frequentes de Otávio de Valence, o moço viúvo, se ainda não se sentia decidido inteiramente a aceitar a proposta, que lhe fizera o amigo, de realizar segundas núpcias, estava mais ou menos propenso a concordar.

A vida solitária do lar, sem os cuidados de uma esposa amorável, sem a confiança, sem o sorriso consolador de uma dessas criaturinhas que o Pai celeste coloca ao lado do homem para lhe dulcificar as amarguras da existência e ser-lhe um anjo de ternura e de bondade, que recolha as lágrimas e as dores, que lhe dê forças quando esmoreça, assim como esperança e estímulo no áspero caminho da existência, concorria grandemente para que ele tomasse a deliberação de um novo consórcio.

Observando a solicitude espontânea que a jovem Landraux manifestava, quer se tratasse da pequenina Ivone, quer da sua pessoa, acabara por lhe dedicar uma simpatia bem maior do que simples sentimento desinteressado. E não via, mais por hábito que por atração afim, a possibilidade de encontrar, noutras donzelas, o que possìvelmente encontraria em Bianca — a extrema dedicação, coisa que ele próprio notara.

Certa vez, após dias de insípida solidão, falando a sós com a moça, sempre afetuosa e consoladora, perguntou-lhe quase bruscamente:

— Bianca, queres ser minha esposa?

Ela, estremecendo e dirigindo-lhe o olhar, respondeu ruborizada:

— Não é uma brincadeira?

— Porque chama brincadeira ao que é resolução definitiva?

— Uma força oculta me impõe aceitar.

— Ser-me-ás fiel, Bianca? Amar-me-ás como desejo? Repara que o consórcio é para toda a existência.

— Creio que não deve duvidar da minha afeição...

Um cendal de piedosa saudade doutra imagem inesquecível cobria a alma de Leony.

Iara fôra a suma virtude. Bianca seria o mesmo? pensou ele e tremeu, insensìvelmente. A ideia fê-lo calar-se.

As pálpebras da jovem ergueram-se novamente, deixando transparecer um olhar de expressiva ternura, mas de insondável mistério. Ele a fitou demoradamente, ansiosamente, como um faquir, tentando em vão devassar o que encerravam os arcanos daquela alma.

Era uma expressão hipnótica, silenciosa, que ele mantinha a custo. Vendo-lhe, afinal, os olhos aljofrados de cristalinas lágrimas, que lhe resvalavam pelas faces louçãs, atraíu-a a si e osculou-lhe os lábios num impulso ardente, apaixonado, inquirindo: "Amas-me?"

— "Sim", respondeu a donzela.

— Faremos, então, em breve, o nosso casamento. Encherás o vazio deste coração e reinarás sobre ele com o império da tua virtude e beleza. Então, serei feliz o resto da minha existência. Minha filha achará em ti a verdadeira ternura que Deus lhe tirou... Sim, Bianca, serás boa para essa criança que entregarei aos teus carinhos, como se a entregasse à sua própria mãe.

Por entre outras promessas, outros juramentos, que arrancava aos lábios da moça, as horas passaram rápidas e a noite de sua viuvez se extinguia aos arrebóis de um novo amor e de uma nova ventura, que despontavam no céu de sua existência.

Bianca prometia fidelidade e mansuetude, tão enlevada no gozo desse acontecimento almejado, que não cuidava senão de suas ilusões, ora castas e singelas, ora maculadas por pensamentos obscuros e invioláveis.

XII

Não tardou muito a realização do himeneu: apenas o tempo para os preparativos da pomposa celebração do ato, que teve um caráter íntimo, porém se revestiu de maravilhoso luxo. Recusando as danças e outros festejos comemorativos, por não condizerem com a viuvez, Leony aceitara sòmente o que é imprescindível em tais solenidades: a orquestra para executar as marchas nupciais e o coro que devia elevar à Virgem Celeste a melopeia sacra em honra dos nubentes.

Flores em profusão e um lauto banquete oferecido aos amigos íntimos, cuidosamente escolhidos para assistirem à cerimônia, preencheram a celebração das bodas, emprestando-lhes caráter severo e harmonioso.

Assim, Leony de Anfreyt realizou sua segunda núpcia, tomando por esposa, civil e religiosamente, Bianca de Landraux. Unira-se a essa mulher por afetos dalma ou por meras ilusões dos sentidos? Eis a pergunta que surge do mistério da consciência.

A princípio, a dedicação da tentadora criatura parecia dar provas exuberantes de uma estrutura espiritual nada comum. Se, porventura, não o amasse verdadeiramente, ter-lhe-ia ela o amor imprescindível de esposa, e, então, o dever moral o obrigava a retribuir, do mesmo modo, a solicitude afetuosa que lhe era votada, indo até ao sacrifício. Dessa maneira, unidas para toda a existência, suas bocas sorveriam o néctar dulcíssimo da felicidade.

Por outro lado, o nobre moço presava até à idolatria a honra. Romper esse áureo fio seria tarefa dificílima para a sua índole discreta e incorruptível.

Se Bianca continuasse a manter a mesma linha de proceder, era quase certo que ele chegaria a amá-la com a firmeza inquebrantável das afinidades espirituais e viveriam na bem-aventurança dos belos ideais, unidos por um só laço: — o amor espiritual.

Bem difícil, entretanto, é poder aparentar-se por muito tempo aquilo que não é espontâneo da alma e que esta sustenta, a muito custo, para, afinal, mostrar-se na crua realidade da sua natureza.

Como consequência, pois, das lutas secretas em que ela se empenhara para emprestar fulgor às mentirosas virtudes que simulara a fim de conseguir o que era mais capricho dos instintos do que amor, apenas lhe restava, à saciedade, o fastio, tomando o lugar às vertiginosas exaltações de seu espírito ardente, inclinado à expansão dos sentimentos maus que o assediavam. Os deveres familiares, a honestidade que sublima o consórcio sob a auréola da virtude recíproca, da confiança fraternal que alenta duas almas confundidas na mesma moral, o pudor de esposa e de mãe não existiam no coração de Bianca, que ia ràpidamente desvendando, aos olhos de todos, o seu temperamento dominador, seus ímpetos, seus caprichos exagerados, os quais Leony, tendo-lhe dos olhos caído a venda, vislumbrava com íntimos receios.

Protestos fementidos, subterfúgios ardilosos eram as evasivas de que ela se valia, quando, com o intuito de manter a sua dignidade, o marido a interpelava, tentando subordiná-la ao dever.

Muito mais rápido do que fôra de prever, o perspicaz engenheiro caiu em profunda decepção. Sua esposa, entregue sempre às vaidades, ao luxo, revelava singular predileção pelos prazeres excessivos; um gosto orgíaco, que não só agravava a situação conjugal, como afrontava a dignidade de um homem, em cujo conceito a honra e o brio imperavam entre as qualidades da alma.

Arrependido do passo irremediável que dera, casando novamente, Leony teve medo, ao reconhecer os instintos inferiores que predominavam em sua mulher. Percebia, de hora em hora, que ela se despenharia, fôsse no abismo da prostituição, fôsse na pratica do crime. Tentou, por isso, arredá-la com energia. Repreendia-a severamente, admoestava-a de contínuo, concitando-a ao cumprimento do dever. A nada, porém, Bianca atendia, usando de mil desculpas. Sofismando nos pontos atacados, pretextava ser sua liberdade motivada pela frieza de um esposo que não lhe entendia os caprichos, nem a sabia tratar com os carinhos que merecia, nem captar o seu amor.

A grande argúcia do engenheiro o levava a compreender, embora tardiamente, que difícil lhe era vencer os obstáculos que Bianca erguia entre ambos, com seu gênio irredutível, pertinaz nas suas errôneas concepções, incapaz de retroceder, ao chamamento sutil da consciência, mesmo que esta lhe verberasse os graves deslizes que cometia.

Fazendo jus à maledicência e aos epítetos infamantes dos delatores comuns, que, disfarçados numa circunspecção aparente, ocultam o veneno da perfídia que lhes é peculiar, a esposa de Anfreyt não se deixava abater por simples admoestações, nem pelos preconceitos da sociedade onde figurava. Dava, pois, curso amplo às paixões voluptuosas, aberta ou secretamente, abeirando-se de práticas aviltantes.

No abuso contínuo de sua liberdade, a chama fictícia do primeiro amor se extinguira, para dar lugar a novas conquistas, que, na ausência de ensinos cristãos, de fé religiosa e de escrúpulos morais, lhe desabrochavam no cérebro, como flores quiméricas.

Desamparada no árido deserto do materialismo, Bianca, cujo espírito inferior arrastava a cauda das suas anterioridades impuras, não poderia deixar de fracassar, vítima das forças ocultas e afins do Astral e das influências de um "carma" irremissível e inexorável.

O desenlace não se fêz esperar. Violando os laços matrimoniais, a esposa de Anfreyt já não obedecia à voz imperiosa da honra; maculava-a com indiferença, culminando nos maiores abusos.

Já consecutivas denúncias perturbavam a vida do casal. Cartas anônimas, escritas por testemunhas indignadas, recebidas quase que diàriamente de delatores revoltados com o procedimento indigno de Bianca, tinham trazido a Leony a convicção da realidade. Aguardava ele, porém, provas positivas, para lançar mão dos direitos que a lei lhe outorgava. Dominado sempre por sentimentos nobres, afastara a ideia de agir com precipitação, numa situação tão miserável, da qual daria até a vida para sair com a consciência limpa.

As desinteligências constantes, promovidas por Bianca, na persistência em manter uma conduta oprobriosa, justificariam um rompimento legal, o divórcio que o bom senso e a moral indicavam.

O digno moço, entretanto, aconselhara-se com diversos amigos sobre a situação gravíssima em que se achava. Todos haviam tentado apaziguá-lo, sem, contudo, apresentarem uma solução cabal para o caso. Dada a impossibilidade de uma certeza, de uma prova do adultério por parte da esposa de Anfreyt, ninguém queria alvitrar coisa alguma. Pessoas há que, preferindo, para não emitirem juízo temerário, esperar a consumação de grandes delitos, não se lembram dos perigos que evitariam, se fôssem melhor, mais previdentes. Quantas funestas coisas, por efeito da falta de perspicácia e de insensata timidez para a solução de um caso, no momento oportuno, dão em resultado deploráveis e terríveis flagrantes, que geram as mais sérias complicações, por atos de irrefletida violência.

Com calma, Leony previra tudo. Consciente de sua bondade e de sua energia, chegara a temer os atos que futuramente se visse na conjuntura de praticar, por amor da honra, da dignidade, que ele tinha na mais alta conta. Com intenção honesta e nobre, chamou um de seus amigos, que julgara capaz de exercer uma missão reservada, e o incumbiu de acompanhar furtivamente os passos da esposa.

Fabry, seu secretário, homem de certa idade e de reconhecida idoneidade moral, não lhe negaria nada, nem teria interesse em ocultar o que o chefe necessitasse saber pelo seu testemunho insuspeito. Aceitando a incumbência escabrosa, decidiu-se, embora com escrúpulos íntimos, a vigiar a esposa do engenheiro.

Já por essa época, Otávio, reconhecendo a deplorável desarmonia que havia entre seu amigo e Bianca, cuja queda irremediável ele previa, resolvera, custasse o que custasse, desviá-la do mau caminho, para salvar a dignidade do primeiro. Mau grado a essa sublime intenção, Bianca secretamente traçara seus planos. A horas mortas, em lugares afastados, não seria fácil aos espiões desobrigarem-se da incumbência que lhes dera seu marido.

Por que sedução prodigiosa ela criava para si, em meio das exaltadas paixões que a dominavam, essa perigosa situação? Amaria, porventura, a alguém?

Mulheres excêntricas não amam, como se deve amar;

apaixonam-se fàcilmente e fàcilmente se transformam. Odeiam, destroem, seduzem, aviltam, por meros caprichos, e zombam sempre das vítimas que caem aos golpes de suas insídias e as vão deixando atrás em seu caminho.

Cultuando a beleza própria e confiando nela, amando as vaidades, as lisonjas, o exagero das artes profanas, o delírio dos gozos materiais, das conquistas efêmeras, Bianca se escondia dentro de si mesma. Ao demais, era difícil penetrar-se o ádito de seu espírito, para colher alguma coisa de verossímil, através da volubilidade e inconstância que formavam a característica de sua alma.

Na sua boa fé, Otávio concorrera para a desgraça do amigo. Vira, depois, com pesar, o erro em que laborara. Certo dia, chamando secretamente sua ex-condiscípula, que ele julgara tão virtuosa e meiga, como as entidades que o visitavam nas noites enluaradas de seus sonhos, disse-lhe, com amarga exprobração:

— Bianca, procedes mal... Os deveres conjugais são os mais sagrados da existência. Com que direito ousas violá-los?

— Insultas-me, ofendes-me. Nada sabes contra mim.

— Insensata! Julgas que me enganas, simulando virtude onde não há senão concupiscência e covarde baixeza?

— Cala-te!... balbuciou ela entre lágrimas. E' mentira, caluniador professo!...

— Bianca, o teu dinheiro e a tua beleza nada valem para mim. Se um dia se converter em realidade o que hoje é apenas suspeita, matar-te-ei. Sim, vingarei o meu amigo, antes que ele o saiba, ouves? De hoje em diante, serei a tua sombra ameaçadora. Nada poderás fazer, sem que eu logo o saiba... Quando pensares que estás só, enganar-te-ás, porque, atrás de ti, estão estes olhos flamejantes de ira, estes punhos erguidos para esmagar-te... para castigar a traição que praticas contra um homem honrado, ouviste?

E saiu, agitado, batendo com a porta atrás de si.

Bianca escutou o rumor dos passos de Otávio descendo a escadaria. Depois que já não os ouvia mais, quando já ele tinha saído, encolheu os ombros e murmurou lacônicamente:

— Tolice... Tão fugaz é a mocidade; a vida é tão curta. Se eu não aproveitar...

Ergueu-se e recompôs os fios dos cabelos cetinosos, dando-lhes artística posição, enxugou os olhos e tocou a campainha, com um sorriso singular.

— Veste-me, Glória, quero sair, ordenou à criada, que, prestimosa, acudira ao toque de chamamento.

— Esquecia-me, minha senhora, dizer-lhe que o doutor Anfreyt deseja falar-lhe...

— Diga ao doutor que agora não o posso atender, porque tenho necessidade de sair, respondeu Bianca, enfiando as luvas e afastando-se apressadamente, sem dar tempo a explicações.

XIII

O relógio da suntuosa catedral acabava de bater nove horas da noite de um domingo. E' a hora álacre das grandes cidades: início das festas nos salões.

Os clubes e as associações, fartamente iluminados, abrem as portas para receber os convivas, que enchem as escadarias e se apinham nas ante-salas, procurando cada qual o posto melhor para assistir aos programas das danças ou dos jogos, ou neles tomar parte.

O sexo feminino, dando graça, realce e brilho às reuniões, exerce a sua eterna soberania em tudo. Colos seminus, ornados de pérolas, de peles mosqueadas ou róseas, de carnação macia ou palpitante, cabeças airosas de mulheres lindas, de olhos brilhantes, de lábios carmezins, imprimem incontrastável realeza e vivacidade a todas as festas. Por outro lado, o colorido vivo das custosas alfaias, a resplandecer em tonalidades várias às ondulações das luzes que brilham como sóis nas recurvadas abóbadas dos teatros, dos templos, dos salões de baile; a música das vozes, o soar dos risos argentinos, manifestando as alegrias do coração, constituem o maior encanto das festas e atraem, por natural afinidade, os homens, para se encontrarem no mesmo ambiente e sentirem os mesmos devaneios, num entretenimento venturoso, em meio das lutas ingentes da existência.

Aí, em trocar ideias, em permutar ilusões, em construir castelos, num ambiente de fantasia, em passar momentos alegres entre promessas fagueiras, a juventude se sente feliz, plenamente satisfeita. Dessas ilusões da vida, tão caras quão fugazes, guarda a alma na velhice uma lembrança, uma saudade infinitas. Recordam-se então uma a uma as horas felizes, de sonhos, de anelos juvenis. Nada se esquece da mocidade, quando os anos a têm arrojado no chão frio da ancianidade, sem outra esperança mais do que a de descansar a cabeça na terra solta do túmulo.

Envelhecer, triste realidade!... triste condição das almas tardas, que relutam em ascender às plagas divinas da perfeição, preferindo imergir no caos tempestuoso da terra, por amor do corpo...

Como nos outros centros de diversões, o teatro "Íris", predileto da elite novaiorquina, regorgitava à hora badalada pelo relógio do alto minarete da catedral de São Paulo. As luzes jorravam dos lustres de cristal, no pequeno anfiteatro, alumiando profusamente a rua até à praça Lincoln. Os instrumentos de uma grande orquestra, formada dos melhores elementos locais, preludiavam uma composição "wagneriana", como início da representação de reputada ópera. Filas compactas de pessoas se acotovelavam para assistir à peça, que artistas de renome iam interpretar com o máximo brilhantismo.

Das galerias, dos balcões, dos camarotes, literalmente cheios, se destacavam bustos alabastrinos de mulheres formosas, adornadas de jóias que cintilavam ao reflexo dos holofotes coloridos.

Cabeças artísticas, circundadas de diademas, de pedras lampejantes, tipos femininos de bom gosto, sedutores pelos paramentos e artifícios que levavam, inclinavam-se de momento a momento, curiosas umas, outras ansiosas, como se esperassem alguém, ou para verem o que se passava em baixo, na plateia ou nos corredores.

Entre os que haviam tomado lugar nas poltronas

da terceira fila, um espectador, sobretudo, atraía a atenção, pela maneira singular com que olhava para os camarotes de primeira ordem, ocupados pelas damas do escol social: esposas e filhas de milionários, nobreza de antiga hierarquia inglesa, germânica...

Era um jovem galhardo, de estatura elevada, pele morena, traços acentuados, olhos escuros, de expressão meiga e decisiva. Trajava com elegância e parecia de fina estirpe. Erguendo-se amiudadamente, punha o binóculo, percorria as filas de ponta a ponta, sentava-se novamente com a inquietação pintada no rosto e, depois, dirigindo-se ao companheiro, um rapaz delgado, de fisionomia jovial, falava-lhe com intimidade sobre aquela que não lhe saía do sentido.

— Não está aí; como tarda!... — dizia ele ao amigo.

— E' possível que não venha. Uma mulher casada nem sempre pode sair.

— Ela me prometeu que não faltaria; temos um programa delicioso para hoje. Quando Margarida aparecer no palco, já não estaremos aqui, porque, assim comece o segundo ato, desceremos, eu e ela, juntinhos, e, arrulhando como pombos aos pares, voaremos nas asas da ventura que o amor nos estende.

— Atreves-te a muito, observa Grall. E' perigosa essa aventura. Não vês a situação embaraçosa que te crias?

— A juventude é louca, não sabes? Nada teme, quando o amor é mais forte que a vontade; quando o amor a empolga e domina.

— Advirto-te de que não deves lançar mão de uma arma, quando ela pode ferir-te. E' uma fantasia perigosa, que pode complicar-se sèriamente e acarretar consequências funestas, tanto para um, como para outro, para ti, principalmente, visto que tens a responsabilidade do caso. Em suma, vê bem o que fazes.

— Ninguém é responsável pelas coisas naturais da vida... Ademais, aconteça o que acontecer, nada me demoverá do meu propósito. Estou apaixonado, cego de amor.

Rompeu a orquestra. Uma melodia, em surdina suavíssima, que os violinos, tangidos com maestria, exprimiam num conjunto harmonioso de sons, enternecia e empolgava a alma, despertando doces emoções.

Já o recinto mergulhara na penumbra, quando a porta de um camarote de primeira ordem se abriu, para dar acesso a uma mulher nova e bela, deslumbrantemente vestida, e que entrara só. As pedras preciosas do diadema que lhe encimava a fronte reluziam com magnífico fulgor e lhe davam singular realeza à esbelta figura. Combinavam-se com apurado gosto as pérolas e os braceletes com o custoso vestido que cobria de róseo crepe as formas suaves, esculturais daquela mulher jovem, que outra não era senão a esposa de Leony Anfreyt.

Os olhares, as atenções das damas sobranceiras, dos espectadores circunvizinhos, voltaram-se para ela com visível curiosidade. Despertavam interesse a sua beleza e a singular maneira de prescindir de uma companhia.

Outra figura, erguendo-se por detrás das colunatas que sustentavam, sobre os seus capitéis coríntios, a base dos camarotes de segunda ordem, estendia de quando em vez a cabeça e espiava com vivo interesse a localidade ocupada pela Sra. Anfreyt. O gesto singular com que se empenhava em não perder de vista os movimentos da jovem denotava que um pensamento oculto o inquietava. Contudo, parecendo desejar não ser percebido da pessoa que lhe inspirava tanta curiosidade, procurava esconder a cabeça na sombra das colunas.

Entrementes, um sorriso, um olhar de Bianca Anfreyt anunciara ao espectador da plateia que ela estava à sua espera.

Nesse momento, um suspiro de alívio e uma exclamação: "Ah! ali está ela", despertaram a atenção de Grall Hollywood que, absorvido no desempenho da ópera, pouco caso ligava ao seu melhor amigo Angel Dupont.

— Que é? interpelou ele, meio atarantado.

— E' que os olhos amorosos que me fascinam estão lá em cima e me atraem. Vou deixar-te, meu amigo, adeus!

— Deves ficar aqui, és ousado.

— Não posso; tenho um compromisso a que não hei-de faltar.

Vendo que era inútil reter o amigo, Grall deixou-o sair. Viu-o, em seguida, penetrar no camarote da incógnita dama, beijar-lhe a mão, sentar-se a seu lado...

E ficou apreensivo...

XIV

Os olhos penetrantes do indivíduo que se empenhara em acompanhar furtivamente a esposa do ilustre engenheiro flamejaram de raiva, ao presenciar as cenas rápidas que se passaram no camarote numero três.

Custara a reprimir o desejo de castigar o sedutor. A educação, o receio da justiça divina lhe haviam sufocado a revolta, fazendo-o aguardar outro momento para dar uma lição àquele caráter corrupto que ousava cobrir de baldões um homem honrado.

Convencido do procedimento infame de Bianca, Otávio que, seguindo-lhe os passos se certificara da verdade, aconselhou Leony a divorciar-se, antes que se convencesse da realidade que o havia de esmagar moralmente.

Leony, abatido, respondeu-lhe: "Há muito tempo que tomei essa resolução. Não quero, todavia, agir com precipitação, num caminho tão espinhoso como este que venho trilhando, com a dúvida a lacerar-me constantemente. Quero, saber, pois, a verdade. Se ela me engana, oh! vingar-me-ei condignamente.

— Medita, meu amigo, antes de tudo. Mesmo que ela te não tenha atraiçoado, ainda assim o seu gênio mau e relutante é nocivo nesta casa, onde nos anos breves que aqui viveu minha prima só reinou a paz.

Otávio adivinhava, no gesto melancólico do amigo, uma chama ameaçadora. Teria fim trágico aquela comédia? Não. Ele arredaria Leony das garras aduncas da hiena.

E continuou:

— Nestes últimos tempos, a tua vida se tem transformado, em consequência dos sucessivos deslizes de Bianca, que troca as harmonias do lar pelas festas profanas. Nas danças e nos jogos acha atrações que não pode encontrar nos grandiosos deveres da família. Ora, essas são causas bastantes para o rompimento legal, antes que sejas coagido a praticar alguma violência indigna de ti.

— Suspeitas terríveis me assaltam e temo-me a mim mesmo, se chegar à convicção...

— Leony, esqueces, porventura, que neste mundo tens ainda um sagrado dever a cumprir? Esqueces que és pai, que existe um anjo na orfandade, a quem chamas filha? Que vai ser da pequenina, se te deixares vencer pela violência?

— Otávio, meu amigo, há situações dalma penosas demais para um homem; esta é uma delas. A visão de um futuro horrível me acabrunha: o assassínio ou o cárcere, a loucura, talvez, esperam os meus dias de vida.

Sossega! Estás enervado. Tua mulher é a causa dos teus maus pensamentos. Abandona-a com a consciência em paz e volverás a ser feliz. Partamos para outro lugar. Liquida os negócios que te prendem em Nova Iorque, reduze a dinheiro as ações bancárias e todos os teus bens e vamos para a França. És imensamente rico; não precisas de trabalhar, nem deves afligir-te. O futuro de tua filha está garantido.

— Por um lado, tens razão. Talvez ouça o teu conselho. Vou falar com Efeld, meu advogado, e tomarei ainda hoje uma resolução definitiva.

Tirou o relógio. Eram quatro horas da tarde. Tomou o chapéu e, despedindo-se do amigo, saiu.

Ao chegar à rua, resolveu seguir a pé até ao escritório do Dr. Efeld, que não ficava muito distante dali.

Caminhava a passos lentos pela rua Anvers, quando deparou com a sua carruagem parada à porta de um popular café cantante, ponto de reunião de desocupados, que ali afluíam, nas tardes cálidas, para se distraírem com a representação de variedades por amadores, artistas diversos e prestidigitadores modestos, que estreavam diàriamente e que o empresário ganànciosamente contratava.

Anfreyt espantou-se com aquele encontro e, não

podendo, a princípio, saber o que pensar, deliberou interrogar o cocheiro sobre o que estava a fazer ali.

— Espero a senhora Bianca, responde o homem, metido na sua túnica de botões brilhantes e agaloada.

Leony estremeceu com a resposta. Achara-a muito equívoca.

— Onde está ela? — interrogou com ar sombrio.

— A senhora subiu há bem uma hora. E apontou, lacônicamente, para a larga porta de primeiro andar do café "Nova América".

Anfreyt nada mais quis perguntar, nem ouvir. Deu-lhe as costas e subiu os degraus a dois e dois. Que faria sua esposa naquele ponto assaz duvidoso? Apertava-lhe o coração terrível suspeita: Estaria só? Com quem viera?

Chegou, enfim, ao primeiro andar. Vasto salão, com extensas aberturas, em cujo fundo se destacava o proscênio, tendo descido o velário. Era o recinto das diversões e estava repleto de espectadores de todas as classes. Ao lado, havia um terraço ao ar livre, destinado ao bufete. Também estava, como de costume, completamente cheio de frequentadores.

Leony relanceou os olhos por aquelas mesas, uma a uma. Discutiam, conversavam em cicio pessoas de ambos os sexos. Era um vozerio surdo, entre centenas de criaturas que naquele ambiente saboreavam gelados, licores, cervejas e outras bebidas, esperando a hora das representações.

A ansiedade secreta que impulsionava o ilustre engenheiro lhe transparecia nas contrações das faces, no fulgor dos olhos e nos movimentos bruscos que lhe davam singular aspecto.

— Onde estará minha esposa? perguntava a si próprio.

Tomando o lugar de um casal que se levantava, Leony sentou-se.

— Traga-me um uísque, ordenou ao criado, ao mesmo tempo que tirava um charuto e o acendia.

Não lhe seria difícil vê-la, se de fato ali estivesse;

teria paciência e esperaria que a turba diminuísse. Não sairia donde estava, sem que antes a encontrasse.

Bebeu de um só trago o uísque.

— Traga-me outro, ordenou, tirando baforadas do puro havana. Porém, o terceiro copo de uísque não o pôde tomar, devido à surpresa cruel que experimentou, reconhecendo a esposa entre a multidão.

Dissiparam-se as dúvidas acerbas com que lutara ìntimamente. Certificava-se de que sua mulher, sem pudor, lhe maculava a honra, pois estava ao lado de outro homem, de mãos dadas, bem juntos, absorvidos os dois num êxtase amoroso, entre beijos furtivos e apaixonados!

Rangeu os dentes, cerrou os punhos e levantou-se resoluto. Com uma decisão terrível na mente, encaminhou-se para o ângulo onde a pérfida Bianca e seu amante palestravam.

Fêz-se anunciar por uma pancadinha nervosa no ombro de Ângel Dupont, ultrajador de seu nome. Voltando de leve a cabeça, Bianca abafou um grito de espanto, ao dar inesperadamente com o marido. Ângel ergueu-se atônito e, voltando-se para a direita, esbarrou com o seu rival. Nunca se vira numa situação tão difícil. Leony fitou-o com expressão ameaçadora, agressiva. Mediu-o de alto a baixo, durante breves instantes, com atroz desprezo. Depois, com energia varonil, levantou a mão e vibrou-lhe violenta bofetada, para obrigá-lo a um desafio pelas armas.

Alarmada, a assistência erguia-se. Aglomeravam-se os curiosos, para ver o que se passava.

— Não sou um assassino, senão bebia-te o sangue, miserável! Porém, exijo um duelo de morte. Escolha as armas.

A voz de Leony vibrava com angústia e ele era alvo da atenção da turba que se lhe apinhava em torno.

— Escolho a pistola, replicou o mancebo, incendido de rubor, em que a agressão imprevista fizera nascer o desejo da desafronta.

— Amanhã, às seis horas, no Campo dos Tralds, eu o esperarei com as minhas testemunhas, impõe Leony.

E sai, em seguida, cego de raiva, sem ver ninguém. Na escada, topa com um vulto que descia apressadamente, mas nenhuma atenção lhe prestou. Era Bianca que, assustada, fugia à violenta cólera do marido.

XV

Eram onze horas da noite, quando Ângel Dupont chegou a casa. Sua mãe, com quem residia e que o esperava inquieta, exultou ao vê-lo.

— Meu filho, que alegria sinto, vendo-te chegar. Não sabes quanta coisa má estava a pensar de ti. Saíste de manhã e só agora é que me apareces!

— Entretive-me com alguns amigos, minha mãe, respondeu o mancebo, aparentando calma e entrando nos seus aposentos, para evitar enfrentá-la.

Ângel Dupont não era desses jovens corrompidos que superabundam nos grandes centros. Formado em ciências jurídicas e sociais, aos vinte e três anos, recebera uma pequena herança, por morte de seu genitor, e gozava de bom conceito na sociedade.

Seu pai, descendente de uma família francesa, fôra conceituado tabelião, que, por sua modéstia, probidade e valor, granjeara a confiança dos chefes de Estado. Ângel Dupont nascera em Nova Iorque e, como era filho único, ficou sendo o amparo de sua mãe, desde que esta enviuvara.

Vítima das ilusões da mocidade e dotado de uma beleza varonil pouco vulgar, o moço, que não era um embaucador professo, um desses caracteres corrompidos que pululam nos meios sociais, caíra nas malhas da fatalidade, sem que isso depusesse contra a sua conduta anterior, porque sempre fôra de perfeito equilíbrio moral.

Fraqueara, é certo, mas pela primeira vez, na sua vida, presa das tentações da beleza insinuante de uma mulher leviana, cujo amor, infiltrando-se-lhe no coração inexperiente, o arrojara, com todo o vigor, no chão raso da vilania, reclamando-lhe agora o sacrifício da vida!

Nas horas que passara a sós com a consciência, hesitando em cometer o delito, a atração profunda, latente, daquela mulher lhe dera impulso, obrigara-o a arrebatá-la ao leito da virtude e torná-la sua amante, pensando em fazê-la, depois, sua esposa, sua companheira. Enganaram-no, porém, as ilusões de um amor infeliz, ao ponto de lhe obliterarem a razão e de o impelirem, por um caminho tortuoso, a cometer uma covardia, uma ação abjeta, sem lhe medir a responsabilidade. Fechou-se no seu quarto, a pensar. Passavam-lhe pela mente as horas venturosas, os gozos inauditos que desfrutara nos braços da mulher amada e, quando julgava eternos os minutos que o destino contara com pontualidade, vira tudo rolar por terra. Fôra ultrajado em público pelo seu rival, coagido a uma reparação pelas armas, obrigado a matar o homem a quem ofendera gravemente, ou a morrer, para resgatar com o seu sangue uma dívida de honra.

Não mais ver a mulher querida, deixar em abandono na velhice, insulada, sua mãe, que morreria de desgosto ao receber o inesperado golpe, pois tinha a convicção de que morreria no duelo. Uma voz íntima lho dizia.

Como confessar-lhe a sua fraqueza, as circunstâncias trágicas em que se via; como evitar os comentários de que seria alvo dali a poucas horas?

Arrependido, chorou em silêncio. Lágrimas abundantes, filhas primogênitas da alma, rolaram-lhe a fio pelas faces pálidas, onde transpirava o ardor de vinte e sete primaveras de uma existência exuberante, repleta de esperanças!

Ouviu o relógio dar doze badaladas, depois meia hora. Não se movera da posição em que se sentara, nem sabia como havia de prevenir sua mãe, consolá-la, ao menos, antes da tremenda solução. Em seguida, ouviu baterem-lhe de leve à porta. Era a anciã que vinha desejar-lhe boa noite, perguntar-lhe se queria alguma coisa, se estava bem.

Não quis deixá-la entrar, temendo expor-lhe a verdade. Faltava-lhe a coragem. Ocultar-lhe-ia tudo. Respondeu em tom hesitante:

— Já estou deitado, minha mãe, de nada preciso. Até amanhã.

Tinha a voz visìvelmente alterada.

Por uma antiga falta de audição de que padecia, a veneranda senhora não pôde perceber a hesitação com que o filho lhe respondera e retirou-se para o seu quarto.

Quando os passos da sexagenária se apagaram no silêncio da alcova, Ângel ergueu-se, desceu devagarinho à biblioteca, sentou-se à secretária, tomou da pena e papel, pôs-se a escrever cartas, avisando a alguns amigos, despedindo-se deles. Escreveu também duas outras, que osculou com os lábios febris, destinadas à sua amante e à sua mãe.

Essas duas, onde se via o indelével sinal das lágrimas, exprimiam: a primeira, recordações, saudades das delicias de um amor alucinado, ternuras, queixumes; a segunda, frases submissas, consoladoras, repetidas súplicas de perdão.

Subscritou-as, juntou à primeira as cartas, cartões, de visita e retratos que recebera de Bianca. Não sem antes os beijar, fêz de tudo isso um pacotinho, que também sobrescritou, deixando-o, com as cartas, em cima da secretária.

Depois, subiu de novo para seu quarto, mudou de fato, vestiu-se com elegância e gravidade, refez o cabelo, tomou as luvas, encostou a porta pelo lado exterior, atravessou o corredor, abriu o vestíbulo, fechando-o após, e saiu a caminhar ràpidamente, em direção à praça dos La Playeres.

XVI

As sombras da noite desapareciam, tocadas pelos rútilos arrebóis da madrugada. A aurora, empunhando o seu cetro radioso, subia no firmamento, para assoberbar o mundo com os fulgores solares, debruados de plúmbeas nuvens, que se amontoavam como vastos promontórios, dos lados do oriente e do ocidente.

A natureza, despertando do letargo, respirava por todos os poros uma atmosfera balsâmica. A brisa fresca e suave balouçava, a ciciar, os arbustos, de cujas hastes resvalavam, quais finos aljôfares, as derradeiras gotinhas de orvalho.

Os pássaros, estendendo os bicos e batendo as asas, saudavam a aurora. Chilreavam nos galhos das árvores os tordos e as alaudas; os melros e os rouxinóis afinavam trinos melodiosos, que só os músicos alados podem executar, enchendo a floresta dos Tralds de um rumor alegre e encantador!

A cidade, imersa ainda na modorra da noite, apenas começara a despertar aos silvos das fábricas, dos apitos vibrantes das locomotivas e das embarcações que, ancoradas no porto, anunciavam a saída, e ao repicar dos sinos nas torres das igrejas, chamando os fiéis para as missas.

A essa hora matinal, duas carruagens puxadas por fogosos corcéis corriam a toda pela estrada, levantando nuvens de poeira, em direção ao lugar combinado para o duelo. Cortando o caminho por atalhos, pararam à orla da floresta, num vasto campo alfombrado de giestas e de ervas rasteiras, que vegetavam entre maciços de trifólios e de malvas silvestres.

Abriram-se-lhes as portinholas e deram passagem a dois pequenos grupos de cavalheiros, de aspectos graves, que se dirigiram, silenciosos, a um ponto do campo. Os primeiros traziam debaixo do braço duas caixas com pistolas; os outros, instrumentos de cirurgia, que colocaram sobre um banco portátil.

O mais velho de todos, que aparentava contar cerca de cinquenta anos, era um indivíduo de olhar severo e sobraçava uma pasta de couro. Enquanto os outros abriam as caixas e tiravam as armas, ele desenrolou uma folha de papel de ofício e correu sobre ela os olhos. Já os que o acompanhavam se haviam perfilado e em semicírculo esperavam. Ele suspendeu os óculos acima do supercílio e, voltando-se para o grupo, disse:

— Meus senhores, vou ler a ata.

A um sinal unânime de assentimento, pôs-se a ler, com voz firme, o documento, escrito nos seguintes termos:

"Aos doze dias do mês de Março do ano de 1888, às seis horas da manhã, compareceram no campo dos "Tralds" para se

baterem em duelo, a cinco passos de distância e a pistola, os Srs. Leony Anfreyt e Ângel Dupont, ambos naturais deste Estado e aqui residentes.

"Serviram de testemunhas, por parte do Sr. Anfreyt, Otávio de Valence, escritor, e, por parte do Sr. Dupont, Wolly Biefel, clínico nesta cidade. O duelo, exigido pelo ofendido Leony Anfreyt, será de morte, ou, seja, até quando os combatentes tiverem forças para se alvejarem. O primeiro a atirar será o que for indicado por sorte."

Após a leitura, o escrivão entregou a ata a Anfreyt, que a assinou, passando-a ao seu padrinho, que também a assinou, seguindo-se-lhes Ângel Dupont e sua testemunha.

Terminada essa cerimônia, Otávio e Biefel escreveram dois nomes em papelzinhos cortados do mesmo tamanho e os misturaram com outros em branco. Colocando-os depois num chapéu, sacudiram e deram a escolher aos dois antagonistas. O que tirasse o papel escrito seria o primeiro a atirar.

Os dois homens, com sombrio aspecto, estenderam as mãos e escolheram cada qual o seu, entregando-os respectivamente aos seus padrinhos, para abri-lo.

Otávio empalideceu, ao ver que o papel de seu amigo estava em branco. A sorte escolhera o adversário para atirar primeiro. Com efeito, o papelzinho que Dupont tirara estava escrito.

Conferido isso pelas testemunhas, cada contendor tratou de tomar a sua posição, pois que já haviam despido os casacos e tirado os colarinhos e as gravatas, ficando em mangas de camisa. Os padrinhos contaram os cinco passos mencionados na ata e colocaram os dois homens à frente, com as pistolas na mão. Depois, arredaram-se um pouco para a direita.

Concentrados na gravidade do momento, os dois adversários esperavam, com as armas engatilhadas, o sinal de se alvejarem.

Dupont tremia, estava nervoso. Leony, porém, guardava aparente serenidade.

— "Atire", impôs Biefel.

O moço advogado levou a pistola engatilhada à viseira, mirou o peito de seu contendor, que se mantinha firme como uma estátua, e detonou-a. Errou, porém, o alvo; o projetil feriu de leve o braço esquerdo de Leony, que nem sequer o sentira.

— "Atire!" disse Otávio, avisando o engenheiro de que era chegada a sua vez.

Um estampido, e, logo, um ai! ressoaram quase ao mesmo tempo. Ângel Dupont cambaleava... A bala certeira de Anfreyt, atingindo o alvo, o ferira mortalmente no peito.

Leony, com o braço estendido, deixa cair a pistola. Uma nuvem passa-lhe pelos olhos. Treme de comoção. Matara o seu rival.

Efetivamente, Dupont acabava de cair nos braços de sua testemunha. Do peito lhe saltava o sangue aos borbotões.

Os médicos acudiram pressurosos, abriram-lhe a camisa e pensaram o ferimento com a máxima presteza, apelando para todos os recursos que a medicina aconselha nesses casos. Viram, porém, de pronto, que nada podiam fazer, porque o ferido expirara quase instantâneamente, proferindo um nome amado, que era sacrilégio nos seus lábios, mas que a brisa da morte, a lhe susssurrar nas faces lívidas, purificava.

Era a imagem de Bianca que lhe passara num derradeiro êxtase pela visão interior. Otávio de Valence enfiara o braço no amigo e tomara assento na carruagem. O escrivão e o Dr. Grey os seguiram. Pouco depois, a carruagem parava à porta do palacete do conceituado engenheiro.

Leony desceu cabisbaixo, silencioso. Havia desafrontado com denodo a honra; mas, já não era o mesmo.

XVII

Passava das dez horas da manhã. Bianca de Landraux estava ainda imersa na atmosfera tépida do sono, quando a camareira a despertou, para lhe entregar uma carta urgente, que um moço de recados trouxera em mão própria.

Como dissemos, temendo a cólera do esposo, depois

do terrível flagrante, Bianca se recolhera, incógnita, ao "Hotel dos Viajantes", lugar onde comumente se entrevistava com o seu infeliz amante, o que só ele sabia.

Por um sentimento de temor e de vergonha, não quisera enfrentar a ira de seu velho pai, o milionário Landraux, regressando à casa paterna. Tinha a certeza de que a severidade e a retidão moral deste não lhe dariam guarida, quando ele soubesse do escândalo público em que ela fôra protagonista, pois que seu marido seria o primeiro a desmascará-la perante o juízo paterno.

Assim, tomara a deliberação de esconder-se para, em seguida, começar uma nova vida com Dupont, a quem amava cegamente.

Era bastante rica; seu pai a dotara, antes de contrair núpcias, com a respeitável soma de quinhentos mil dólares, em ações bancárias, das quais podia dispor a seu bel prazer.

Idealizara então, para depois do grave acontecimento, uma vida deliciosa. Iria para longe dali, casar-se-ia com Ângel Dupont; empreenderiam uma viagem de recreio por países desconhecidos e nas festas e nos prazeres da mocidade esqueceriam todas aquelas coisas desagradáveis.

Pela sua mente não passara a ideia da impraticabilidade desse projeto. Tão absorvida estava nas esperanças daquele novo amor, santificado por promessas de constância, que não via a fatalidade vindo ao seu encontro, a passos agigantados.

Assim, quando lhe entregaram a carta e o maço de papéis que a acompanhava, tomou-os fremente, rasgou o envelope e leu com avidez a seguinte missiva:

12 de Março de 1888.

Bianca.

Quando somos felizes neste mundo, não vemos que a fatalidade nos espia os passos. Não pensamos nisso, quando nos domina um sentimento inefável, mais forte do que a vontade e que nos conturba a razão.

Deliquindo gravemente pelo teu amor tão casto e tão doce à minha alma, tive que responder por esse delito.

Teu marido, com justa razão, reclama uma reparação de morte e a dignidade me impõe aceitar.

Matar ou morrer, eis tudo.

Oxalá seja eu o escolhido para esconder a minha falta nas trevas da morte. Todavia, vacilo, no limiar deste supremo acontecimento, porque me faz tremer a ideia de perder-te para sempre. Que fazer, porém, para evitar este transe? Nada. Recuar seria escandalosa covardia, indigna de mim.

Ademais, creio firmemente no destino.

Se for chegada a minha hora, tanto melhor, porque as minhas mãos não ficarão manchadas de sangue e a minha consciência entrará isenta de pecados na imensidade desse mundo desconhecido.

O teu amor é o meu maior crime e eu próprio o bendigo.

Assim, quando leres esta, indubitàvelmente já a sorte terá decidido esta questão de honra.

Se eu não morrer, esquecerei nos teus braços a minha desventura e para todo o sempre serás a minha mulher, compreendes? Se, ao contrário, a morte me arrastar para o seu mistério, levarei a tua imagem refletida nos meus olhos, desenhada na minha retina. Errarás comigo, Bianca, nas sombras dessa noite sem fim que se chama — Eternidade.

Ver-me-ás, muitas vezes, nos teus sonhos, à beira de teu leito, de joelhos a teus pés, suplicando-te amor e constância.

ANGEL DUPONT

Quando terminou a leitura, estava comovida, tinha os olhos rasos de lágrimas. Não havia pensado nisso. Dupont aceitara um duelo de morte com seu marido. Evidentemente ele seria vencido, porque Leony de Anfreyt era excelente atirador.

Agitada por um mau pressentimento, saltou da cama e vestiu-se para sair. Queria saber do ocorrido, já que nada podia impedir, por ser demasiado tarde. O resultado do acontecimento trágico já estaria no domínio público àquela hora.

Mal colocara o véu sobre o rosto e se dispusera a tomar um *tramway,* ouviu os gazeteiros anunciarem a segunda edição da "Gazette Internationale".

Talvez, esse periódico relatasse alguma coisa a respeito, pensou Bianca. Comprou um exemplar. Correu ligeiramente os olhos pelas epígrafes do noticiário. *Violento incêndio. Um suicídio. Roubos. Desastres. Encontrado morto. Movimento da bolsa. Sucessos inter-*

nacionais. Notas do ministério; enfim, uma variedade de notícias que não a interessavam.

Em dado momento, porém, empalideceu. Lera o título que encimava duas colunas inteiramente cheias: *Um escândalo social e um duelo de morte. O conhecido jovem Ângel Dupont, formado em direito, perece no campo da honra. Outras notas.*

Ficou estupefacta, quando acabou de ler a tremenda notícia, comentada com o costumado exagero da imprensa. Narrava o jornal, com fidelidade, os fatos sucedidos desde a véspera: o desafio, a hora, o lugar onde se bateram os protagonistas, a morte do moço advogado, a trasladação do corpo para a casa de sua genitora, as cenas comovedoras da pobre mãe ao receber inesperadamente o terrível choque, seu desespero, suas crises nervosas e, por último, o pedido de divórcio do esposo ultrajado.

Seu nome figurava por extenso, em toda essa tragédia, e já andaria àquela hora, de boca em boca. Morto! morto o seu amante, desaparecido para sempre! E ela, sòzinha, coberta de vergonha!... Ofendido o seu amor-próprio, menosprezada a sua vaidade... grande angústia se apoderou dela. Torceu as mãos num gesto de raiva, sopitando as lágrimas. Abatida pelo fato, regressou novamente a seu quarto. Ali chegando, atirou-se no leito, num ímpeto de desespero, a soluçar e gemer surdamente. Tudo, tudo ruíra na sua alma. Dupont morrera, jamais o veria. Fôra tudo um sonho, um momento fugitivo de ventura e agora a dureza da realidade, a desilusão amarga, a fatalidade embargando-lhe o caminho.

— Ângel! Ângel! que horror! que fizeste? Nunca mais te verei! e soluçava, repetindo essas e outras frases semelhantes. Nunca mais te verei!

Depois, lentamente, se foi levantando e tomando outro aspecto. Com os olhos enxutos e os dentes cerrados, desceu da cama, arrastou uma poltrona, sentou-se e, apoiando na mão esquerda o queixo, ficou imóvel durante muito tempo. Era uma atitude aparentemente tranquila; mas, de quando em quando, o relampear dos olhos, o franzir da testa denunciavam que no seu íntimo se travava grande luta entre a ideia de vingar-se, entre o ódio despertado com ardor e um pensamento de generosa piedade.

Cedeu, por fim, o sentido do bem à ideia ímpia que, vencedora, lhe iluminou a alma de uma alegria infernal. Embriagava-a o sabor da vingança injusta, absurda, mal fundada. Cerrou os punhos e ergueu-se, falando consigo mesma, tal como se estivesse a manter um diálogo com alguma personagem invisível.

"Nada mais sou perante a sociedade. Hoje, amanhã, depois, daqui por diante, Bianca, a formosa milionária, será o tema dos comentários populares; a vil gentalha achará no seu nome pasto à sua maledicência e me cobrirá de epítetos hediondos. Meu amante, o meu único amor, a única esperança que preenchia os meus ideais e alentava os impulsos desta alma, já não vive. Meu esposo assassinou-o, porque maculou, diz ele, a sua honra e agora se divorcia judicialmente.

E' justo? Assiste-lhe razão? Não tem o coração, porventura, a sua liberdade? Falam de deveres de honestidade, de honra, porque são os homens que escrevem as leis; entretanto, são eles os primeiros a menosprezar os princípios da moral; seduzem-nos e nos condenam."

Bianca procurava iludir a sua consciência, sofismando com habilidade sobre fatos inconcussos.

Prosseguiu: "Julgas esmagar-me, embebendo-te nos deleites da vingança? Mataste o homem a cujo amor tudo sacrifiquei. Lançaste o ridículo sobre o meu nome. Ceifaste as minhas ilusões, quando apenas refloriam. Destruíste a minha felicidade, porque eu não te amava, e julgas, talvez, que fizeste bem? Ah! mas, não. Eu é que não hei-de deixar impune essa conduta vil. Amarguraste-me com o fel do desengano, com o opróbrio, com a vergonha; saberei vingar-me e vingar-me-ei com intrepidez."

Uma ideia sinistra a empolgava, sobrepujando os afetos impuros que ela escondia de há muito na alma. Destilava o veneno corrosivo das suas paixões mesquinhas, arquitetando contra o marido um plano macabro, a fim de se desafogar das angústias que ela própria para si criara, criando a situação impudica em que acabara de figurar.

Com a mesma energia e indiferença com que resgataria um compromisso de honra, cobraria a sua dívida. Assim pensava.

XVIII

Na manhã do dia seguinte ao em que assinara o divórcio, Bianca não se mostrava acabrunhada como nos dias anteriores. Ao contrário, o vigor da juventude lhe emprestava às faces suavidade e frescura denunciadoras de bem-estar espiritual. Tinha os olhos brilhantes e um sorriso de triunfo lhe iluminava, de vez em quando, o semblante, emprestando-lhe aos gestos um quê de desdém para a turba que a constrangia com olhares curiosos.

Pouco antes, estivera num estabelecimento bancário, donde retirara dez mil dólares que trazia consigo ao assinar o pedido de divórcio. Terminado o ato, retirou-se, de novo, para o hotel. Chegando ali, tocou a campainha e ordenou à camareira que chamasse a Sra. Silvete Vanid, hóspede também do hotel, com a qual travara, havia muitos meses, estreitas relações.

Momentos depois, uma mulher de meia idade e modestamente vestida atendeu ao chamado da Sra. Landraux.

— Entra, senta-te aqui.

Bianca mostrou-lhe uma cadeira, fazendo sinal à camareira para que se retirasse. Fechou a porta, olhou em redor de si para verificar se estavam sós e foi sentar-se defronte da Sra. Silvete.

— Estamos, então, bem entendidas, não é assim?

Silvete moveu a cabeça em signal afirmativo.

— Aqui estão os dez mil dólares.

Apanhou uma bolsa de ouro, tirou de dentro um maço de notas de banco e mostrou-as à sua confidente.

Reluziram áscuas de cobiça naqueles olhos que se cravaram com avidez no dinheiro, como a lhe saborear o gosto.

Silvete Vanid era uma mulher a quem a sorte se negara a favorecer. Vivera até ali uma vida de aventuras: trabalhara, quando moça, como corista, nalgumas companhias de operetas, sem haver logrado grandes proveitos.

De nacionalidade síria, abandonara o país natal com um circo ambulante, indo parar mais tarde em Nova Iorque. Aí, mudara diversas vezes de profissão, na esperança de ganhar certa quantia, a fim de regressar para junto de suas irmãs. Afinal, despedida, por idosa, adotara a profissão de cabelereira; disso, porém, não auferia senão o necessário a pagar o quarto do hotel, modestíssimo, e à sua subsistência.

Chamada certa vez para pentear a Sra. Landraux, Silvete lhe contara a sua história, nascendo daí uma confiança recíproca entre ambas. Bianca vira desde logo que podia tirar proveito da outra, nas circunstâncias em que ùltimamente se encontrava. Achou-a ótima para o desempenho de arriscadas incumbências.

De fato, a Sra. Vanid era uma criatura de índole variável e sem escrúpulos de consciência.

Firmado o plano secreto que delineara, Bianca de Landraux descobrira, sem custo, uma cúmplice fiel na síria ambiciosa, que era capaz de tudo pela ganância. Concertou então com ela um pacto infame; subornou-a para desempenhar uma missão indigna, que seria recompensada com a bela soma de dez mil dólares.

Quando viu o dinheiro que Bianca lhe mostrava, Silvete cobiçou-o. Era justamente o de que necessitava para regressar à pátria e ir morar com as irmãs, que saudosas a chamavam.

— O navio parte amanhã, Sra. Bianca. Poderei seguir nele?

— Não deves perdê-lo, e — abaixando a voz e achegando-se à mercenária até quase encostar nela a fronte — continuou: Comprarei passagens hoje, a uma hora da tarde, para ti e tua sobrinha órfã, que acabas de tutelar.

— E garante que não me acontecerá nada?

— Ninguém suspeitará de coisa alguma. Esta noite

tomarás um quarto no "Metropolitan". A menina estará adormecida e não despertará senão depois de vinte e quatro horas, ou, seja, quando o paquete já houver navegado todo o dia e uma parte da noite, se lhe ministrares um só dos comprimidos que te vou dar.

— E como me chegará às mãos, sem acidentes, essa criança?

— Está tudo perfeitamente combinado: Glória, a minha fiel criada, deixará o quarto em penumbra e a porta entreaberta, depois das doze horas da noite, sob qualquer pretexto. A essa hora, o narcótico começará a produzir seus efeitos. Então, um homem embuçado entrará no quarto, tomará nos braços a criança adormecida, descerá as escadas devagarinho e atravessará o jardim. Já uma carruagem o estará esperando na entrada oposta. Ele a tomará em silêncio, fustigará os animais e o veículo correrá vertiginosamente ao "Metropolitan", onde já estarás pronta. Ouviste? Se alguém te perguntar quem é a menina, responderás que é uma òrfãzinha, filha de tua falecida irmã, e que acabas de tomar sob a tua tutela. Receberás a criança sem dizer palavra ao desconhecido, que a seu turno nenhuma pronunciará. Depois, irás esperar a bordo do "New Castle" a hora da partida, que está marcada para as seis da manhã. Compreendeste? E, tomando-lhe as mãos, as apertava, como se quisesse transmitir-lhe energias.

Em seguida, disse: — Com o dinheiro que eu te der, poderás manter-te e manter sem grande custo a vida da criança, cuja educação ficará a teu cargo. Ela crescerá a teu lado, será tua companheira, reconhecer-te-á como mãe e serão ambas felizes.

Proferindo estas palavras, com aparente sinceridade, Bianca, pelo sentido que lhes dava, previa o efeito que produziriam no íntimo de sua cúmplice.

— Agora que quer mais? pergunta Silvete, em quem as palavras de Bianca haviam dissipado qualquer sombra de dúvida.

— Que vás preparar-te para a viagem. Precisas comprar uma ou duas *toilettes* simples e elegantes, um chapéu novo, um véu para cobrir-te o rosto. Aqui tens o dinheiro necessário a essas despesas.

Bianca tirou duzentos dólares dentre os dez mil que estavam na carteira e os meteu na mão da mulher, cuja consciência subjugada não podia retroceder, ante a indigna proposta. Depois, ordenou:

— Não voltarás aqui; irás diretamente para o "Metropolitan". Incumbir-me-ei de enviar para bordo a tua bagagem.

Levantaram-se e Silvete ia sair.

— Ah! esquecia-me deste fator, disse Bianca, e, abrindo a gaveta de um toucador, tirou uma caixinha cheia de cápsulas e a entregou a Silvete. — Não te esqueças que, amanhã, pelas seis horas, tens que fazê-la tomar uma destas cápsulas. Hoje, às doze horas da noite, receberás minha visita e o dinheiro que aqui tenho. Confio em ti.

— Minha senhora...

Despediram-se.

Enquanto Silvete descia a fazer suas compras, Bianca de Landraux vestiu-se com simplicidade, cobriu o rosto com espesso véu e saiu para tomar um veículo.

— Conduza-me à Capela de São Francisco. Tenho pressa, disse ao cocheiro.

Decorrida meia hora, a carruagem estacava diante da capela modesta e simples de São Francisco, situada num dos arrabaldes da cidade. Bianca desceu e entrou no sacro recinto que, a essa hora, estava deserto, pois o sacerdote já havia celebrado a missa, provàvelmente mais de uma hora antes. Entretanto, as portas estavam abertas, como de costume, aos fiéis que lá iam habitualmente depor suas espórtulas em favor de uma obra religiosa que seria levada a efeito mais tarde.

Subindo os degraus do altar, Bianca se prosternou no último, diante da imagem do Crucificado, persignou-se, baixou a fronte e murmurou uma breve oração. Ergueu-se novamente e dirigiu-se à urna destinada a receber as esmolas; tirou da bolsa alguns dólares e os introduziu pela pequena fresta, indo em seguida sentar-se num banco a um dos lados do vestíbulo.

Esperaria alguém? Que fazia ali sòzinha? Não orava. Não era uma devota praticante; mas, a sua inquietação, a maneira por que olhava para tudo, chamando a atenção dos que passavam fora, denunciavam que queria alguma coisa naquele lugar deserto e sem testemunhas.

De fato, não tardou que seu semblante expressasse visível satisfação. Acabavam de entrar duas pessoas, que vivamente a interessavam. A primeira era uma rapariga nova, trajando saia de sarja azul e blusa de linho branco, fechada até à gola com botões dourados; a segunda, um rapaz de 27 a 28 anos, uniformizado de linho pardo e de fisionomia jovial.

Entraram e dirigiram o olhar para todos os cantos da igreja, como se procurassem alguém. Não eram religiosos, porquanto nem sequer fizeram a genuflexão do estilo, nem tão-pouco o sinal da cruz.

Um *psiu,* partido de um cantinho, fê-los atentar para o lado oposto. Exultaram, ao reconhecerem de quem fôra o *psiu* e para lá se encaminharam. Apertaram a mão a Bianca com intimidade, sentaram-se no mesmo banco e travaram o seguinte diálogo, em voz baixa, quase imperceptível:

— Pensei que faltassem. Já estou aqui há bem dez minutos à espera.

— A nossa palavra, minha senhora, é mais que uma sentença, atalha o rapaz... Se demoramos, foi por causa de Glória não querer tomar o *tramway.* E' econômica demais...

— Se começarmos a desperdiçar, nunca juntaremos dinheiro para o nosso casamento. O ordenado que o Sr. Leony te paga para desempenhares o ofício de condutor de seu "char-à-bancs" e o pouco que ganho por minha parte não chegarão para nada... nem para comprar os utensílios de cozinha, responde a rapariga, com ares agastados.

— Pobres dos meus bons rapazes, disse Bianca, enquanto o palafreneiro, que tão bem desempenhara o seu papel nos passeios deliciosos que ela dera com Dupont, havia bem pouco tempo, encolhia os ombros. — Tanto têm trabalhado sem uma recompensa justa. Porém, não esqueço os bons serviços que me prestastes; dar-lhes-ei dinheiro bastante para que possam realizar esse casamento encanecido e comprar-lhes-ei um prédio e o mobiliário indispensável, sendo que lhes darei ainda mais a vantagem de ficarem com umas boas centenas de dólares para empreenderem qualquer negócio.

Glória arregalou os olhos, tomada de ambição, e Natel, seu noivo desde mais de quatro anos, baixou a cabeça.

Naquele espírito pusilânime, o peso do dinheiro sufocava a voz da consciência, submetendo-a à influência diabólica de Bianca, que queria, custasse o que custasse, levar a cabo os seus planos. E sorriu satisfeita da segurança da sua vingança. Aquelas duas almas que se lhe curvavam seriam, dali a pouco, instrumentos dóceis, movidos ùnicamente pela sua vontade, para execução de um ato criminoso. Bastava-lhe, para tal, determinada soma; disso já não lhe restavam dúvidas. Continuou, pois:

— Estão ainda fiéis ao plano que combinámos?

— Sra. Bianca, minha palavra não volta atrás. Estou pronto a fazer tudo o que lhe prometi, desde que Glória esteja disposta a me auxiliar...

— Por mim, nada tens que recear. O que prometo cumpro.

— Está bem; vais então levar a menina ao "Hotel Metropolitan", quarto número 25, terceiro andar.

— Não há dúvida, "Hotel Metropolitan"... confirma o rapaz.

— Ivone está doente há mais de seis dias e inspira cuidado sério o seu estado; está sempre agitada, não dorme, chora durante a noite. Eu e o Sr. Leony passamos todo o tempo à sua cabeceira. À noite passada, ele não dormiu; creio que hoje se recolherá muito cedo e eu ficarei cuidando de Ivone.

— Se és tu quem vai ficar a seu lado, tanto melhor para nós, objeta o empregado do moço engenheiro. E acrescentou: — Tenho um amigo a quem prestei alguns serviços e que prometeu ser-me grato. Deparou-se-me agora uma boa ocasião de ocupá-lo e ele não se negou.

Emprestar-me-á, como já lhe disse ontem, um cupê fechado que possui, o qual eu mesmo conduzirei, depois de colocar a criança adormecida sobre as almofadas.

— Ivone será tratada com os mesmos carinhos, com o mesmo conforto e com todos os cuidados, de que ainda necessitará, no seio de sua nova família. Entretanto, será só por alguns meses que ela vai mudar de vida; o que quero é apenas dar uma lição ao meu marido. Compreendem? Depois, indicar-lhe-ei, por um bilhete anônimo, o lugar onde se acha sua filha, para que a vá buscar e nada mais. E' isso simplesmente o que vou fazer.

Falava hipòcritamente; porém, os dois não percebiam e lhe acreditavam nas palavras.

— Sim, a senhora vai pregar-lhe um bom susto e é quanto basta — observou o rapaz.

Finalmente, levantaram-se, trocando promessas e recomendações.

— Não te esqueças de lhe dar de beber o narcótico, foram as últimas palavras de Bianca à serviçal.

Despediram-se e saíram, sem serem reconhecidos, deixando de novo aquele ambiente imerso em paz.

Ninguém suspeitaria que ali se haviam reunido sentimentos tão inferiores e que aquele fôra o lugar escolhido para a combinação de um atentado perverso contra uma inocente criança.

XIX

Pelas duas horas da madrugada, o palacete do milionário Leony Anfreyt estava em grande balbúrdia. Os gritos aflitivos da ama-seca da pequena Ivone haviam alarmado a criadagem. Leony, despertado ab-ruptamente, acabara de saber que sua filhinha desaparecera do quarto.

Foi para ele uma surpresa indescritível, dolorosa, um formidável choque, como bem se pode imaginar. Atraídos pelo alarido e pelo movimento desusado dos domésticos, que corriam, iam e vinham atarantados, os vizinhos e os curiosos comentavam o fato, enchendo a casa.

Os transeuntes paravam surpreendidos com o alarma e indagavam do sucedido, enquanto a campainha do telefone soava de instante a instante. A chegada dos policiais denunciou que um fato grave se desenrolara ali.

— Glória! — bradou o engenheiro, com energia repassada de grande angústia — como deixaste desaparecer minha filha?

— Estava a pequenina a dormir e, como o relógio do quarto houvesse parado, quis verificar que horas eram para lhe dar o remédio e subi ao andar superior; gastei apenas o tempo preciso para subir e descer. Quando voltei ao quarto, olhei para a cama de Ivone e fiquei estupefata! Ela já não estava lá. Revistei todos os cantos, atrás dos móveis, olhei por baixo da cama, pensando que, no delírio da febre, se houvesse levantado e escondido nalgum lugar, porém não a encontrei. Então, assustada, não sabendo o que pensar, percorri os corredores, desci as escadas, esquadrinhei a sala de jantar, entrei na copa, andei pelo jardim, gritando: Ivone! Ivone! onde estás? Quando verifiquei que não se achava em parte alguma, gritei por socorro. Ah! meu senhor, que desespero! que susto! que coisa horrível a menina desaparecer assim!

E Glória enxugava os olhos com o avental.

— Minha pobre filhinha! exclamou Leony com imensa amargura, crispando as mãos. Minha filhinha, indubitàvelmente, foi raptada!

Acudindo ao chamado, a Prefeitura de Polícia enviou uma guarda de seis homens, convenientemente armados, que cercaram logo a casa, onde, em seguida, passaram uma revista completa. Feito isso, o encarregado da diligência policial asseverou a cumplicidade dos criados, no fato criminoso.

Rigoroso inquérito, presidido por um alto funcionário da Prefeitura, foi aberto para elucidação do caso, resultando, porém, infrutífero, o que produziu no desventurado pai profundo abalo.

As lágrimas da infiel, seu aparente desespero, as respostas bem estudadas que dava às perguntas que de momento a momento lhe eram feitas, afastavam a hipótese de estar implicada na ação criminosa. Depois, como poderiam desconfiar dela, se havia largos anos que estava empregada na casa? Ademais, fôra ela a primeira mulher que tomara nos braços a pequenina, assim que o médico que lhe assistira o nascimento a entregara aos seus cuidados. Iara, falecendo, parecia ter legado sua solicitude e dedicação a Glória, que se mostrou sempre afetiva, dando sobejas provas de fidelidade.

Incapaz de formular qualquer juízo temerário, Leony retrocedeu da sua primeira intuição, que fôra a da culpabilidade da ama-seca. Temendo ser injusto, ponderou ao agente de polícia que lhe parecia infundada qualquer suspeita acerca do procedimento da ama de sua filhinha.

Tomando novo rumo, as diligências policiais haviam, para felicidade dos cúmplices, abandonado a verdadeira pista, pela qual chegariam, com o emprego de meios rigorosos, à confissão dos culpados, para seguirem, tateando, incerta e obscura diretriz.

XX

Nos dias que se seguiram ao do rapto sensacional, a imprensa acompanhou com vivo interesse todas as peripécias do caso.

O desespero com que aquele pobre pai procurava a filhinha desorientou as primeiras desconfianças suscitadas contra sua esposa, da qual, com fundada razão, chegara ele a suspeitar, devido aos fatos recentementes ocorridos e nos quais havia ela representado tão indigno papel. Chegara mesmo a julgar, pelo mistério que envolvia o caso, estar sendo vítima de feroz vingança, depois do descomunal escândalo que lhe popularizara o nome, tão cultuado nos altares augustos da honradez, por seus antepassados.

Evidentemente, a terrível Bianca quisera esmagá-lo para sempre, vingando-se do rompimento civil e do duelo que lançara na terra sepulcral o seu apaixonado amante, pensava Leony, certa noite em que, insone, procurava aconselhar-se com seu amigo, o único coração dedicado que se aliava sinceramente ao seu desgosto.

A palidez de suas fisionomias, avivada pela luz das lâmpadas foscas que ardiam no teto, indicava o aniquilamento de suas almas. Com as cabeças encostadas nos estofos das poltronas, colocadas defronte uma da outra, as pernas cruzadas, os braços pendidos, numa atitude de profunda apatia, ambos denotavam que grande desânimo os ganhara.

— Não fizeste mal a ninguém. Não deves ter inimigos. Quem pode ver com maus olhos a generosidade e a brandura que são os traços fundamentais de teu caráter?

— Os invejosos, os impostores, os perversos, que detestam a virtude.

— Esses, porém, não chegariam ao cúmulo de praticar tão grande crueldade contra uma criaturinha inocente, indefesa, que apenas conhece as primícias da infância. Olha, Leony, diz-me uma secreta intuição que Bianca é a autora desse misterioso crime; que partiu dela, dos sentimentos impuros que predominam em sua alma, a iniciativa do terrível delito que acaba de abalar-te tão profundamente.

— Que dizes! Para que, depois de lhe ter dado ampla liberdade, quereria embriagar-se com vinganças mesquinhas?

— Bianca tem sentimentos maus, é indiscutível. Basta se considere o seu procedimento, para se lhe conhecer o fundo. Não te iludas com as belas e bem estudadas frases de que o seu advogado a fêz usar, para responder ao inquérito a que o Prefeito a submeteu como implicada no rapto de tua filha.

— E se ela persiste em defender-se das acusações que lhe pesam e se empenha em negar tudo o que possa traí-la? Quem o provará? Onde as testemunhas que viriam solidificar o fio das nossas suspeitas?

Leony abanou a cabeça amargamente e, num ricto de dor, contraíram-se-lhe os lábios.

— Pobre filhinha, privada dos meus carinhos... pobrezinha! Onde estará a esta hora? Que covardia!...

Um desespero íntimo o obrigava a mudar de posição repetidas vezes. Erguia-se, caminhava, vinha sentar-se novamente e lágrimas de saudade do entezinho amado, que era a alma de sua alma, o sangue de seu sangue, lhe caíam furtivamente dos olhos.

Otávio observava-o em silêncio, com piedade. Mas, não era pai, não sabia bem avaliar a dor que curvava aquela fronte; entretanto, compartilhava sinceramente dela.

Longos minutos passaram, assim, sem que nada mais se ouvisse, a não ser o ganir da matilha nas ruelas do parque e o vento, preludiando forte temporal. Nuvens compactas obscureciam o céu. A Lua desaparecia no horizonte, envolta num sudário de sombras.

Teriam, porventura, adormecido? Silêncio profundo reinava cada vez mais naquele recinto saturado de emoliente fluido, que derramava, sobre aquelas pálpebras cansadas pelas vigílias, um entorpecimento reparador, que não era dormir, nem meditar.

Tinham as frontes pendidas um pouco para a direita; cerrados os olhos. Passavam por uma espécie de modorra. Então, pela visão íntima daqueles dois homens que uma longa afeição unia e cujos pensamentos se concentravam num ponto único, deslizaram imagens vagas, que se foram corporificando num estado gasoso, perfeitamente definido. E Leony vê, em sonho, espectros humanos, errando no espaço. Agitavam-se em seu redor cabeças de seres incorpóreos, desconhecidos, que o encaravam com ironia. Ele se sentia mal diante dessas figuras.

Por outro lado, Otávio, mediante faculdades superiores, das quais não sabia que era possuidor, começou a ter nítida percepção das coisas subjetivas. Com admirável clarividência espiritual, assistia a um acontecimento extraordinário, que o assombrava. Apenas adormecera, sonhara que fôra convidado a passear com sua prima Iara de Valence, que a morte arrebatara para os seus impenetráveis arcanos, e que de mãos dadas seguiam por uma alameda matizada de flores e iluminada por uma constelação sideral. Admirava a beleza daquelas flores que, pelo tamanho e pela cor, pareciam artificiais e sentia-se feliz, contemplando-lhes as corolas imaculadas, que estremeciam nas hastes, macias, frescas, lindas, atraindo-o por uma espécie de sedução. Sùbitamente, porém, a constelação desaparece e a abóbada celeste se torna impenetrável; densa escuridão os envolve. Sopra de todos os lados um vento fortíssimo, tétrico. Eles hesitam, lutam para se manterem de pé; mas, não podem; o vento, engolfando-se-lhes nas roupagens, os eleva pelo espaço, como duas leves penas. Num ponto indeterminado, estacam, mergulham a vista na imensidão daquela noite fantástica e o que vêem e o que ouvem os enche de espanto. Em baixo, brame a tempestade. Chegam-lhes aos ouvidos os estrépitos aterradores da procela, varrendo as vagas aos turbilhões. Depois, o coriscar dos relâmpagos no firmamento escuro. Chocam-se os elementos. O trovão ribomba, ruge, fulguram as descargas elétricas e vão submergir vertiginosamente no abismo revolto. E isso se prolonga, talvez, por uma hora.

Quando o ruidoso temporal cessa, eles, em pleno mar, vêem naufrágios e ruínas. Veleiros sem rumo, açoitados pela borrasca, balouçam ao impulso do vento; pequenas embarcações soçobradas, verdadeiros destroços da tempestade, vogam sem os seus tripulantes. Mas, não é tudo: parece-lhes escutar ainda gritos humanos, elevando-se de um ponto negro, movediço, destacado no oceano. Atentam e cada vez mais perfeitamente distinguem o clamor uníssono de centenas de criaturas que, ameaçadas de morte certa, bradam por socorro, no auge do desespero.

E' um navio que, varrido pelo ciclone, está prestes a naufragar. Os apitos da maquina sibilam nos ares com sinistro furor; detonações consecutivas cortam os espaços num atordoante estrugir; sucedem-se as cenas dolorosas, em que os passageiros perecem nos porões invadidos pelas ondas, enquanto alguns barcos de socorro são lançados ao mar por marujos intrépidos que tentam salvar mulheres e crianças. Porém, a rapidez com que o navio soçobra não lhes dá tempo de escolher lugar e as embarcações, invadidas tumultuàriamente pela onda humana, oscilam, gemem de encontro às vagas e se vão afastando pesadamente, sem rumo, à mercê do destino. Mas, a esperança, companheira radiosa da alma, segue os que se afastam, sãos e salvos, nas baleeiras. Ficam, entretanto, a alucinação, o desespero e a agonia nos repudiados da vida, escolhidos pela sina para uma morte horrível. Uns, pusilânimes, blasfemam; outros, heróicos, esperam a morte com resignação e coragem. Há, todavia, manifestações covardes e brutais do egoísmo humano: suicídios, arrebatamentos de loucura...

Em pouco tempo, a possante nave submergira de todo e os nossos espectadores viram, então, ascender da superfície das águas juncadas de cadáveres, almas de ambos os sexos, vacilantes, sombrias, que mergulhavam na Erraticidade, à procura do desconhecido destino.

Otávio retrocede ante a estupenda visão e retoma o seu corpo.

Presa das comoções que recebera, estranha tudo, pondo-se a olhar em torno de si, apavorado...

Leony, já desperto, fuma a grandes baforadas um charuto.

— Que horas são? Estive a dormir? pergunta aquele ao engenheiro, erguendo-se da poltrona e estirando os braços.

— Dormiste bem mais de uma hora, responde Leony, observando-o.

Com efeito, o relógio marcava uma hora da madrugada.

— Que horrível sonho tive eu!... Sonhei que nas costas de Madagáscar soçobrava um grande barco; não lhe sei o nome, mas assisti às cenas do sinistro. Não quero afirmar que seja verdade; entretanto, tenho a impressão forte de que não foi uma fantasia de minha imaginação. E, se me não engano, meu amigo, vi tua filhinha arrebatada dos braços de uma mulher, que louca ficava de desespero, porque a embarcação de salvamento, já repleta, não comportava mais do que o limitado número dos que a sorte permitira ali se refugiassem. Vi um tripulante destemido e heróico segurar Ivone, bradando imperiosamente: "Salve-se a criança e morra a mãe." Depois, meteram-na entre os que estavam no bote, que já se afastava. A mulher, que sustivera nos braços a criança, encontrou logo em seguida a morte.

— Será possível?

— Estou emocionado, foi um sonho. Quero respirar um pouco de ar livre.

E, tomando do chapéu, saiu, deixando Leony sòzinho, em lamentável estado d'alma. Aumentara-se-lhe a aflição.

Quanto desejara, naquela hora, possuir um cérebro translúcido, que lhe permitisse desvendar o pavoroso mistério!

XXI

Que horrível contraste o dos sentimentos do coração humano, marcando o destino das criaturas! Enquanto o riso satânico da vitória exprime, nuns, a satisfação da vingança, a alma de outros se estorce em dor profunda, portadora de um castigo aparentemente imerecido e injusto! Que de torturas a muitos inocentes cabem, a muitas vítimas indefesas, por simples capricho dos que julgam apagar ofensas por meio de uma ação covarde e indigna. Quantas vezes, sem causa justificada, procuram acalmar o furor das próprias paixões com um ato violento e absurdo, vangloriando-se depois e deleitando-se em assistir ao aniquilamento completo da vítima escolhida.

Ao passo que o torturado definha em torrentes de lágrimas, o culpado se inebria no gozo acume do triunfo, ultraje contínuo do espírito à consciência — juiz sobranceiro, impertérrito, que empunha a espada da justiça divina sobre a criação.

Como a confirmarem estes simples e fundados conceitos, temos que, na noite em que se verificou o indescritível sinistro a que Otávio assistiu em desprendimento espiritual, Bianca, a autora do crime, cuja vítima fôra uma inocente criança de cinco anos, se sentia feliz, delineando novo destino, nova vida, que se lhe abria como panorama encantador, nos horizontes das suas esperanças, dos seus sonhos de glória e de ventura.

Nem sequer pensava no sombrio futuro que traçara para a desventurada filhinha de sua delicada amiga, que tão inesquecíveis momentos de cordialidade e de confiança lhe proporcionara, nos anos colegiais.

Indiferente à dor, fôsse pela crueza natural de seus sentimentos, fôsse por índole própria, Bianca encarava com a maior naturalidade o ato que praticara. Engolfada em novas paixões, só dava atenção ao que se relacionava com o seu bem-estar e com suas vaidades femininas, instigadas pelas fictícias e exageradas lisonjas de numerosos admiradores. Preocupada com as suas conquistas, acabara resolvendo empreender longa viagem pelo Japão e pela Indochina. Retirara do estabelecimento bancário a quantia necessária, comprara o de que precisava e preparava-se para partir.

Fôra sempre seu ideal conhecer países do mundo antigo, viajar por lugares legendários. Iria à Sibéria, aos países do Oriente e, depois, ao Egito.

Entretanto, como achasse tedioso viajar sòzinha, julgando até impossível realizar assim o seu projeto, resolveu, quase repentinamente, escolher um esposo, para ter quem a acompanhasse. Deliberou, então, casar novamente, antes de começar a viagem.

Sua formosura pouco vulgar não lhe consentia perder tempo a esperar, como acontece, em geral, com as outras mulheres. Nisso, apenas a sua vontade entraria em jogo e a escolha seria feita entre os numerosos cavalheiros de bom gosto, que a desejavam por mulher, elegantes das rodas sociais. Ditá-la-ia a simpatia que lhe inspirassem.

Com efeito, há homens de todos os caracteres... Para muitos, se não bastasse, a preencher as condições de esplêndido consórcio, uma mulher nova, de beleza deslumbrante, de estética perfeita, o vultoso dote com que o respeitável milionário Landraux favorecera a sua legítima herdeira não seria sòmente uma bela perspectiva, mas também a solução do problema da vida fácil, angustioso para tantas criaturas.

Bianca, pois, não tinha que se demorar, para escolher entre os duques arruinados, da França ou da Itália, entre os doutores de pouca fama e de relativa elegância, um marido que desempenhasse a missão que ela lhe destinava.

Passando em revista os retratos de seus mais assíduos adoradores, deliberou aceitar o pedido que de sua mão fizera o marquês Henry de Chambrol, descendente de antiga família real de França. O marquês já estava desde alguns anos nos Estados Unidos. Era viúvo e de meia idade, circunstância de que ela pensou tirar partido para o futuro.

Assim, dois fatos, ocorridos simultâneamente, abalaram o engenheiro Leony Anfreyt e lhe destruíram de todo a esperança de encontrar a filha: a inesperada partida de Bianca de Landraux e a notícia do terrível sinistro que abismara o "New-Castle", tragédia a que Otávio assistira espiritualmente.

E' que a imprensa noticiara o naufrágio do paquete inglês, dizendo incerto o lugar onde se verificou a catástrofe, bem como confirmara a morte da tripulação e dos passageiros do malfadado navio. Ficara-se assim, por uma sentença imutável do Infinito, na impossibilidade de elucidar o caso trágico. As notícias desencontradas dos jornais estrangeiros não atingiam o fim desejado pelos que, aflitos, queriam saber a sorte que tinham tido os náufragos.

Como era de seu dever empregar todos os meios para descobrir onde se encontrava a pequenina Ivone, o atribulado pai não poupara dinheiro, chegando a oferecer, por todos os jornais da capital, a avultada soma de vinte mil dólares a quem lhe desse notícias seguras de sua filha.

Foram, porém, vãos todos os esforços, os anúncios da imprensa e os demais meios empregados por Leony para encontrar a criança. Teve que se resignar quando, no gabinete do Prefeito de Polícia, este, abanando a cabeça, lhe disse: — "Tudo tem sido infrutífero! Trabalhamos sem o mínimo resultado. As diligências dos agentes secretos e dos melhores detetives não conseguiram notícias, nem sequer vestígios que alentassem em nós a esperança de encontrar a sua filhinha."

Como para suavizar a dor que Leony Anfreyt reprimia, acrescentou: — "E' provável que, com a esplêndida soma que os gazeteiros de hoje apregoam e mediante a qual o senhor gratificará a quem souber do destino de sua filha, apareçam notícias que nos elucidem e nos forneçam uma pista."

Leony nada respondeu. Apertou a mão do Prefeito e retirou-se. Na rua, encontrou-se com o seu fiel amigo, que lhe disse: — "Preparo-me para uma viagem. Juro-te, pela minha fé, que já me não restam dúvidas de que foi a maldita Bianca quem raptou tua filha. A prova é que partiu inesperadamente."

A mão de Leony tremeu.

— Ah! ainda bem que partiu, respondeu. Ontem, procurei-a como um insensato por toda a cidade e não a encontrei. Deus sabe o que faz. Em furor incendia-se-me a alma. Tinha vontade de estrangulá-la. Ela teria que me confessar o seu delito, quisesse ou não quisesse, custasse-lhe embora a vida!...

— As notícias que colhi, ontem, acabam de confirmar o meu sonho, como presumi que se desse... Saí, agora mesmo, da agência de passagens da companhia de navegação inglesa e lá me disseram que no dia oito deste mês, isto é, no dia em que desapareceu Ivone, uma dama elegantemente vestida e com o rosto coberto por espesso véu comprara passagem para duas pessoas, sendo estas uma mulher e uma criança de quatro anos, do sexo feminino. E' bem de ver-se que a protagonista terá mudado o nome e a idade de sua vítima. As passagens eram para a Síria. Como vês, tudo coincide com a minha visão.

— Que infâmia! que perversidade! exclama Leony, com amargura e indignação.

— Sabe-se, agora, que o paquete naufragou em alto mar. Supõe-se, pela latitude e longitude, que fôsse nas costas de Madagáscar. Ignora-se, entretanto, o destino dos náufragos. Afirma-se até que não sobreviveu nenhum dos passageiros. Eu, entretanto, que, por um fenômeno psíquico, tenho a certeza do que sucedeu, sei que tua filha foi colocada sã e salva num dos barcos de socorro.

— Se é verdade tudo isso, já me não restam esperanças de tornar a vê-la. Pobre Ivoninha! Nunca mais, nunca mais!

— Porque desanimas? Ergue-te e luta. Ilumine a senda obscura de tua alma a esperança, a fada diáfana, a esposa inseparável do romeiro da desventura, de que tua filha há-de voltar-te aos braços. Eu próprio irei procurá-la e virei depô-la nas tuas mãos.

E Otávio se mostrava tomado de um entusiasmo sublime. O heroísmo e a coragem ressaltavam das virtudes do seu espírito sincero e dedicado.

O engenheiro estreitou-o num forte amplexo.

— Obrigado, obrigado, meu amigo. Como, porém, vais expor-te a uma pesquisa, ignorando que caminho deves tomar?

— Não importa. Tenho dinheiro bastante e posso gastar sem receio. Partirei para uma longa viagem. Se encontrar Bianca no meu caminho, hei-de puni-la. Não voltarei aqui, sem que tenha encontrado a filha da minha inesquecível prima. Demais, adoro as viagens e tenho, agora que estou desocupado, ensejo de inspirar--me para a feitura de uma obra literária, cujo produto reverterá em favor dos asilos de menores desvalidos da nossa capital.

— E' nobre a tua intenção. Mas, já que queres sacrificar-te espontâneamente, deposito, à tua ordem, no "International Bank", um cheque de cinquenta mil dólares, para as despesas da viagem. Se necessitares de mais, basta me telegrafes.

— Anfreyt, estás a delirar? Que dizes? Julgas que eu faria uma viagem às tuas expensas? Guarda a tua filantropia para outra oportunidade, pois tenho o bastante e até demais.

E, dizendo isso, Otávio apertou forte e sinceramente a mão do amigo e, tomando súbita resolução, saltou quase ab-ruptamente para um trem que passava e que o conduziria à sua residência.

— Espera, escuta, que pressa...

Mas, Otávio sorriu, tirou o chapéu e abanou para

Leony muitas vezes com a mão, como a dizer-lhe: até a volta.

Dois dias depois, partia de Nova Iorque.

O engenheiro foi despedir-se de Otávio e assistiu à sua inesperada partida, pensando na sinceridade rara daquele espírito invulgar, superior ao comum dos homens.

XXII

Três anos passaram sobre os acontecimentos narrados nos capítulos anteriores.

A nobre e formosa marquesa de Chambrol se encontra na cidade do Cairo. Gastara todo esse tempo numa viagem maravilhosa pelas velhas e lendárias capitais. Visitara o Japão e a China. Galgara as montanhas nevadas da Sibéria; andara pelas cidades da Ásia e estava agora sob as muralhas pardacentas da capital de sua adormecida pátria em pretéritas existências.

As surpresas constantes, as sensações inéditas, as impressões inenarráveis que tivera, de sociedades, de costumes, de coisas desconhecidas, lhe haviam estendido nebuloso véu sobre a memória dos acontecimentos passados. Preocupada quase sempre com o que via e com o que ia ver, pensando sempre nos seus próprios interesses, nos seus amores licenciosos, Bianca esquecera por completo o destino medonho que havia escancarado à inocente filhinha de sua amiga de infância, Iara de Valence.

Nunca experimentara, durante todo aquele tempo, um sentimento vago, sequer, de piedade, ou de arrependimento do seu monstruoso delito.

Bafejada pela sorte, parecia não temer a justiça divina e desejava cada vez mais perder-se nos prazeres do mundo.

O marquês, atendendo, por seu lado, às exigências dos vícios indomáveis daquele caráter leviano, dava completa liberdade à mulher com quem se casara, realizando lucrativo negócio. Arfando de saudades da sua França querida, saudoso do seu país natal, manifestava constantemente à esposa estar cansado daquela viagem interminável.

A marquesa respondera-lhe, finalmente, numa das belas noites egípcias em que, sentados no último andar do hotel, contemplavam os terraços brancos das casas que se avistavam por cima dos tamarindeiros e das oliveiras: — "Em fins de Abril próximo, estaremos na França. Lá, terás tempo de curar os teus irremediáveis tédios."

— Sim, sim, querida, voltemos o mais breve possível.

Doutra feita, por uma manhã de sol, serena e límpida, quando subiam as escadarias austeras de um régio templo, Bianca parou para atender à voz de um mendigo que costumava postar-se sobre o lajedo do vestíbulo, a implorar a caridade dos que entravam.

Era um insano, cuja antiga enfermidade cerebral se revelava nas frases desconexas que dirigia a uns e a outros. A ninguém, todavia, causava dano. Disse ele:

— Moça! não és desta cidade; mas, antigamente foste. Este templo fizeste-o tu com o poder do teu ouro; mas, aqui, também o sangue de muita gente mandaste derramar.

Bianca pasmou de ouvir da boca do insensato tão singular acusação.

— Quem és tu? — interrogou, altiva e sobranceiramente.

— Sou o teu rei e tu és a minha rainha.

Bianca riu com desprezo e voltou as costas ao néscio que, amofinado com a ironia, proferiu mais estas palavras, como uma maldição:

— Não creias que serás sempre rainha; rolarás do teu trono muito breve, para vestir o gibão dos condenados.

A agressão incisiva do mendigo talvez não houvesse feito bem ao espírito da marquesa, que não quis demorar-se, voltando imediatamente para o hotel.

Dois dias depois, empreendia a viagem de regresso e, dentro em pouco, estavam ambos no maravilhoso centro do mais belo, do mais elegante país latino.

Paris, era a cidade natal do marido de Bianca de

Landraux. Ali chegados, instalaram-se no "Hotel dos Estrangeiros".

Ambos, ansiosos pelas sensações de novos prazeres, se puseram de pleno acordo para frequentar as casas de diversões, os teatros de luxo, as festas da elite parisiense...

Porém, a face da vida de ambos ia mudar.

Evidentemente, são irremediáveis as consequências dos perigosos vícios que se arraigam aos indivíduos de fraca enfibratura moral.

Entregando-se ao jogo, o marquês desatendia aos seus deveres conjugais e confiava demasiadamente na esposa, dando-lhe excessiva liberdade.

Sem jamais se revoltar contra a adversidade constante da sorte, Chambrol amava cada vez mais o nefasto vício do jogo, embora a fortuna deixada por seus avós já a tivesse desbaratado nele.

Cedendo sempre, por não lhe poder resistir, ao desejo de uma desforra e vencendo escrúpulos mais aparentes que reais, o marquês, com o opimo dote da mulher à sua disposição, não se submetia a restrições quaisquer, que se lhe afiguravam ninharias. À cabeceira do mais concorrido pano verde, em Monte Carlo, fazia apostas avultadas, cujas importâncias, a seu pesar, passavam contìnuamente para os bolsos de parceiros felizes, aristocratas e nobres arruinados, que se mantinham em atitude discreta, para ocultar o interesse profissional que ali os reunia.

Por seu lado, a senhora marquesa divertia-se em torneios, caçadas, corridas de cavalos... À noite, acompanhada de amigos, frequentava as reuniões dançantes, os teatros, os cafés chiques e também se entretinha em jogos diversos.

Atraente, pelos seus fascinantes dotes físicos, arrastava consigo não pouco extensa cauda de admiradores, entre os quais se contavam muitos nomes ilustres. Ia assim passando a vida num paraíso pleno de encantos, numa embriaguez de amor, de lisonjas, de galanteios, sem outras preocupações. As delícias, os gozos do seu viver saciavam as paixões, os caprichos do seu coração volúvel.

Saciada, uma pequena rusga bastava para dar ensejo a romper a ligação do momento, passageira quimera, e para atender a uma nova conquista.

Chambrol, casado legìtimamente, depositava confiança imerecida na esposa. Ou por efeito da sua natural bonomia, ou pela sua carência de sutileza, não conhecia os instintos maus que a desviavam do curso verdadeiro da vida moral.

Contemplava-lhe os contornos suaves e puros, admirava-lhe o olhar, que comparava ao de uma Vênus excelsa, e sentia-se feliz.

Nas horas apaixonadas, delirantes, que passavam juntos, não julgava que aquela sedutora criatura, mais moça do que ele quase vinte anos, o que talvez constituísse o principal motivo de a amar cegamente, lhe fôsse infiel, como fôra ao desventurado Anfreyt e a outros a quem jurara constante amor.

Porém, ai de Bianca!, se ele soubesse de seus desvarios. Se, ofendido em sua honra, Leony se vira obrigado a um airoso desfecho d'armas, aqui, a paixão da matéria e o amor próprio, quem sabe lá a que extremos chegariam!

XXIII

Por essa época, Leony de Anfreyt, tendo dado procuração a seu advogado, Eiffeld Esburg, para lhe administrar os bens imóveis e solver os contratos que celebrara com o governo, seguira os conselhos de seus amigos e passara a residir na França.

Acabrunhado com os desgostos recentes e sem ânimo de avistar-se com os seus ilustres amigos de Nova Iorque, viu-se obrigado a mudar completamente de vida.

Sua considerável fortuna lhe permitia não mais tratar de negócios. Iria, pois, dali por diante, empregar o tempo, e incansàvelmente, em descobrir o paradeiro de sua filha.

Instalou-se em Paris, porque, aí, talvez, houvesse mais probabilidades de descansar das fortes comoções que experimentara e de obter notícias de seu dedicado amigo Otávio de Valence.

*

Entretanto, tomando a nobre resolução que conhecemos, Otávio ignorava que ia lutar com a força irreprimível do destino e gastar improficuamente, nessa luta, suas energias físicas! Desde que partira de Nova Iorque, não deixava de enviar notícias suas ao amigo, de escrever-lhe amiudadamente, ora consolando-o com frases repassadas de fé, ora abrindo-lhe à vista perspectivas agradáveis, ora dando-lhe uma esperança, suave incentivo para sua alma deprimida, ora mandando-lhe uma boa notícia, aproximada da verdade. Esssa cartas, assim, nunca deixaram de ser um conforto para o espírito de Leony.

Também lhe falava da feitura de um livro, inspirado no grandioso tema das reencarnações da alma, ideia que, sabia, lhe fôra sugerida pelo espírito de um genial poeta, que existira anos antes, de origem francesa e cujas obras ele admirava pela suavidade, pureza e elevação de ideias.

A obra literária de Otávio era a história de criaturas que viveram em tempos remotos e que, revestindo outros corpos, viviam na época contemporânea e eram seres que ele amava. Porém, não quisera escrever sobre uma simples fantasia de imaginação; procurara inspiração para o trabalho no tema real da sobrevivência e dedicou-o ao seu amigo Leony de Anfreyt, dedicatória que seria para este a mais viva surpresa... Entretanto, concluída a magnífica obra, sentiu que uma mão invisível apertava a sua e que uma voz lhe dizia com efusão:

— "Terminaste a tua missão. Não terás tempo, porém, de publicá-la. Teu amigo, quando a receber, se encarregará de lhe dar publicidade. Acondiciona, pois, o manuscrito e remete-o, quanto antes, para Paris, visto que teus dias estão contados."

Otávio obedeceu a essa voz oculta que sobre ele grande império exercia. Escreveu longa missiva ao dedicado amigo, fazendo-lhe suas últimas despedidas e a enviou juntamente com os originais da obra.

Um mês depois, na cidade de Madrasta, onde passou mais de seis, foi acometido de uma febre desconhecida, que o prostrou por muitos dias no leito e que terminou pela sua morte. Assim, regressou seu Espírito à Pátria de origem, à ampla liberdade, com a lucidez de uma alma evolutida.

Otávio faleceu longe de seus irmãos e parentes, aos 32 anos de idade.

No leito de morte e no estado febril em que jazera muitos dias e noites, chamara repetidas vezes por Leony. Viram-no penalizado de não ter podido satisfazer ao seu mais ardente desejo, que era achar Ivone. Fôra inútil esforçar-se, trabalhar, passar noites e dias no desconforto de uma viagem exaustiva e enfadonha.

Num desses momentos de clarividência que têm os moribundos, notaram que ele exultava de alegria sobre-humana a dizer que acabara de encontrar a criança raptada. Ninguém lhe prestou ouvidos. Atribuíam aquilo ao delírio da febre. Ouviram-no declarar que Ivone existia e que era vítima de um destino tenebroso. Sua agonia chegara ao paroxismo: lutava, soltava exclamações de desespero; implorava que o deixassem falar, contar tudo o que via; porém, os estertores derradeiros o estrangulavam, a voz se lhe extinguia lentamente.

Prolongou-se por mais de uma noite essa agonia. E' que a impossibilidade de ver o amigo, de dizer-lhe onde estava sua filha, lhe causava profundo pesar, fazendo-o relutar em abandonar o corpo.

Nenhum dos que velavam com indiferença à sua cabeceira lhe quisera atender às súplicas. Ele fechou as pálpebras para sempre, deixando impressos na fisionomia os traços daquela derradeira aflição.

A entidade magnânima, que havia sido o gênio inspirador de seus belos trabalhos de literatura, de seus poemas líricos, de seus versos, de seus dramas sentimentais, o esperava no limiar da Eternidade com suas auras sutis, para, na vida espiritual, o envolver em inefáveis claridades, a fim de fazerem mais tarde, juntos, uma viagem grandiosa através do Éter imponderável, pelas profundezas do céu. Subiriam às esferas luminosas; passariam pela fieira dos astros incandescentes, das constelações que dão palor à via-lactea. Penetrariam, confabulando, de mãos dadas, os mistérios do Universo, escutariam o ritmo dos sons, partilhariam da harmonia dos espaços e dos mundos, à procura de luzes, em busca de ensinamentos na duração perpétua do ser para, depois de longo e indeterminado estudo, renascerem num mundo novo, onde o mal não se conhece e onde a virtude constitui o apanágio de uma humanidade unificada pelo altruísmo e pela sabedoria.

XXIV

O Espírito de uma mãe que, ao morrer, deixou no mundo, pequenino ainda, o fruto de suas entranhas, não pode separar-se dele tão fàcilmente como talvez se imagine. Um filhinho, que é amado por sua mãe com toda as veras d'alma, que é o amor de seu amor, que é a alma de sua alma, não fica desamparado no mundo, quando a morte lhe rouba o suave regaço materno.

Quantas e quantas vezes a alma da mãe, cuja ventura incomparável consistia em acariciar o entezinho tenro, grácil, que, ao penetrar na vida, ainda sonha com as melhores coisas da existência espiritual, talvez ainda se recorde da sua liberdade, quando no Espaço os anjos lhe mostravam o mistério do seu destino na esfera nebulosa do Planeta, desce sobre o berço onde ele dorme, para o contemplar! Quantas vezes, em imperceptível visita, passa a seu lado horas a fio, ainda embevecida nessa ternura sublime que a prende ao ambiente terreno e lhe não permite evolar-se aos planos superiores, senão depois de certo período!

Assim, o espírito de Iara sofrera intensamente, quando presenciara, do mundo invisível onde pairava, os trágicos acontecimentos em que sua filhinha servira de instrumento a uma covarde vingança! A fim de impedir toda essa tragédia, lutara em vão com as potências tenebrosas que sutilmente influíam no espírito de Bianca, com extrema ascendência, para a efetivação do delito.

Perturbada ainda pelos padecimentos morais de seu esposo e por ver sua filha na iminência de irremediáveis perigos, não pôde vencer as correntes do mal. Limitou-se então a acompanhar os fatos, com o fim exclusivo de amparar e proteger aqueles a quem amava.

Do naufrágio, soubera-o com antecedência. Fôra ela própria quem, vigiando o sono dos dois amigos, atraíra o Espírito de Otávio, por estar em melhor estado consciencial, e o conduziu ao Espaço, a fim de lhe mostrar onde se achava a criança. Tolhida por um poder mais alto, não lograra revelar, senão incompletamente, o que as leis imutáveis lhe permitiam. Depois, quando as comoções fortes, produzidas pela formidável tragédia a que assistira, obrigaram Otávio a regressar ao plano corporal, aquela mãe, que não descansava, entrou a agir com a lucidez que lhe propiciavam a fé e o desejo altruístico de socorrer os sobreviventes do sinistro.

Mau grado aos seus esforços, nada pudera evitar. Seu Espírito, entretanto, não esmoreceu. Deslizou pelo espaço ansiosamente, desceu, sob ondas nebulosas, à atmosfera marítima, procurando recursos de salvamento para o navio destroçado, mas em luta ainda com o furor dos vagalhões, que ameaçavam tragá-lo de momento a momento.

Atravessou grande distância por sobre o clamor do mar, como se levada fôsse no ziguezaguear de um relâmpago... De repente, estacou um momento, perscrutou a escuridão e percebeu um barco que navegava naquelas cercanias. Uma ideia ilumina-lhe a alma. Ouvindo, ao longe, numa cadência de sons ignotos, o apelo vibrante dos que, ameaçados de morte, clamam, aos céus e às potências divinas, por misericórdia, não hesita. Já não é sòmente sua filha que lhe inspira piedade; são todos os desventurados que gritam, que choram, que rezam e que imploram a vida. Isso lhe estimula o sublime intento de encaminhar àquelas paragens uma embarcação. Assim, quando a aurora raiasse no horizonte, os náufragos estariam a salvo. Decidiu-se e pôs em prática esse recurso. Descendo sobre um navio e penetrando-lhe sutilmente no interior, tão fortemente atuou no espírito do comandante, para desviá-lo do curso da viagem, que ele teve de obedecer, modificando seus cálculos sobre o rumo a seguir, de forma a tomar a direção que ela desejava.

Guia simultâneamente, para o mesmo ponto, o pequeno barco perdido e o navio em que penetrara. Atua, neste, sobre a vontade do maquinista, fazendo-o acelerar a marcha e trabalha incessantemente, até ao alvorecer do dia.

Quando surge o Sol, iluminando um céu pardacento e tempestuoso, os tripulantes do navio-cargueiro avistam um ponto movediço, que se agita muito tempo ao longe, e, dirigindo-se para ele, com grande surpresa e estupefação, reconhecem que são náufragos prestes a perecer. Dão-lhes então socorro, com vivo contentamento.

Iara compartilha do júbilo, quase divino, que transborda dessas almas combalidas, cujos transes inenarráveis lhes serviram de grande lição. Ela se sente feliz com o êxito. Sua filhinha está salva, bem como todos os sobreviventes do sinistro.

E como a pequenina estivesse doente, ela mesma dá ao médico de bordo a intuição certa da enfermidade e da medicação, permanecendo à cabeceira da criança, como um anjo de ternura e bondade. Se as inteligências obscuras daqueles homens de cor, que formavam a tripulação do navio, possuíssem maior agudeza, se eles fôssem mais espiritualizados e menos brutais, teriam visto aquela sombra, vestida de névoas impalpáveis, delicadíssimas, inatingíveis pelas experiências científicas, meditar ao lado da pequenina, como um símbolo de solicitude e de abnegação.

Logo que Ivone se achou fora de perigo, ela lhe osculou os cabelos, passou-lhe a mão pela cabecinha loura e como que verteu uma lágrima translúcida. Em seguida, afastou-se lentamente e volveu ao mistério do Universo.

Mas, um pesar, um sentimento de inaudita compaixão acompanharam-na como nuvem vaporosa, na incerta viagem pelas profundezas do Além.

XXV

Nenhum dos nossos benévolos leitores ignora a influência do destino e o poder grandioso da justiça divina, a exercer-se para o progresso da humanidade.

Sabem igualmente que nenhuma arbitrariedade, dos que se julgam com o direito de abusar de seu poder transitório, ficará impune perante o tribunal divino.

A espada flamejante da justiça inexorável dos céus conduz as humanidades e as gerações pela senda maravilhosa do aperfeiçoamento. E' ela que sofreia as práticas ignóbeis, os crimes aviltantes, que espíritos de má índole praticam por inferioridade típica, por ignorância, ou, muitas vezes, pela nociva influência de entidades retardatárias e obstinadas, que vagueiam na erraticidade.

As desigualdades da sorte, as posições medíocres, as grandes barreiras opostas à ventura, o infortúnio, a fome, as calamidades, as prisões, a morte prematura dos seres amados e outras tantas provas da vida são altíssimas manifestações da Justiça Suprema. Por essas grandes crises e contingências, que parecem, à primeira vista, injustas, é que se pode apreciar, pelo lado esotérico, a lei moisaica: "Olho por olho, dente por dente."

E' o que ressalta da história narrada nestas páginas, traçadas para mostrar, por meio de fatos ocorridos, que não podem ser tomados como miraculosos, visto que se verificam constantemente no convívio social, pelo que não causam espanto a ninguém, a sanção das sábias leis do Onipotente.

Acordemente com essas leis justas e imutáveis, a catástrofe acima descrita deu execução ao Código Divino que preceitua: "Não faças a outrem o que não queres que te façam."

O naufrágio não fôra um castigo injusto, mas a consequência lógica e punitiva de graves culpas. Cerceou o livre arbítrio de muitos que, pondo de lado todo o escrúpulo, substituíam a virtude pelo egoísmo, pela ambição torpe de futilidades materiais.

Como a mercenária síria, que sotopôs a consciência ao peso de um pouco de dinheiro, pelo qual se tornara mandatária de covarde delito, os que com ela também pereceram eram almas delinquentes, idênticas a milhares e milhares de outras que, neste mundo referto de paixões e de vícios perniciosos, se deixam vencer pela ganância e pela sêde estúpida do dinheiro e não trepidam diante da prática de ações criminosas e aviltantes, rebaixando-se assim ao grau mais abjeto do caráter humano.

Mas, como nem sempre o instinto do mal sobrepuja a consciência, muitos se envergonham, quando caem na realidade e se vêem a braços com a desventura e com a fatalidade. Tarde, embora, arrependem-se. Ainda bem, porque não levam para o túmulo a obstinação no mal.

A morte, pois, cortou em meio os planos obscuros, ignominiosos, que muitos dos que viajavam no "New-Castle" haviam arquitetado, secretamente, contra seus desafetos, levando, com esses, a criatura venal que sufocara a consciência, pela soma que recebera das mãos de Bianca de Landraux.

Quando a proa do navio bateu contra a penedia espectral, que se ocultava sob o lençol das vagas, abrindo-se, com o choque formidável, grande brecha, por onde as águas começaram a entrar em catadupas, Silvete sentiu um terror inaudito gelar-lhe o sangue nas veias. Ante o pânico geral, a confusão que se estabeleceu, a agonia, o desespero, a aflição que se desenhava naqueles gestos, naqueles olhares que brilhavam com o fulgor sinistro da morte, teve ela a impressão de ouvir, entre os lamentos unânimes, uma voz soturna que lhe gritava: "Miserável, que fizeste?"

Conheceu que a morte era inevitável, que o paquete, enchendo-se vertiginosamente, se afundava e teve medo de enfrentar o *Juízo Eterno,* teve medo de morrer, como toda consciência criminosa. Foi, pois, esconder-se num canto, sustendo nos braços a desventurada filha de Leony Anfreyt.

O remorso começou então a lhe penetrar a alma.

Porque praticara tudo aquilo? porque roubara aos carinhos paternais aquela tenra e dócil criança, que não fizera mal a ninguém? — inquiria de si própria. Para ganhar um pouco de dinheiro! E de que lhe servia este agora? Não valia nada, não lhe compraria a vida, nem a paz da consciência.

Adivinhando que ia transpor o limiar da Eternidade, reconheceu que a morte era um castigo do céu à sua iniquidade e pediu socorro, clamou pela vida; mas, ninguém a socorreu, porque, na confusão de salvar-se, subira para uma mesa e ali ficara prisioneira, num ponto invadido pela água. Daquele lugar seria impossível sair, não só por não saber nadar, como também porque tinha nos braços a criança. Entretanto, quando as águas já lhe chegavam acima da cintura, um marinheiro valoroso arrojou-se a nado e lhe arrancou dos braços a menina, deixando a desgraçada cúmplice de Bianca no mais indescritível desespero.

Não podia salvá-la, porque os barcos, com a lotação excedida, não comportavam mais passageiros.

Silvete Vanid encontrou na morte o castigo às suas ações más.

XXVI

Quando o Espírito daquela que na Terra fôra a mãe de Ivone verteu piedosa lágrima, ao separar-se da filha, sabia porque chorava.

Nas horas silenciosas que meditara à cabeceira dessa criança infeliz, cujo amor era um facho que a iluminava, percebera o destino inevitável que ela teria de enfrentar. E quantas comoções, quantas aflições sua alma de mãe amantíssima ia experimentar daí por diante! Sentira bem dentro de si toda a desventura que encheria a existência daquele espírito, ela que o havia atraído num êxtase de mãe, por uma determinação do incognoscível, para as lutas da vida, para as expiações e torturas da matéria.

Nada podia fazer, para desviar o curso das coisas que estavam gravadas no subconsciente de Ivone e, assim, compreendeu ser inútil querer evitar o que se havia de consumar.

Resignada, regressou ao Espaço. Aguardaria lá a época de poder novamente reunir-se-lhe, para nunca mais se separarem.

Entretanto, vigilante, com o fito de lhe prestar auxílio, jamais a deixaria ao desamparo. Nos momentos agudos, Deus lhe havia de permitir estar ao lado da filha como anjo guardião, a fim de lhe incutir coragem e lhe dar ânimo, em meio dos esmorecimentos da penosa viagem.

Os fatos, na sua sequência, tendiam para o curso normal do destino obscuro que Ivone aceitara no mistério de sua vida incorpórea, de modo a não poderem ser tidos por obra da fatalidade.

Salva pelos tripulantes de um navio mercante da Índia e não tendo nos sobreviventes do naufrágio nenhum que se interessasse pela sua sorte, porque ninguém conhecia a infeliz menina, cujos pais todos julgavam mortos na catástrofe, passou ela a ser oferecida como objeto de comércio aos componentes do estado maior de bordo.

O capitão, que era viúvo e gostava de crianças, porque não tinha descendentes, resolveu adotar como filha a pequena órfã.

Era um indiano, natural da cidade de Madrasta, e contava seus cinquenta anos de idade. Procedente de velha tribo de índios das ilhas do Oriente, já meio extinta, denominada Airacás, o capitão se civilizara, porque desde menino se havia dedicado à vida marítima.

Passara a mocidade no mar e habituara-se a trabalhar como arrojado marujo. Não temia o furor da procela, gostava até de enfrentar o fragor das tempestades e se deleitava com o vento a assobiar no cordame do barco e a retorcer os mastros.

Dotado de bons instintos, Ivone acharia nele, embora fôsse de pele bronzeada, mão protetora, um coração que, mesmo endurecido pela rispidez com que era obrigado a tratar os subalternos do serviço de bordo, havia de enternecer-se diante da inocência, da orfandade e das garrulices de uma criança, que é sempre o enlevo dos corações sensíveis.

Começou, pois, o capitão a dedicar paternal carinho à sua tutelada. Conservava-a a seu lado, levava-a no barco — sua habitação flutuante, que tinha por teto a abóbada infinita e por base o abismo insondável dos mares.

Ivone se lhe afeiçoara e, talvez por isso, ele lhe prometia um futuro melhor.

Possuía pequena fortuna, reunida a custo, com o suor de sua fronte tostada nas constantes provas de coragem e de audácia contra o rigor dos vendavais. Reunira economias, fazendo sacrifícios em toda a sua existência. Pois bem: legaria tudo à pequena e seu futuro estaria dessa forma garantido. Mais uns anos de trabalho e mudaria de vida. Iria descansar das fadigas em terra. Compraria uma vivenda confortável e passaria o resto de seus dias na companhia da pupila, que, então moça, seria o seu amparo na velhice.

Quando futurava essas coisas, não via o que se ocultava no mistério do mundo invisível, isto é, o novo golpe inevitável, que ainda cairia sobre aquela criança.

De fato, o capitão Borlavá, oito meses depois de ter adotado a menina, foi vítima de inesperado desastre, que lhe roubou a vida instantâneamente, deixando assim, numa segunda orfandade, a infeliz vítima de Bianca.

Como um pressentimento vivaz lhe assaltara o espírito dias antes de perder a vida, escreveu, numa folha do seu canhenho de papel amarelento, um bilhete, com letra incerta, porque mal sabia alguns rudimentos de escrita. Esse bilhete, que era um esclarecimento e ao mesmo tempo um pedido, sem endereço, dizia: — "Que não tinha filhos, nem mulher e que de sua família só existia um irmão, mais velho do que ele, que habitava uma povoação da Índia e se chamava Alasca; que, assim, no caso de morrer, sua filha adotiva devia ser entregue a esse irmão."

Indicando o lugar onde conservava o pecúlio, escrevera mais algumas notas, encerrando-as com estas palavras: "Por favor, não deixeis de atender a este meu pedido. Enviai a criança a meu irmão, gastai o dinheiro que entenderdes nas despesas da viagem, cobrai pelo vosso trabalho a soma que quiserdes, porém, o que ficar pertence à menina Hada. Quero que vá morar em companhia de meu irmão e que não constitua isso pesado encargo para ele."

Quando o acharam morto pela eletricidade que o fulminara ao tentar, sem a perícia do profissional, ligar um acumulador, revistaram-lhe as algibeiras e encontraram o documento, que era a disposição de sua vontade derradeira.

Então, um amigo, atendendo-lhe à súplica, foi ao lugar designado e encontrou um pequeno cofre de mármore, cheio de moedas de ouro. Apoderou-se de uma parte que estava separada; e a outra, que se achava numa bolsinha lacrada e sobrescrita a giz vermelho com os seguintes dizeres: "Pertence à minha filha adotiva Hada", guardou-a para dar cumprimento à determinação do finado.

XXVII

Por uma límpida manhã de estio, o brigue "Estela" aportou em Ischia.

Ivone, que o capitão Borlová batizara com o nome de Hada, por lhe soar gratamente ao espírito, desembarcou, acompanhada do bom homem que se incumbira de cumprir a missão de que aquele indiretamente o incumbira.

Alasca, como já sabe o leitor, era um indivíduo semi--selvagem, descendente da tribo dos Airacás, mais civilizada que a dos indígenas da Africa.

Conquanto não fôsse da classe desses indígenas, o grau de sua inferioridade se refletia na ignorância e na rudeza de espírito que revelam, à primeira análise, a encarnação de um ser que ainda ensaia os passos da infância espiritual nos planos obscuros da matéria.

Viúvo de poucos anos e já idoso, entregava-se exclusivamente ao trabalho e não tinha outra aspiração na vida, a não ser a do cultivo de seus vinhedos e a do repasto à hora meridiana e às da Ave-Maria, ao bruxulear da luzerna.

Quando, em face do estrangeiro que lhe entregava a menina e a soma com que seu irmão a dotara, se viu obrigado a pronunciar algumas palavras, estas não foram de gratidão ou satisfação, como naturalmente o faria qualquer outro em seu lugar. Ao contrário, nos vincos da testa onde se refletia a sua aspereza de gênio, denotou visível contrariedade. Diante, porém, da bolsa recheada de moedas, modificou a sua atitude hostil e ficou meio perplexo, sem saber o que deliberar: se aceitar a incumbência de criar a menina, se a rejeitar.

Afinal, depois das explicações do estrangeiro e deste repetir as súplicas que o capitão escrevera antes de morrer, Alasca se decidiu a aceitar a criança e, fazendo sinal de assentimento, tomou-a pela mão e a conduziu à sua cabana, onde mandou que se sentasse num estrado coberto de peles de cabrito montês.

Em seguida, voltou a despedir-se do estrangeiro.

Pobre Ivone! tão pequena, tão inocente, que quase nada entendia do que se passava! Não sabia ainda raciocinar; apenas soluçava, tremia de medo, diante daquele desconhecido, de corpo castanho, seminu, a quem tinha de obedecer.

Inùtilmente as lágrimas correram de seus olhos, que ela tapava com as mãozinhas róseas, delicadas e finas.

Passou dias e dias a chorar nos cantos da casa. Depois, como não houvesse outro remédio, foi cedendo ao hábito, aos tratos severos, e acostumando-se aos trabalhos que começou a executar e à convivência daquelas rústicas criaturas.

Cresceu como um lírio à beira de um pântano, mas, nem por isso, feneceu ou se deixou contaminar dos instintos maus que superabundavam naquele ambiente.

À medida que ia crescendo, seu espírito readquiria o amadurecimento das ideias e sua inteligência se desenvolvia espontâneamente, sem esforço, apenas sob a ação constante do pensamento, voltado sempre para o passado e a lutar contra a dura realidade do presente.

Esquiva à convivência corruptora dos Airacás, pela

natural repulsão que sentia, Hada a ninguém falava e pouco entendia do que o velho Alasca lhe dizia, mais por sinais e gestos, do que por palavras.

À proporção que a inteligência lhe resplandecia na candidez da alma, a imagem de Leony, seu pai querido, a quem as saudades e a necessidade de carinhos a faziam amar e prender-se, lhe surgia sempre nova, sempre vívida, ao espírito, que guardara carinhosamente essa imagem, como preciosa relíquia, no mais profundo esconderijo de sua memória.

Percebendo cada vez melhor a sua desventura, perguntava constantemente a si própria onde estaria seu pai, onde estavam seus brinquedos, onde ficara o palácio que habitava. Nunca mais voltaria lá?

Adormecera e, ao despertar, completa metamorfose se operara na sua existência.

Mais tarde, com o correr do tempo, resignou-se ao trabalho áspero, submetendo-se a todas as formas do labor doméstico, que Alasca lhe impusera desde que a tomara à sua conta. Obedecia sempre, para não dar motivo a ser repreendida.

Assim transcorreram os anos, anos intermináveis, insípidos, em que a criança crescia e, fazendo-se moça, reconhecia com grande amargura a sua personalidade, a distinção que separava o seu espírito do dos outros. E sentia-se mal, repugnava-lhe a sua sorte, comparava o passado ao presente e tinha ímpetos de verdadeira revolta, pejando-se daquela vida, que, bem o compreendia, não se coadunava com o seu critério, com a sua razão em plena atividade.

A sua fé espiritual, a confiança que depositava nos poderes superiores eram como armadura invisível que lhe amparava a razão no sacrifício e na luta, que lhe trazia a esperança nas horas de abatimento em que, fraqueando, facultava acesso às influências ocultas, permitindo-lhes que a assaltassem por meio de pensamentos indignos.

Havendo desenvolvido suas forças psíquicas, o que lhe dava mérito aos olhos de Deus, para servir de intermediária aos seres incorpóreos que pululam no ambiente terreno atraídos pelos prazeres do mundo, Hada fortaleceu o seu espírito.

Adida ao culto dos mortos, que derramava nas almas o doce e acalentador refrigério da sobrevivência e da comunicação com os Espíritos após o rompimento dos laços que os prendem à matéria, ela tomara uma atitude austera, com a convicção daqueles que se mantêm no propósito inabalável de desempenhar uma missão elevada perante o Pai celeste.

Assim, vamos encontrá-la de novo na manhã de sol em que a vimos subir a severa montanha de Ischia, consagrada aos mistérios da iniciação espiritual.

XXVIII

— "Hada, minha filha, volve ao teu estado normal", ordenou o venerando mestre.

A moça, que passara mais de uma hora em estado sonambúlico, principiou a despertar na posse plena de seus sentidos.

Ergue-se, a princípio, meio aturdida. Ilca a ampara, toma-lhe as pulsações. — "Nada receies; os anjos te cobrem com o pálio de suas asas. Vem, vem sentar-te aqui; o ar puro te fará bem."

Hada conservava ainda as impressões recebidas no mundo incorpóreo. Tinha as extremidades frias, as pálpebras húmidas e esmaecidos os lábios.

O bom ancião lhe enfiou o braço e a conduziu até à porta da caverna, pela qual penetrava às lufadas uma brisa salutar.

Ela respirou a grandes haustos e isso lhe fêz bem.

— Estás melhor? Não foi nada. Passaste por um belo sono, não é assim?

— Obrigada, mestre; não me enganava a confiança que tinha no seu poder; contudo, quero saber porque não me deixou mais tempo embevecida nesse mistério inefável, nessa felicidade, que foi apenas um sonho? Deploro haver despertado, porque o despertar é sempre triste.

— Eu não sabia se estavas bem ou mal; conta-me

o que te aconteceu, o que viste no sono breve e magnífico em que te fiz mergulhar.

— E' indescritível! Visão real ou quimera, não sei o que foi; mas, uma ventura inconcebível me enlevava a alma. Quisera, meu bom mestre, viver assim todos os dias, ainda que alguns minutos apenas. Depois, que o fado continuasse a esmagar-me no seu círculo fatal.

— Não posso, não me é permitido ultrapassar o limite das coisas tangíveis. Porém, o que te posso afirmar é que foi tudo uma grande verdade. Não sonhaste; viveste como Espírito, viste com os sentidos da alma o que desejavas ver e o que era necessário visses, para tua tranquilidade. Agora, sabes que teu pai existe e que te espera. Viste-o, depois de dez longos anos. Ele não mudou, é o mesmo homem, simplesmente mais sensato e mais íntegro de consciência, não é assim?

— E' verdade. Não posso dizer como estive fora de mim mesma: era um ser que pensava independente do cérebro; um pensamento circunscrito a uma atmosfera cosmogônica. Assim subi pelo espaço e, levíssima, percorri, como em volitações o vácuo profundo. Nesse trajeto, via a fulgurarem astros imensos, que aumentavam de tamanho à medida que deles me aproximava. Com os sentidos desdobrados por estranho poder, vi-me flutuar muito além da Terra; embalavam-me cânticos longínquos; sentia no meu ser, sensível ao mínimo contacto, a vibração do éter imponderável e fiquei maravilhada em meio do resplendor de um semicírculo de estrelas que se me afiguravam sóis de cambiantes tonalidades... Deslumbrada, um tanto aturdida, desci à nebulosa terrena. Andava suspensa no ar, mas via tudo: a terra banhada de luz, florestas, bosques, campinas, flores exóticas, melodias de pássaros. E tudo me comovia, tudo me fazia vibrar a alma.

De súbito, pareceu-me sentir que me atraía um pensamento saudoso e sincero de alguém que cismava e que muito me amava. Estremeci; foi como se houvessem tangido a corda mais delicada de meus afetos. Desci, orientada pela fluente emanação que me atraía. Adivinhava, pressentia ao longe o prelúdio da felicidade. De repente, sem saber como, achei-me junto de uma fonte donde subiam vapores sulfurosos. Circunvaguei o olhar. Através da névoa que se evolava da cascata brilhante, vi, sentado a uma penha, um vulto imerso em fundo cismar e esse vulto pensativo era quem eu buscava, possuída do desejo ardente de encontrá-lo, qual o tinha personificado no meu íntimo. Buscava, sim, nas sombras do espaço, na amplitude, nas nuvens, aquele que me atraíra ao lugar onde me achei. Era meu pai; o mesmo dos dias da minha infância, o mesmo que eu conservava gravado na memória, apesar do tempo decorrido e dos poucos anos que contava naquela época. Reconheci-o. Abracei-o. Falei-lhe. Ele também me falou com alegria indizível, paternal. Tomou-me nos braços, como quando era pequenina, e cobriu-me de beijos e de carinhos. Uma satisfação indescritível confundia as nossas almas. Passeámos juntos. Quis saber onde eu estivera todo esse tempo. Narrei-lhe tudo; disse-lhe que não sabia como me achara a bordo, referi-lhe os diversos acidentes por que passara até vir parar neste lugar. Notei que se enchia de mágoa e que se enternecia ante a minha história que, por admirável influxo, se reproduzia nìtidamente à sua vista. Pobre pai! Não queria separar-se de mim, nem eu o queria mais abandonar. Tínhamos as mãos dadas e já pensava em fugir, em deixar Alasca e ir com ele para onde quer que fôsse. Mas, inopinadamente, uma asa sinistra, como de abutre desconhecido e monstruoso, se abateu sobre mim e a mão que apertava a minha diluiu-se. Senti um fluido denso penetrar-me, envolver-me. Depois, o temor de qualquer coisa horrível que adejava sobre nós, tentando subjugar meu pai.

Afastei-me, repelida pela ardência dos sentimentos maus que se irradiavam daquela entidade estranha, em quem porejavam recordações de coisas abjetas, de ódios e vinganças esquecidas, mas que recrudesciam, por se achar junto de um inimigo. Assim estava, quando voltei a mim.

O poderoso indu, que escutava atentamente, alisando a barba alvacenta, não se moveu para responder, nem para perguntar mais nada.

Absorto, num profundo meditar, parecia haver passado ao outro mundo. Via e ouvia. Sabia, adivinhava, mercê das excepcionais faculdades físicas que possuía e que lhe permitiam penetrar no mistério insondável do futuro. Mas, o coração lhe batia com violência, como se um sentimento vivo o fizesse pulsar.

E' que naquele espírito ponderado, cheio de mansuetude, existia um grande afeto revivido constantemente pelo orvalho da saudade, que nunca o abandonava.

Tinha ele também um filho amado, fruto de um amor inesquecível, e ao qual não via desde muitos anos.

Separado dele por circunstâncias inevitáveis, por não querer contrariar a vocação que manifestava para o estudo, ficara privado do amparo desse filho, quando justamente mais precisava do seu auxílio, quando necessitava de seu sorriso amorável e do seu braço pujante, para o conduzir e defender na velhice. Fizera um nobre sacrifício, permitindo-lhe viajar, estudar, seguir a carreira que desejava. Para isso, deixara-o partir, por tempo indeterminado. O rapaz seguira para a Europa e lá ficara, havia quase quinze anos.

Ilca sofrera saudades infindas, noites de insônia atravessara a pensar nele, sempre com cuidado na sua saúde, no seu bem-estar. Enchia-se-lhe a alma de júbilo, se sonhava com seus triunfos na academia. Tinha-o como um luminar do futuro. A nobreza do caráter, as virtudes perfulgentes dos espíritos elevados, segundo os seus anelos, haviam de ser apanágio da alma do filho a quem tanto queria.

E era esse orgulho paterno que lhe dava firmeza de ânimo na solidão em que vivia, esperando sempre com resignação o seu regresso. Mas, eis que o tempo se escoava, transcorriam os anos, fugiam os meses, desfolhavam-se os calendários, voltavam as estações, o inverno cobria novamente as montanhas da alvinitente toalha de neve, só ele, o filho, não voltava.

Longas noites de vigília passava ao fulgor da lareira, nas fragas duras da caverna, sem que seu coração experimentasse qualquer esmorecimento, sem que na sua fronte augusta, coberta de cabelos brancos, pesasse o cansaço da longa espera. Não chegava, entretanto, o dia da sua maior satisfação e ele continuava, com a mesma constância, a aguardar a volta do filho. Vê-lo-ia, sim, novamente. Agora, aureolado, diplomado, um cientista, um pensador... adivinhava-lhe a estatura máscula, na robustez da idade que atingira. Seu caráter havia, certamente, de ser de impecável correção e estar de harmonia com as linhas belas de sua fisionomia morena, com seus olhos escuros e penetrantes. Oh! quanto amava a esse filho materialmente distante, mas bem perto pela ternura do seu coração e pelo pensamento.

Assim, naquele momento de concentração a que fôra levado pela homogeneidade das suas vibrações com as de Hada e pelas auras suaves que a banhavam, Ilca vira o filho através da sua vidência em estado supranormal. Não mais escutava a discípula. Mergulhara no mistério do mundo real. Penetrava no futuro... Em virtude dos ingentes sacrifícios que fazia por amor do próximo, dado lhe era cair de quando em vez em forte concentração, desligar-se do envoltório grosseiro de carne e ler os pensamentos, embora a distância. Vencendo, pois, as forças malignas, que entravam a expansão dos sentidos sutis, mas que cedem ao simples contacto da benevolência, num ambiente homogêneo de boa moral, podia ele sem custo entregar-se a esses desprendimentos espirituais.

Sem sair do estado de plena consciência, podia, por graça divina, gozar dos bens subjetivos, por meio da clarividência e do desdobramento de seu ser.

Desse modo, remontava muitas vezes às idades longínquas da espécie humana, mergulhava nos tempos primitivos da humanidade, penetrava-lhe os mistérios, sondava as épocas futuras, os períodos vindouros, os novos destinos dos seres no Universo e, dessas rápidas visualizações, guardava inefável recordação de que seu espírito muito apreendia, ganhando forças para progredir.

Naquele dia, conseguiu ainda mais. As correntes afins, ligadas à projeção do seu pensamento sobre a criatura que tanto o preocupava, lhe permitiram entrar em comunicação com o filho distante...

Por um fenômeno transcendental, apresentavam-se-

-lhe às faculdades subconscientes acontecimentos do passado e do futuro, entrelaçados aos fatos em ocorrência.

Ora via-o debruçado sobre os seus tratados de medicina, tentando resolver complicado problema patológico; ora preocupado com um estudo filosófico, investindo, com audácia, o conhecimento das ciências ocultas. Via-o, em contacto com o mundo dos Espíritos, penetrar nos áditos insondáveis do invisível, da morte e do renascimento, trabalhar pelo progresso da humanidade, disseminando, por toda a parte, a edificante Doutrina dos Espíritos.

Aceitando e propagando os ensinamentos de Além-túmulo, ele se unira aos que, sobrepondo aos interesses materiais a preocupação dignificante do bem, renunciam às paixões nocivas, sufocam os ódios, dominam os instintos inferiores, e fundara um pequeno grupo em cujos trabalhos muitas almas sofredoras, encarnadas e desencarnadas, achavam consolo e esclarecimento.

Via o filho, tal como o imaginava: fronte de pensador, alma aureolada de virtudes, votada ao nobre exercício do bem.

Pregava para centenas de almas a Religião de que era prosélito, religião que é a síntese da verdade, que desvenda o destino grandioso da alma e o segredo da sua ascensão aos mundos superiores. Compreendia as provações pelo seu prisma verdadeiro e considerava a reincidência e a obstinação no erro como formidáveis obstáculos ao aperfeiçoamento e à sabedoria.

Em sua concentração, Ilca avançava, cada vez mais, na vida íntima do filho e o admirava pela sinceridade do coração, incapaz de corromper-se aos assaltos de qualquer tentação impura. Era feliz, sim, relativamente feliz e pensava no pai, como filho amoroso e dedicado. Simultâneamente, via o seu melhor amigo, um moço de semblante jovial e de cabelos louros que lhe estava sempre ao lado e lhe falava amistosamente.

Observando-lhe com atenção a fisionomia, o ancião, num golpe de vista rapidíssimo, descobriu-lhe todo o futuro, desceu-lhe ao fundo dos sentimentos, como impelido por desconhecido poder.

Caiu-lhe depois uma nuvem sobre os olhos quando, sob as pálpebras virginais de Hada, envolvida nos fatos que ele entrevia no futuro, vislumbrou o perolar das lágrimas que, por singular metamorfose, se enrubesciam e fluidificavam, parecendo por fim gotículas de sangue.

Essa a razão por que o coração lhe pulsava com veemência e por que as mãos lhe tremiam.

A voz da moça despertou o vidente.

— Mestre, que tem? Sente-se mal? Está enfermo?

— Não, minha menina, não é a primeira vez que tremo, quando o Criador me permite a graça de pôr-me em contacto com as coisas sutis do nosso destino.

— Ah! sim, entendo, atalhou a moça vivamente — treme pela visão do meu destino. E' indubitàvelmente tenebroso.... eu o pressinto...

— Não é bem assim, minha filha. Não posso saber o futuro que o Criador te reserva; mas, vi teu pai, que curte vivas saudades de ti. E' louro e os seus se assemelham muito aos teus traços fisionômicos. Vi também meu filho, o meu querido Paulo, que foi para a França há mais de catorze anos.

— Viu meu pai? onde?

— Na França, também.

— Conte-me, mestre, conte-me tudo, quero saber notícias de meu pai.

— Nada te posso adiantar, sei apenas que ele existe e que conhece meu filho.

— Não sabia que tinha um filho afastado de si.

— E' verdade, nunca te falei nele.

— Não serei importuna, se lhe perguntar porque seu filho foi para tão longe, deixando-o na solidão, quando os flocos hiemais da velhice lhe caem sobre a cabeça?

— Era necessário, minha filha, que ele partisse, para seguir os estudos a que se votara desde menino. Queria formar-se em medicina. Era a sua predileção. Não ousei contrariá-lo; mandei-o para a Europa, onde se formou há mais de sete anos. E' um médico inteligente e tem muita clínica.

— E' moço? E' belo?

— Sim; é mais belo do que o comum dos homens,

porque tem a beleza imperecível da alma, que são as virtudes, a bondade e a inteligência. De fato, meu filho é formoso. Ainda há pouco, orgulhava-me de sua formosura varonil, de sua sobriedade na idade que tem, quase meia existência, mais de um quarto de século. Oh! se tens saudade de teu pai, eu as tenho de meu filho e ele, a esta hora, se me não engana o coração, está em casa do teu genitor. Mas, a verdade é que não tardarás a encontrar teu pai. Ainda agora, na minha concentração, eu te vi, minha menina, junto desse homem de pele clara e de olhos azuis, que pensa em ti constantemente.

— Que diz, mestre? E' isso verdade, ou é uma bondosa sugestão, para aquietar as minhas angústias?

— Crê no que digo. Ilca não pode mentir. Sua palavra é veraz; apóia-se em reais fundamentos. Espera teu pai, que ele virá. No mês de Junho, quando a íris perfumada e as primeiras gardênias do vale dos Heliantos florescerem, ele estará navegando em nossas águas.

— Meu Deus! que alegria! Parece-me que o céu se vai abrir para mim! Graças, graças, mestre, responde ela, beijando as mãos do vidente.

— Tu, minha companheira, volverá à terra da luz intelectual, lá onde a civilização esplende aos raios do Sol, sob a apoteose do oceano rubro das lutas e paixões. Conhecerás meu filho, falar-lhe-ás... e terás, então, ensejo de admirar os dotes de sua alma. Eu ficarei aqui sòzinho, sobre esta montanha, que foi o meu berço e será o meu túmulo. Nunca mais te verei!... Nem verei mais meu filho...

Uma coisa indefinida empolgava a alma da filha de Leony Anfreyt.

A carícia luminosa de um raio solar, filtrado furtivamente pelas frestas dos rochedos que formavam o zimbório da habitação de Ilca, incidia no busto de Ivone, formando uma como auréola sideral. Idêntica luz se lhe infiltrava no coração, diferindo apenas quanto ao ponto de partida. Uma era a do Sol, a outra a da esperança de uma felicidade em embrião, que ora se restringiria no ciclo de sua existência, ora se dilatava pelo destino a dentro.

Haveria, entretanto, luta, a da virtude, do mérito, da brandura, contra a influência do "carma", das faltas cometidas em épocas sumidas nas cinzas dos sepulcros. Todavia, essa influência tinha de vencer. Ilca tudo sabia; mas, o dever de caridade e as leis ocultas lhe impunham silêncio.

XXIX

Retomemos, porém, o fio abandonado da nossa narrativa, que, seguindo a ordem genérica dos fatos, convergentes todos para o mesmo fim, obedece ao rigor da veracidade dos acontecimentos que nos foi permitido relatar em linguagem simples e modesta, dando-lhes apenas o brilho da verossimilhança ao conjunto, que em si contém uma lição sábia de moral, um exemplo a todas as criaturas que, por inconsciência, ou por má índole, dão acesso aos Espíritos inferiores e praticam as ações mais degradantes e abjetas, assumindo sérias responsabilidades, determinantes de dolorosas provações e torturas no presídio terrestre.

Continuemos, pois, a dar cumprimento à tarefa encetada.

Volvamos a encontrar o engenheiro Leony de Anfreyt no seu gabinete, onde permanecia, após as comoções do encontro astral que tivera com a filha, graças à força hipnótica do indu, que, ao magnetizar a donzela sonâmbula, invocara o Espírito do pai, atraindo-o a uma palestra espiritual, a fim de elucidar o segredo que envolvia a infância de sua protegida.

Conhecedor do segredo de afastar as correntes adversas que turbavam o ambiente e dos meios de libertar-se do pesado fluido de seus inimigos incorpóreos, conseguira, sem grande custo, esse palpitante fenômeno psíquico.

Entretanto, Anfreyt se tornara presa de inexplicável dúvida. Ainda comovido pelo que acabara de experimentar quando, impelido por seus afetos paternais a saber se havia ou não fundamento no sonho que tivera com a filha, seu espírito se conturbara com o estranho aparecimento imaterial da esposa, a escrever, diante de seus olhos extáticos, o nome da terrível autora da sua desgraça. Perguntava a si mesmo, com que fim teria ela vindo, no palor da morte, de um mundo estranho, acusar ou maldizer a causadora de suas amarguras?

Iara sabia que sua filha fôra vítima de Bianca; nada, pois, de surpreender havia em que lhe guardasse ressentimento. Eis porque viera daquela forma confirmar a culpabilidade da outra no desaparecimento de sua filha.

Leony atirou-se num divã, a meditar, e logo ouviu a voz do fiel mordomo que voltava de atender a quem tocara a campainha.

— Aqui está este cartão de visita, meu senhor. Um gentil-homem se anuncia à vossa senhoria.

— Faça-o entrar para aqui.

O mordomo apressou-se a executar a ordem.

"E' o meu amigo, o Dr. Paulo, o meu inteligente amigo. Talvez ele me possa esclarecer alguma coisa sobre o caso", pensou Leony, examinando o cartão de visita.

Passaram alguns minutos e apareceu no limiar da porta a figura distinta do recém-chegado.

— Seja bem vindo, caro amigo!

— Como pedem os nossos corações, bons dias nos sejam dados — responde, a sorrir, o Dr. Paulo de Sália.

— Folgo muito por vê-lo aqui; chegou em momento oportuno — disse Leony, estreitando com efusão a mão do amigo.

— Obrigado.

— Entre, estou só.

— Este aposento está saturado de um fluido singular — diz o visitante, a percorrer com o olhar a sala onde penetrara.

— Tem razão; abramos as persianas.

Leony fêz correr o carretel dos estores e pelas janelas começou a entrar o vento leve da manhã de um dia calmo, preludiando as primícias do estio.

Necessário é dizer que desde que Otávio de Valence deixara a existência material, não tivera êmulo na dedicação que consagrava ao esposo de sua prima. Depois deste passar alguns anos de solidão, o Espírito do bondoso moço desaparecido dentre os vivos como que empolgara aquele ilustre médico, impelindo-o a ocupar o lugar que ficara vago ao lado de Leony, certamente por encontrar nele bastantes afinidades e acessibilidade espiritual.

Assim, Leony de Anfreyt se dedicara ao Dr. Paulo de Sália, diplomado, havia pouco, pela Faculdade de Medicina.

Além das mútuas atrações afetivas, decorrentes sem dúvida de vidas anteriores, Leony tinha o seu amigo em alto grau de estima.

Admirava-o pelo talento, pela franqueza e pela maneira elevada com que encarava as coisas da vida e os desígnios de Deus. De sorte que, quando o viu aparecer, foi como se houvesse tido o prenúncio de algo, que, certamente, lhe ia dar satisfação.

Tomando lugar com o amigo no mesmo sofá, Anfreyt entabulou a palestra, referindo-se ao que dissera o outro:

— Como percebeste que embalsamava este ambiente um fluido singular?

— E' que estou habituado a pressentir as entidades do mundo incorpóreo, pela aura que expandem de seus perispíritos. Desde que estudo a doutrina de Allan Kardec, tenho notado o desenvolvimento em mim dessa faculdade, que me permite, sempre que entro em contacto com as almas de além-túmulo, perceber-lhes a presença. Parece-me que estranhas o modo por que te falo dos mortos? Sentirás um dia o que sinto hoje, quando eu te houver convencido da comunicação dos nossos defuntos e de suas vindas à Terra...

— Estou convencido, meu amigo, de que as almas sobrevivem e de que podem manifestar-se àqueles a quem amam. Entretanto, acho que seria melhor se não sobrevivêssemos, se a alma fôsse um átomo que volvesse ao nada, depois da morte.

— Mas, não é assim. Os nossos conhecimentos práticos, o amadurecimento da inteligência, a experiência que vamos acumulando no curso das existências, nos estágios planetários, dão-nos a convicção inabalável da continuidade do espírito no infinito e do seu perpétuo progredir na eternidade.

— Quais são as sensações que experimentamos, por ocasião do que chamamos morte?

— Depende do estado da consciência. O Evangelho cristão não desmente as tradições do Antigo Testamento. O criminoso desce ao inferno, que consiste na acusação contínua de suas vítimas e no contínuo rever de suas práticas aviltantes. Os remorsos de seus crimes, a constância do espetáculo de seus delitos, são coisas inevitáveis e tão cruciantes para o Espírito, como as chamas que crestam, que destroem tudo o que atingem. Para as almas virtuosas, isentas das paixões impuras, a morte é a subida ao paraíso, não à bem-aventurança indolente, que a teologia ortodoxa apresenta, mas às maravilhas dos mundos superiores, ao fruir dulcíssimo das graças divinas, no convívio santo dos seres luminosos que foram, na trajetória física, os anjos protetores, os guias de seus passos através do mundo. São eles, gênios do belo e da pureza, que inspiram os grandes empreendimentos e encaminham as almas puras, submissas, para a sidérea ascensão, por entre auroras sempiternas, aos astros que são moradas de amor, de luz e de sabedoria, destinadas aos Espíritos eleitos. Felizes os que morrem com a consciência imaculada; felizes os que não odeiam; felizes os que não ambicionam prazeres falazes; felizes os que não mancharam as vestes transparentes da alma no lodo das vinganças mesquinhas, porque a morte, para esses, é o despontar das alvoradas celestiais, é o repouso num sono suave e breve, cujo despertar, entre seres amigos, surpreende, maravilha, não se descreve.

Descer ao túmulo, quando se tem a convicção da imortalidade, é libertar-se dos antolhos do pensamento, que são os instintos, as necessidades grosseiras da matéria, para subir pelo Espaço infinito, vasto campo de ação, onde a inteligência se exercita nas mais dignificantes aplicações e se emancipa da ignorância. Basta cumpramos os deveres sagrados que nos impõe a moral das religiões antigas, ensinadas pelos egípcios e revividas pelos grandes iniciados, desde Krishna, o filho da radiosa

Dévaki, até ao sublime, excelso e inigualável Nazareno, para que estejamos sob o pálio dos gênios superiores e, assim, protegidos por uma auréola divina, dos impulsos inferiores.

— Curvo-me ante as belezas da tua doutrina. Mas, não posso ser um adepto. Sinto que existe em mim um vácuo e a só ideia de pôr-me em contacto com aqueles que abandonaram o corpo me apavora, replicou Leony, estremecendo, como agitado por um fluido extraordinário, que lhe fazia empalidecer a epiderme.

Paulo, que o observava com arguta vista, compreendeu-lhe o estado d'alma e percebeu o caminho por onde ele tinha que fatalmente marchar para o seu destino. Todavia, cuidou de exortá-lo, de lhe transmitir energias, a fim de que pudesse reagir contra as forças maléficas que se avizinhavam, a travar uma grande luta com ele.

— Exatamente o enfermo é que precisa de medicação. Não é ao organismo exuberante de seiva, perfeitamente saudável, que o clínico prescreve medicamentos, quando sabe o efeito e as reações que eles podem determinar no estado geral daquele que os ingere. Percebo, sei que posso fazer de ti um adepto fervoroso da Doutrina Espírita; sei que pela renúncia aos prazeres, pelo doce aconchego da fé espiritual, podemos chegar à culminância da perfeição e à realização dos maiores ideais. Porque esse pavor pueril que tens dos Espíritos? Porque julgas impossível tomares parte em nossas sessões espíritas?... Francamente, não sei.

— E' que não sentes o que eu sinto, Paulo. Antes, nos anos felizes da minha mocidade, quando a meu lado a virtude caminhava como noiva radiosa, quando a minha amada Iara me falava dos seus sonhos místicos, podia eu ter-me iniciado nessa doutrina consoladora, que deve purificar a alma e que revela o verbo sagrado; não tive, entretanto, quem me encaminhasse para essa verdade. Hoje... hoje, não. Temo até ouvir dizer que os mortos nos assistem.

— Pavor supersticioso, reflexo de dogmas absurdos, destruidores da liberdade de consciência e subjugadores do pensamento humano. Hoje, graças ao progresso, que tem atenuado a ignorância dos povos, os dogmas se acham em decadência. Herdaste, talvez, essa superstição insensata dos teus antepassados, que acreditavam na mais aberrante estultice, a de que só podem assistir-nos Espíritos inferiores; que os que visitam e estabelecem conosco intercâmbio de ideias são demônios, ministros do anjo rebelde, do fantástico Satanás, que desce ao mundo para colher as almas incautas, que Deus repeliu de suas hostes. Abandona essas ideias infundadas e vamos estudar. Tenho obras que são verdadeiras maravilhas e cujos profundos ensinamentos e transcendente moral, baseadas que elas são no puro Cristianismo, empolgarão o teu espírito. Em breve, serás excelente espírita, fervorosamente convicto e infatigável arauto da caridade e do amor, emblema do Espiritismo.

— Quisera... seguiria de bom grado essa esteira luminosa que me apontas, para além da estrada tétrica do sepulcro, e na qual figuram as imagens dos gênios imortais da humanidade. Mas, não posso, não estou, bem o conheço, em condições de entrar em contacto com os mortos. Agora mesmo, pasmei de assistir, julgo que o adivinhaste entrando aqui, a um fenômeno sobrenatural, provocado, talvez, pela minha ânsia de desvendar um caso misterioso que perturba a minha existência faz mais de dez anos. Não posso explicar como se deu o fato. Sei que pensava em minha esposa falecida, com a ternura que consagro no meu íntimo à sua memória; que sentia, como nunca, depois de uma noite passada entre visões múltiplas, saudosas, ternas, terríveis e fantásticas, que me aniquilaram momentâneamente, o ardente desejo de vê-la, de falar-lhe, de abrir-lhe, enfim, este coração cansado de sorver tantas e tão fortes amarguras. Aproximei-me do espelho e murmurava, como se numa invocação concentrasse todo o meu pensamento, o seu nome, sílaba por sílaba. Não decorreram, talvez, dois minutos e notei que uma névoa branca se esboçava no espelho, sobre a minha imagem, e refletia, na superfície do cristal, outra imagem, perfeitamente animada, corporificada e que, depois de me fitar com expressivo olhar, escreveu um nome. Retrocedi. Era a reprodução fiel de minha esposa amada; era ela mesma, sim, aquela em quem sempre penso e que a morte inexorável afastou de mim para a Eternidade. Acabava de vê-la materializada, perfeitamente viva e linda, linda como naqueles três anos em que estivemos casados e que foram uma perene lua de mel, a me escrever, quiçá como expressão simbólica de um sentimento que lhe turba a espiritual ventura, o nome de uma infeliz mulher, o anjo mau da minha existência, a quem odeio, por ser a causadora de meus irremediáveis males. Quando ia para lhe falar, empolgado pela alegria suprema que a sua aparição me proporcionava, ela desapareceu, deixando, sobre o vidro do espelho, um hálito morto e algumas letras que aí se conservam como testemunho da sua manifestação. Repara.

— E' indiscutível, responde o jovem médico, examinando minuciosamente o espelho, onde perduravam as letras que o indicador do Espírito materializado traçara. Interessante fenômeno psíquico, capaz de satisfazer às exigências dos investigadores empenhados em apurar até as mais pequeninas coisas.

XXX

Paulo, vivamente interessado na revelação do ilustre engenheiro, volta a sentar-se para o escutar. Mas, como este se calasse, torcendo as mãos, ele o concita a prosseguir. Depois de longa pausa, Leony continua, com visível excitação.

— Apesar da nossa amizade, nunca te falei de mim e dos fatos que deram origem a que eu mudasse de vida, deixando meus amigos de infância, meus parentes e meus negócios nos Estados-Unidos para vir residir na França.

— E' verdade; mas, isso não tem importância. Para que reviver o passado, hoje reduzido a cinzas? Não há necessidade, meu amigo, não nos interessa no presente. O momento é outro, é todo de sensações e de esperanças.

— Há-de, com razão, enfastiar-te esta palestra, não

é assim? Porém, preciso, mais do que nunca, desabafar. Desde que Otávio me faltou, nunca mais tive a meu lado um coração sincero, onde, sem receio, pudesse depositar meus tristes segredos. Depois de longo abandono, de passar noites intermináveis encerrado no meu gabinete de estudo, apareceste-me tu, fiel encarnação do meu inolvidável amigo. Tu, sim, Paulo, a quem tudo agora confio e dedico a mais sincera afeição fraternal.

— Obrigado, obrigado. Saberei retribuir-te a confiança e esse afeto espontâneo, que é recíproco, que tem suas raízes em nossas vidas passadas. Também, como tu, vivo sòzinho, afastado há muitos anos do meu país natal e do ser a quem mais amo na vida e a quem devo a existência, o meu bom pai!

Tinham-se levantado e mudado de posição; mas, sempre em atitude sombria, Leony continuou:

— Nunca te disse que tive uma filha, que era a retina de meus olhos, toda a minha esperança, um tesouro de amor. Talvez não saibas, nem possas imaginar o que é o amor de pai. Nunca tiveste, como eu, um desses anjinhos ternos, que nos enlaçam com os seus delicados bracinhos e nos beijam as faces cansadas, com a sua boquinha divina. Haverá coração, por mais empedernido que seja, que se não abrande; sentimentos, ainda os mais ásperos, que se não suavizem momentâneamente; angústias, que se não transformem em fluido aromal, ao contacto do beijo inocente, inigualável, de um filhinho de tenra idade?

— E' exato; considero a criança como a imagem da divindade, o símbolo da pureza.

— Pois bem, eu era um homem feliz, mesmo depois das amarguras cruéis que carpi com a morte de minha esposa, que me deixou como conforto único, como exclusiva consolação, uma filhinha mimosa de três anos, que ela idolatrava e que era a metade de minha vida. Podia ter sido ditoso, como o são todos os que trazem uma consciência pura, os que não odeiam, os que não ambicionam glórias mundanas, os que não se atiram no torvelinho dos vícios indignos, se a fatalidade não espreitasse a sua presa, num ponto da trajetória reta em que me colocara pela minha índole e pela educação que recebera de meus honrados genitores. Dizem que a felicidade não é para a alma humana e eu o creio.

— Até certo ponto. Tudo tem os seus limites e deriva de transcendentes origens. Mas, a felicidade é relativa e pode ser duradoura, meu amigo.

— Vivia tranquilamente, com resignação, atenuando a dor do profundo golpe que recebera por meio do estudo e do trabalho, quando uma formosa mulher, qual anjo tentador, subjugou o meu raciocínio. Seus dotes de espírito, suas virtudes aparentes me seduziram tanto, quanto seus encantos plásticos. Senti-me levado, por misteriosa atração que eu desconhecia, a ligar-me a essa criatura. Ante a solicitude e a bondade, quem não se curva? A minha idade viril e a minha viuvez prematura deram causa a que eu retribuísse a requintada dedicação que divisava através da formosura inigualável, da beleza diabólica daquela mulher. Concordei em fazê-la minha esposa. Embora não o demonstrasse por exageradas manifestações, que o meu gênio recatado me não permitia, cheguei a amá-la, não com amor puro, de espírito a espírito; não com esse amor quintessenciado que tudo perdoa e que vai à Eternidade; mas, com paixão ardente, enceguecida pelo delírio dos gozos efêmeros e dos sonhos irreais da vida objetiva. Efetivada a nossa infausta união, começaram terríveis coisas, dando origem a sucessivas desinteligências, que tomaram vulto, a ponto de determinarem o rompimento civil daquele consórcio santificado perante a sociedade e o altar. Quando verifiquei a brutal verdade, perdi-me em violentos ciúmes. Desenganado, atraiçoado por minha mulher, que eu julgava casta e pura, como a idealizara, e que bem depressa revelou o contraste miserável das aprimoradas virtudes que afetara não sei porque, se por capricho e desejos excêntricos, se por volubilidade, vi-me diante de inevitável dilema: matar ou morrer, para que o meu nome fôsse desafrontado e eu desse uma satisfação à sociedade e aos meus amigos, que principiavam a encarar-me com pérfidas desconfianças! Era insuportável a minha situação, não tinha outro alvitre a seguir.

— E' bem assim, pobre amigo.

— Chegara ao fim aquela indigna comédia, que se mudou em drama, por um imprevisto flagrante. Forcei o amante da adúltera a aceitar um duelo de morte, porque me repugnava o assassínio; horrorizava-me o ter que matar alguém. Todavia, precisava responder ao inominável ultraje feito à minha dignidade, punindo o culpado. Provocado por um escândalo público, por um vexame que só ao preço da vida se podia pagar, o meu rival aceitou o desafio, comparecendo lealmente, com suas testemunhas, no campo da honra.

Imagina, Paulo, a terrível situação em que me encontrava, resultante do alvitre a que recorri nos paroxismos da minha desventura e da vergonha que me incendia as faces, tingindo-as de rubor. Sabia eu que não morreria, tinha disso a certeza, por ser exímio atirador. Na associação de armas a que pertencia, ganhara todos os concursos anuais entre os melhores atiradores. Manejava com maestria qualquer arma e era um acontecimento errar o alvo. A vitória sem dúvida seria minha. O meu antagonista cairia punido de seu crime, à minha primeira bala. Sabendo disso, evitei sobrecarregar a minha consciência. Tendo o direito de ser o primeiro a atirar, não quis exercê-lo e concedi-lhe, generosamente, que isso fôsse deixado à sorte, conforme reza a ata lavrada e assinada por cinco testemunhas. Como por ironia dos fatos, foi ele designado para atirar primeiro. Esperei que o destino decidisse. Firme como uma estátua, em frente do meu adversário, notei que estava nervoso, que tremia. Uma palidez marmórea lhe ganhara as faces; todavia, não me infundiu dó, nem piedade. Odiava-o, desprezava-o, detestava-o. Sabia que ele tomara o meu lugar no coração de minha esposa, que se amavam apaixonadamente e isso me açulava o desejo de aniquilá-lo, castigando a ambos e afastando dela, para sempre, o amante a quem adorava. Sua mão trêmula desviou do alvo o projetil, que apenas roçou o meu ante-braço, o que, aliás, não senti. Quando, por minha vez, descarreguei a pistola, vi tombar, com uma bala certeira, o meu adversário e estorcer-se nas vascas da morte. Estava tudo terminado, tudo, tudo!

Voltei para casa. Saíra vencedor, cobrara e fôra pago de uma grande dívida. Meus amigos, minhas testemunhas me abraçavam e felicitavam, respondendo eu àquelas demonstrações de apreço automàticamente, alheadamente. Mas, desde aquele dia, desde aquela hora, senti que já não era o mesmo. O ser feliz que descera da etérea plaga, que animara minha vida, vitalizando as minhas energias, o meu sangue, dirigindo o meu cérebro, os meus pensamentos, a minha vontade, se eclipsara totalmente. Caíra sobre a minha alma um véu, negro como a viuvez, e a cobrira para sempre. Todo o meu futuro enegrecera.

Leony fêz uma nova pausa.

Paulo o contemplava, vivamente consternado, avaliando a gravidade dos acontecimentos.

Aos revérberos da luz solar, que se coava pelos vidros das bandeiras, as veias da fronte do engenheiro pareciam querer estalar. Brilhavam-lhe, sobre a testa ampla, frias gotas de suor. Guardavam silêncio ambos, grave silêncio.

Depois de alguns minutos, Leony retomou o curso da narrativa:

— Como a desgraça nos visita repetidas vezes, parecendo zombar da sua vítima, sofri novo golpe! Golpe inexorável, castigo, talvez, infligido pelas potências ocultas, revoltadas contra mim. Eu poderia tudo esquecer, sob o pálio da fé religiosa, em contínuas penitências e no sublime sacrifício de perdoar inteiramente, de enxugar o pranto e acalmar a dor alheia. Dali por diante, seguiria o caminho da abnegação; minha filha seria o sustentáculo de meus passos, o estímulo para o meu futuro, o esquecimento, enfim, das minhas desventuras. Mas, tudo ocorreu justamente ao contrário. Minha terrível esposa, indignada com o meu procedimento, para se vingar de mim, raptou minha filha, o que só agora, muito depois do acontecido, vim a saber com exatidão.

— E' inacreditável, meu amigo. Tens certeza disso?

— Não, não! Faltaram-me provas; não as consegui suficientes outrora, senão, ah! ter-me-ia vingado também, pois que já não era mais o homem virtuoso e digno de outros tempos. A vida perdera para mim todo o encanto. Não chafurdei na lama dos vícios, porque me repugnavam. No entanto, teria tido a coragem de estrangular a autora da minha desdita, de sugar-lhe o sangue, se preciso fôsse, para que ela expiasse o seu miserável procedimento.

— Cala-te, não sobrecarregues mais a tua consciência. Esquece e perdoa.

— Nunca tive a certeza; porém, hoje, já me não restam dúvidas; ninguém mais podia ter sido capaz de praticar esse delito.

— De que forma se deu o fato?

— Desapareceu a pequenina uma noite, misteriosamente, do seu quarto, onde fôra entregue aos cuidados da governanta e, até este momento, eu não soube para onde a levaram, nem se vive, ou se é morta. Continua o mistério.

— E' singular.

— Tudo tem sido infrutífero. Todas as diligências da polícia foram baldadas. Tenho gasto inùtilmente uma fortuna.

— E a governanta, não a obrigaste a confessar?

— Era de extrema confiança. Viu nascer minha filhinha; criou-a até cinco anos. Com que direito podia eu desconfiar da dedicação exemplar daquela criatura, que fôra sempre tão carinhosa para a criança?

— Custo a fazer mau juízo de alguém; mas, desconfio da fidelidade dessa ama. Andaste mal, devias tê-la entregue à polícia, para que a obrigasse a confessar.

— Não quis praticar uma crueldade, sem ter provas. Não deves ignorar o rigor e os recursos de que usa a nossa justiça contra os acusados de qualquer delito.

— Que idade tinha tua filha quando desapareceu?

— Cinco anos. Faz mais de dez... Está moça, se é viva.

— Que lamentável acontecimento! Como pode, durante tanto tempo, ter esse fato permanecido um enigma? Se tua filha foi raptada, está incógnita, nalguma cidade. Quem lançou mão do crime para afastá-la de ti empenha-se em continuar a ocultá-la.

— As nossas pesquisas foram até certo ponto bem conduzidas; pareciam encaminhar-se para uma solução. Porém, tudo, de um momento para outro, mudou; a realidade do ocorrido se conservou impenetrável e a impossibilidade de devassá-la se nos patenteou com as mais funestas cores, desnorteando as nossas investigações, culminando o fracasso na morte prematura de meu amigo Otávio, que tomara a si a elucidação do caso. Foi ele, não sei por que fenômeno inexplicável, o primeiro que vislumbrou a verdade, sim, a verdade. Convencido estou agora de que é a verdade. Presta-me atenção: tu, que tens um raciocínio invulgar, uma percepção sutilíssima e atilada perspicácia, que estás habituado às interferências subjetivas, talvez, inteirado de tudo, possas apresentar-me uma ideia aceitável, um expediente capaz de aproximar-me da solução que desejo. Então, juntos, quem sabe, poderemos chegar a uma conclusão lógica e à consequente possibilidade de uma nova investida para o descobrimento de minha filha. Otávio e eu, depois de prolongada palestra, adormecemos, certa noite, como sob a anestesia irresistível de um narcótico fluídico, que andasse, qual elemento vivo, esparso no ambiente. Enquanto o meu cérebro, carregado de apreensões, me criava zombeteiras e enfadonhas visões, meu amigo acompanhava a catástrofe de um navio inglês, que soçobrara em alto mar. Assistiu, de princípio a fim, às cenas trágicas do naufrágio e afirmou, com absoluta segurança, que vira minha filhinha andar nos braços de uma mulher de meia idade e que por entre aquela confusão infernal, em que cada um procurava o salvamento, viu arrebatarem-na dos braços dessa mulher e a lançarem num dos barcos de socorro. Tendo diante dos olhos o espetáculo indescritível do naufrágio do paquete, Otávio, em estado supra-normal, presenciou toda a tragédia de que resultou a morte de dezenas de criaturas, às quais a falta de embarcações e a rapidez do sinistro não deram tempo de salvar-se. Daí a três dias chegavam as notícias do naufrágio do "New-Castle" que zarpara de Nova Iorque havia bastante tempo. Mais tarde, os telegramas afirmaram que, pelas observações dos escafandristas, se presumia terem-se salvo muitos passageiros. Eis tudo.

— Evidentemente, é aí que está a verdade. Foi um desprendimento de Espírito, ou um fenômeno de dupla vista que se verificou com o teu amigo. O quadro lhe foi suscitado pela preocupação forte de seu Espírito em seguir o destino da criança.

— Depois, convencido da realidade do que presenciara, o infeliz Otávio decidiu, ele próprio, ir à procura de minha filha, empreender uma viagem sem rumo, pelo mundo em fora, prometendo, quando espontâneamente se votou a esse sacrifício heróico, não regressar, sem me trazer a minha Ivone. Partiu e nunca mais o vi. Há poucos dias, recebi dele uma carta, a da sua despedida, e uma obra em manuscrito, dedicada à Ivone. Pediu-me, nessa carta, que publicasse o livro, cujo produto destinou às obras pias de Nova Iorque. Deve ter morrido. Quando a escreveu, já estava enfermo. Nada conseguiu com o seu sublime sacrifício. Era espiritualista profundo e poeta de incontestável valor. Aí tenho intacta a sua obra. Se algum dia minha filha voltar, será ela quem abrirá as primorosas páginas do pobre Otávio, depois do que, enviá-la-ei ao prelo.

— Originalíssimo, murmurou Paulo, vivamente interessado.

— Otávio percorreu diversas cidades em todos os continentes, na esperança de encontrar notícias dos sobreviventes do naufrágio, demorando-se muitos meses em Madrasta. Tudo sem resultado. Tem passado o tempo, vão os dias e voltam os anos, os meses continuam a sua marcha inalterável e minha filha não aparece! Sonho que a vejo moça, formosa, bela. Parece-me um querubim, loura, formosa, inigualável. Mas, é sonho. Ainda esta noite passada, sonhei que a encontrara e senti forte comoção.

— Sonhaste esta noite com tua filha? sonhaste, dizes, que a tinhas encontrado?

— Sim, sonhei. Tive uma visão terrível e ao mesmo tempo grata, que me atormentou e me fêz palpitar de satisfação. Sonhei que Ivone se achava numa tribo de indígenas da Índia, os quais a tinham em seu poder, habitando uma povoação situada entre altas montanhas... e que sofria os rigores de uma vida miserável. Foi uma sensação indescritível a que experimentei ao encontrá-la. Andámos juntos. Subimos ásperas montanhas, cortadas de vales sombrios, rasgadas em abismos profundos. Era uma região esconsa. Afigurou-se-me, pela raça e pelos costumes dos que ali vivem, que era uma povoação medíocre da Índia Oriental. Mas, não tenho certeza de que seja verdade. Talvez fôsse uma criação do meu pensamento, em permanente atividade e preocupado sempre com o desaparecimento de minha filha.

— Não parece que seja uma criação do pensamento concentrado num ponto único; ao contrário, deve ter sido o levantamento de um pedaço do véu misterioso que encobre o destino de tua filha.

— Achas, então, que pode ter algum fundamento?

— E porque não? Nada há aí de anormal. Se essa criança sobreviveu ao naufrágio, é provável que haja sido recolhida do barco em que se salvou, por algum navio que viajasse nas imediações. Quem pode contestar que esse navio fôsse indiano? Assim, não é difícil que tenha ido parar nalguma possessão, cidade, ou vila, habitada por essas raças mistas.

— Fazes nascer em mim esperanças! Ah! se fôsse possível... Mas, não acho meios de proceder a uma investigação segura...

— Escuta, Leony. Diz-me uma voz íntima que encontrarás, brevemente, tua filha. Tenho meios seguros de levar a efeito uma grande sindicância e desvendar o mistério.

— De que forma, se nada te posso afirmar, se nem sequer sei o nome do lugar para onde fui transportado em sonho?...

— Afasta de ti todas as dúvidas e confia. Sabes que descendo de uma raça oriental, que nasci entre alterosas montanhas e vastos bosques floridos da mais bela, da mais risonha povoação da Índia. Lá vivi os verdes anos da minha infância; os vergéis da Ischia tapizados de flores foram o meu berço amado e serão o meu túmulo. Lá deixei o meu velho pai, coberto de cãs, que me ama e que vive solitário, num santo sacerdócio, a me esperar. Ele conhece todas as tribos que povoam as ilhas circunvizinhas e ainda as mais afastadas de Ischia, onde tem grande prestígio e é venerado pelas multidões. Seu nome é popular na Índia. Escrever-lhe-ei hoje mesmo nesse sentido e pedir-lhe-ei que investigue, que faça tudo o que puder, para conseguir saber se a menina se encontra lá, ou não. Ele revolverá as povoações, as cidades e as vilas; penetrará por todos os recantos e, em pouco tempo, teremos uma resposta que, indubitàvelmente, segundo a minha intuição, será satisfatória. Então, faremos juntos essa viagem sensacional. Visitarei meu pai, estreitá-lo-ei novamente nos braços e tu receberás nos teus o anjo extraviado, que tudo te fará esquecer e será a tua redenção.

— Estou comovido, nem sei como te agradecer tão generosa oferta, respondeu o engenheiro.

De fato, a revelação do jovem indu, que outro não era senão o filho de Ilca, abrira, repentinamente, de surpresa em surpresa, um horizonte ilimitado de esperanças, à alma de Leony Anfreyt.

XXXI

Era a época mais bela do ano, quando a natureza, prenhe de encantos, desperta em todos a alegria do viver e os atrativos da arte, estação precursora dos dias límpidos do estio, na qual desabrocham os derradeiros sorrisos da primavera...

As colinas de Ischia, lavadas pelas grandes enxurradas das chuvas torrenciais do outono, ostentavam o frescor de uma vegetação abundante e nova. Os vales, os vergéis, os prados ondulavam, aos reverberos do sol, esplêndidamente, no colorido de suas flores.

Os lilases, os mirtos, as íris, os jacintos e os lírios disputavam, no reino mágico do viço e da beleza, o predomínio e exalavam, ao brando vento matinal e às brisas vespertinas, o balsâmico aroma de suas corolas, transpirantes de delicado néctar.

Chegara para os agricultores o tempo da safra do trigo e do linho e pelas vastas colinas se descortinavam as extensas lavouras, onde se alouravam os pendões e as espigas maciças permitiam aos cultivadores a esperança de farta e rendosa colheita.

Andavam azafamados os homens do campo, em ruidosas turmas que se espalhavam de manhã cedo pelas campinas plantadas, entregues ao labor com vivo entusiasmo. Sobre os penhascos, desde as primeiras horas do Sol, até o fim do crepúsculo, os trabalhadores, de ferramenta em punho, braços rijos, descarregavam golpes sobre golpes no duro solo, despenhando os blocos e reduzindo-os a estilhaços e fragmentos, para o calçamento das ruas. Eram o cultivo dos vinhedos, o esboroamento das pedreiras sobre os precipícios, ou, ainda, a faina no recesso dos bosques, onde se ouviam os surdos baques dos robles e dos pinheiros seculares, cedendo ao gume do machado. Na Ischia, como talvez em nenhum outro lugar, os homens desenvolviam a força da vontade no trabalho vigoroso, executado com duplo sacrifício pelo pão cotidiano. Cada qual era forçado à labuta para a subsistência própria e para a de suas famílias. O dinheiro ou o alimento tinham, por assim dizer, centuplicado valor para aquelas almas.

E' por uma dessas madrugadas, em que a alvorada surpreendia aqueles homens no trabalho, que vamos encontrar o chefe dos Airacás, o temível Alasca, de machado ao ombro, internando-se na floresta.

Trabalhava ele, então, como todos os anos, no corte de madeiras. O machado, movido pelo seu braço robusto, desafiava a rigidez do cedro. Nem os abetos mais alterosos, soberanos do bosque, nem as árvores mais possantes, de troncos enormes, resistiam ao corte do ferro acionado pela força motriz daquela musculatura, provinda do sangue puro de uma raça e exercitada em contínuas ginásticas.

Habituado a caçar a hiena e a agredir, de inopino, a pantera nas matas virgens, segundo o costume tradicional dos Airacás, Alasca se adestrara, desde moço, nessas provas audaciosas, em que a coragem e a força humana eram obrigadas a triunfar do furor da besta-fera, cujas mandíbulas estraçalhariam as carnes àquele que trepidasse ou esmorecesse na luta.

Por isso, o indômito selvagem não temia o trabalho, nem o amedrontavam o rugido ou a sanha feroz dos animais bravios, no coração das brenhas. Unido, pelos mesmos interesses, a um pequeno grupo de homens, os mais intrépidos das tribos alojadas em Ischia, região preferível às demais pela vantagem de possuir um porto, Alasca se decidira a trabalhar nessa perigosa ocupação. Cortar o madeiramento de lei nas selvas, para ser enviado a outras terras, em barcos de carga, era talvez o mais lucrativo negócio, na situação de desfalecimento econômico com que lutava a povoação. Entretanto, poucos queriam tomar parte na arriscada empresa, e, por esse motivo, não era grande o número dos que formavam as turmas dos lenhadores e serradores. Tocar nas matarias era afrontar a sanha das feras que as habitavam e pôr em risco a vida.

Alasca, com os homens mais possantes de sua tribo, se dedicara desde alguns anos a esse trabalho. Quando as enchentes do outono estavam completamente absorvidas pela terra fértil e o sol da primavera, robustecendo as plantas, vivificando o reino animal, reluzia nas muralhas indestrutíveis, aclarando os bosques e as selvas, núvens compactas de fumo em espirais se elevavam das florestas. E' que os lenheiros, ao som dos estalidos do fogo, enquanto as chamas crepitavam nas clareiras, para afastar os animais bravios, fendiam as mais grossas árvores, derrubavam os carvalhos, pinheiros e cedros, destinados à venda por alto preço.

Num desses dias de árduo labor, que tanto mérito

dá ao homem, é que vamos encontrar novamente o irmão céltico do civilizado capitão Borlová.

Como nunca o fizera, antes de sair de casa, chamara ele sua sobrinha adotiva e lhe dissera com voz clara, em quase perfeito indiano:

— Hoje, filha de Borlová, sinto que uma coisa má vem a *mê; Alasca* não teme a fera. Talvez, *morte vem a Alasca.*

— Rezarei para que Eloá te defenda...

— Alasca *não é defendido.* Ira de Eloá... vem a *mê.* Alasca *não ê bom a Hada.*

A mão calejada do selvagem ergueu-se três vezes em sinal de submissão.

— Não fales assim — disse com ternura a moça. Se não fôsse a tua bondade, que seria de mim? Ao teu coração devo esta guarida generosa, devo a subsistência e o conforto deste teto. Que seria de mim, se não me houvesses dado abrigo? se não tivesses tomado o encargo de criar-me, de me dar educação?

— *A mê* perdão, a *mê* perdão.

E o indiano, outrora ríspido, curvou-se aos pés da moça, que, atônita por esse inesperado gesto do indu, por esse reconhecimento espontâneo de seus erros, não sabia o que fazer.

Afinal, aquele homem bruto se abalava com as palavras sinceras que a donzela proferia.

— Eu te tenho no lugar de um pai; porque me pedes perdão? Tinhas o direito de me repreender. Ergue-te; não te quero ver assim.

Transformado e combalido pelos raios da morte que o haviam de atingir no recontro daquele sol, o rude indiano se ergueu, contraindo as faces. Em seguida, tomou o machado e o escabelo, pôs a trunfa e saiu.

Dir-se-ia que extraordinária mudança se operara repentinamente naquele entendimento bronco e que um poder estranho lhe comunicara uma centelha de luz, fazendo-o reconhecer as suas ações brutais e almejar o perdão, antes de regressar à Eternidade.

A moça, comovida, o acompanhou com a vista, até

que ele se sumiu nas sinuosidades do caminho. Depois, voltou-se, soltando profundo suspiro.

Nesse dia, Alasca se internou na floresta mais cedo do que os seus companheiros de faina. Não lhes quis falar, nem mesmo quando interpelado. Parecia de mau humor e trabalhou todo o tempo em silêncio, com a mesma costumada tenacidade. Ao declinar do dia, porém, sucedeu que uma das possantes árvores, cujo tronco ele cortava, se partiu de súbito e, colhendo-o desastradamente, o atirou por terra e o esmagou com seu peso formidável, sem dar tempo a que o socorressem.

Desse modo, encontrou a morte o indígena.

XXXII

Desamparada novamente, novamente vítima da fatalidade, andando para um destino insondável, Ivone, a infeliz donzela, se vê a braços com uma situação desesperadora e perigosa. Se Alasca fôra, durante a sua vida, intolerante, severo em exagero, não deixara, entretanto, de ser uma mão protetora, espalmada sobre ela, uma espada que a defendia contra qualquer atentado de Sheik, ávido de escravas formosas e novas, e dos próprios homens da tribo, que sempre haviam cobiçado a donzela branca, pela sua rara formosura.

O gênio violento, irrefreável do indiano representava, para a cobiça bestial daqueles homens ignorantes, voltados à sensualidade e ao jugo dos instintos, uma muralha intransponível. Conhecedores Sheik e Amir, bem como os seus subalternos, da audácia, da força muscular de que o chefe dos Airacás era dotado, não se atreveriam nunca a executar qualquer plano contra o pudor da moça.

Desaparecido, porém, aquele, era como se a trincheira houvesse ruído.

Apenas levado o cadáver de Alasca à cremação, segundo o rito seguido pela raça dos Airacás, fiel às tradições religiosas das tribos desaparecidas, Ivone se sentiu dominada de grande medo.

Só, sòzinha e alvo de olhares cúpidos, espelhando

desejos secretos, pensamentos obscenos, que lhe repugnavam e faziam tremer, quando os surpreendia, como proceder?

Dentro em pouco estaria terminada a cerimônia fúnebre. A fogueira, armada de toros de lenha, teria destruído o envoltório onde o espírito rude do atleta vivera, amparando-a e protegendo-a. As mulheres que tomavam parte no cerimonial, executando danças e meneios extravagantes voltariam para suas casas. E ela? que seria então dela? Pensando nisso, viu oscilar, ao reflexo das chamas, uma túnica de linho branco. O coração lhe augurou uma sorte melhor. Voltou e deu com os olhos piedosos do asceta da montanha!

— Que funesto acontecimento! exclama, abraçando o ancião, banhada em pranto. Que vai ser de mim? Estou só no mundo...

— O espírito de caridade, que está em toda parte, vela por ti. O próprio Alasca possuia uma virtude, a par de muitas coisas ruins, virtude que se manifestava no velar pela criança que lhe fôra entregue. Assemelhava-se à leoa que coleia em redor dos seus cachorrinhos. Pois bem, desligado da matéria, seu Espírito continua presa dos sentimentos bons e maus que o dominavam e, por conseguinte, não pode esquecer a vigilância que exercia sobre ti. Nada temas.

E, baixando a voz e chegando a boca ao ouvido de sua discípula, acrescentou:

— Agora mesmo fugiremos deste tumulto; ninguém de certo dará por isso. Vamos a tua casa; juntarás o de que mais necessitares... e irás comigo para a minha cabana. As noturnas sombras nos protegerão. O meu teto é bem amplo, poderás nele achar a paz. Estarei sempre a teu lado para te defender em tudo.

— Agradecida, mestre. E' a Providência que se manifesta nessa bondade, é a caridade que atua em seu espírito. Sabe Deus com que sincera gratidão aceito o seu oferecimento.

Enquanto as danças continuam em torno da fogueira, enquanto o anafil e o adufe ressoam nas mãos dos indígenas, em obséquio ao morto, desaparecem o sacerdote e a donzela, sem serem vistos. A noite lhes protege a fuga.

Crente de que ninguém houvesse suspeitado o destino que a moça tomara, Ilca a tranquiliza. Quando o dia rompe sobre os píncaros da majestosa montanha, Ivone está salva das ciladas que a ameaçavam.

Dois dias depois, foi-lhes transmitida uma aflitiva notícia: propalava-se por todos os cantos da povoação que o Sheik, poderoso governador das tribos disseminadas em Ischia, tornara público o seu desejo de desposar a donzela branca, pretextando que o Espírito do extinto chefe lhe transmitira, por meio do oráculo sagrado, essa vontade. Era um deslavado sofisma, mas que ninguém ousava contraditar.

Entrementes, os sequazes do potentado se lançam em busca da noiva por este escolhida, para lhe saciar as paixões abjetas, a lascívia brutal de tirano que tantas jovens já escravizara, atirando-as depois ao opróbrio, à vergonha.

Perseguida pela tremenda decisão do governador, Ivone é procurada por toda a parte.

Esforçavam-se, pois, os emissários do temido Sheik, com o fito na recompensa, por lhe executarem a ordem, invadindo as residências, alarmando as famílias em busca da moça que, oculta na choupana de Ilca, aguardava, entre preces, contrita, o seu destino.

O anjo radioso, que o Onipotente designa para guiar as almas submissas e possuídas de fé, estendia sobre ela as asas protetoras. Deus lhe ouvira a prece. Certa noite, ao fulgor incerto do brandão suspenso numa das cavidades do rochedo, Ilca falava da divindade e das coisas espirituais à sua delicada companheira, sentados ambos em bancos de pau, defronte um do outro, junto de uma tosca mesa. Ivone escutava atentamente a palavra autorizada do inspirado indu. Absorta nas imagens a que ele recorria, como que esquecera a sua difícil situação. Em dado momento, porém, ouviram bater de leve à porta.

— Quem será que vem a esta hora à minha morada?

— Virão buscar-me? Serão eles, mestre? Defenda-

-me, é, sim; antes a morte, do que o cativeiro, a desonra no harém!...

— Acalma-te, minha filha, os esbirros não batem à porta de ninguém; arrombam-na, fazem-na em estilhaços, para entrar. E' algum romeiro transviado do caminho pela escuridão da noite, e que vem pedir asilo.

Bateram novamente; desta vez mais forte.

— Desculpai a demora, já vos atendo, exclama o ancião, fazendo girar a taramela da porta.

À luz do facho que empunhava o visitante, Ilca reconheceu, com agradável surpresa, que era um velho a quem, quando moço, prestara alguns serviços.

— Entre. A esta hora por aqui? Seja bem-vindo! Que aconteceu, velho amigo?

—Tenho passado mal. Veja em que estado miserável me encontro! Mas, senhor, nada venho pedir. Por hoje, o assunto é outro, responde o velho, transpondo o umbral.

— Sente-se, Brute. Tem fome? Vá beber uma boa escudela de sopa... está quentinha. Venha para cá, ainda há alguma coisa. Olhe estes espargos, estão bem cozidos e apetitosos...

Isto dizendo, tirava de uma pequena estante de madeira clara alguns pratos e os punha sobre a mesa.

— Obrigado, não se incomode; vim aqui a esta hora exclusivamente para o servir.

— Agradeço-lhe o obséquio; entretanto, coma um pouco e ficarei satisfeito.

— Obrigado.

E, metendo a mão na sacola que trazia à espádua, o forasteiro tirou um objeto. Ilca o observava atentamente.

— Eis aqui, bom senhor, esta encomenda; foi-me confiada pelo capitão do "Irgia", ancorado no porto, para que lha entregasse hoje mesmo, em mão própria.

Escusado é pintar a ansiedade que se apoderou da alma do ancião, ao tomar em suas mãos trêmulas o pacote. Reconhecendo franceses os selos e o sobrescrito, exclamou:

— Ah! é de meu filho, Sr. Brute; é do meu Paulo que me vêm notícias!

Colocou o pacote sobre a mesa e se internou na caverna, voltando em seguida com alguns chenqueis que meteu nas mãos do mensageiro, dizendo-lhe:

— Aceite esta pequena recompensa. Trouxe-me notícias de meu filho, que valem mais para mim do que todo o ouro do mundo.

— Muito obrigado, muito obrigado. Não lhe posso ser útil em mais alguma coisa? Já me vou embora. Amanhã, voltarei e levarei a resposta a bordo, não é assim?

— Certamente. Que Deus o acompanhe.

Mal ficou só, o velho se apressou a abrir o pacote. Que alegria! Um fato de linho puro, um turbante de arrás bordado a ouro, uma carta e uma fotografia ampliada, a cores naturais. Com que satisfação examinou tudo aquilo. Nem podia falar; a alegria lhe embargava a voz. Por fim, exclamou:

— Hada, vem ver o que acabo de receber de meu querido filho... O seu retrato, uma longa missiva de nove páginas, um fato novo!

Ivone acode ao chamamento. Agitada, tomando nas mãos o retrato e fixando-o atentamente, murmurou:

— Extraordinário! Parece-me que já o conheço. Que formoso, que varonil!

Ilca não a escuta. Lê, com avidez, a carta e sua fisionomia toma a expressão de um regozijo intenso, à medida que, de surpresa em surpresa, avança na leitura.

XXXIII

Ciente do conteúdo da missiva do filho, já não restavam dúvidas ao nobre indu de que a criança, raptada havia dez anos e de que falava Paulo, outra não era senão a que ele vira crescer, como o Lótus no mefítico pantanal.

O ilustre filantropo americano, que se fizera amigo de seu filho e a quem este se referia com tanto interesse, era, de fato, o pai dessa criaturinha que ele amava como filha e que, então, por disígnios da sorte, tinha sob o seu teto.

Enfim, ia acabar aquela série de dolorosas provas. A Divindade velava sobre ela e, a seu ver, o encontro, prestes a dar-se, depois de mágoas profundas, teria um valor extraordinário para aqueles dois corações que tanto haviam padecido. Pai e filha estreitar-se-iam novamente num demorado e estremecido amplexo. Hada ia ter a recompensa de sua paciência no sofrimento, ia ser feliz, como ele vira na sua concentração. Escreveria, pois, imediatamente a Paulo, dizendo-lhe que tranquilizasse o seu amigo e lhe dissesse que sua filha estava viva, sob a sua guarda, e que a viesse prontamente buscar.

No dia seguinte, Ilca enviou a carta para bordo do pequeno navio mercante, que no outro dia levantava ferro e partia para a França.

Por nímia bondade, o septuagenário não quis revelar a verdade à filha de Leony. Ocultara-lhe o precioso segredo, por dois motivos: em primeiro lugar, para não a deixar excitada e, em segundo, para que a jovem gozasse melhor a surpresa de ver o pai, inesperadamente, depois de o julgar perdido. Contudo, precisava preparar-lhe o espírito. Assim, ao chegar a casa, chamou-a para junto de si, travando com ela o seguinte diálogo:

— Hada, que impressão te fêz a efígie do Dr. Paulo de Sália?

A donzela, ruborizada, baixou os olhos e respondeu:

— Mestre, se sabe que seu filho é um homem ideal, para que mo pergunta?

Ilca recrutou, a sorrir, de modo singular:

— Queria saber da tua impressão, da impressão que te causou a sua fotografia... Podem o amor e o orgulho paternos enganar-me. Quem sabe se ele não é como o vejo?

Era a maneira de penetrar no íntimo da moça.

— Seus olhos expressam, responde esta, a par de invejável inteligência, a candidez de uma alma compassiva e meiga. Sua atitude revela extrema distinção. Tudo nele deve ser digno e sugestivo.

Hada falava com certo entusiasmo e o indu a escutava com uns longes de amor-próprio.

— Isso é uma opinião superficial, formada através da rápida contemplação de uma fotografia. Imagina o que sentirás quando o vires de perto e tiveres ocasião de lhe falar e de ouvir de sua boca belas narrativas...

— De que modo? Através dos sonhos, ou pela intuição decorrente de alguma atração inefável?

— Não, não é de fenômenos psíquicos que te falo; é da realidade natural da vida.

— Ah! compreendo. Presumo que seu filho não virá novamente morar nesta cidade inerte, amortalhada em montanhas, entre selvas solitárias, abrigo, desde remotos tempos, dos condores e refúgio das íbis, açoitadas pelas lufadas do inverno e pelas nevadas do sudoeste!

— Tens razão. Talvez meu filho não volte a viver nestas plagas monótonas, que foram o seu recreio de criança e onde a minha inesquecível Lívia lhe deu a luz da existência física, não porque os resplendores da cidade luz, Paris, o tenham feito esquecer este pequeno recanto do mundo, mas, pela sua profissão. Um médico não é senhor de si: é escravo dos sofrimentos alheios; não se governa, não é livre, não tem, sequer, direito de repousar. Sacrifica os seus melhores desejos, para passar o tempo à cabeceira do moribundo, duplicando-lhe as energias, empregando o cabedal de conhecimentos que acumulou em minorar as agonias do paciente. E', nesses momentos, a caridade personificada na sublime trilogia: esperança, fé e amor!...

— E' isso mesmo: a medicina é a mais nobre das profissões...

— Meu filho manifestou por essa carreira a mais espontânea e natural vocação. Mas, minha menina, se eu te disser que em breve estarás na França, onde irás conhecer o fausto e a suntuosidade das grandes reuniões, os teatros deslumbrantes, os salões magnificentes e que serás a rainha das festas!...

— Se me dissesse que eu poderia encontrar meu pai, embora para viver segregada do mundo numa ilha, isso me agradaria mais.

— Espera, ia chegar aí. Não tenhas pressa, confia na divindade e terás teu pai e tudo o mais que quiseres.

Falavam assim, quando viram espirais de fumo subir das clareiras internas da montanha.

— Querem ver que os asseclas do insaciável Amir suspeita de alguma coisa? pensou Ilca. Talvez sejam eles que rondam a minha habitação, com a suspeita de que Hada aqui esteja.

Ergueu-se, saiu fora e pôs-se a observar.

O vento lhe trouxe o rumor distante de vozes masculinas, que sussurravam nos flancos da montanha. Não havia dúvida; os sequazes do Amir se achavam próximos dali. Por isso, voltou logo ao interior da caverna.

A moça já adivinhara, pela atitude do ancião e pelas nuvens de fumo, que estava ameaçada de perto.

— Tranquiliza-te, minha filha. Ninguém conseguirá ultrapassar o recinto sagrado desta montanha, inexpugnável aos profanos. Ninguém, sem ser adepto, poderá violar este lugar, guardado por poderosas influências do Espaço, sem correr risco de vida. Houve, outrora, Espíritos materializados que espalharam no seu ambiente fluidos capazes de fulminar pelo só contacto. Se, porventura, alguém tentar poluir o santuário do sarcófago simbólico, será castigado. Conheço vários casos em que a audácia dos hereges deu ocasião a terríveis acontecimentos, nos quais pereceram muitos, vítimas de sua imprudente e pecaminosa intenção. Assim, no caso de seres descoberta, terás onde refugiar-te. Vem comigo...

Chegaram a um ângulo da caverna.

— Aqui, disse ele, erguendo a mão e alisando um bloco de rocha basáltica de regular extensão e de forma oblonga, é um ádito secreto, que cede ao mínimo esforço; basta, para isso, ser comprimido na extremidade superior. Se, por acaso, nos surpreenderem, estarás salva, fazendo o que te digo. Uma vez transposto o umbral desta entrada misteriosa, encontrar-te-ás num pequeno corredor estreito e escuro como uma sepultura. Atravessando esse corredor tétrico, depararás com uma escada profunda, que vai terminar em vasta clareira, iluminada por um fulgor boreal. Esse lugar, cheio dos eflúvios de potências invisíveis, é completamente desconhecido de toda gente. O lado externo da montanha está assinalado pelo sarcófago sagrado. Aí, se não tiveres medo, se depositares absoluta fé em Deus, terás visões maravilhosas;

se, ao contrário, fraqueares, serás presa de um langor irresistível, que te prostrará por terra como rocha inerte, sem ação e sem consciência de nada. Então, os Espíritos errantes se entreterão em apoderar-se de tuas forças mediúnicas, para se materializarem! Ficarás, quero dizer, sob a ação de Espíritos atrasados.

— Farei o que diz, bom mestre. Confio em Deus firmemente.

Durante muitos dias foi visto o fumo a subir dos recôncavos da montanha, ora de um lado, ora de outro.

Ivone e o sacerdote não repousavam! Sempre de ouvido atento, esperavam o assalto.

XXXIV

Retrocedamos, por momentos, amável leitor, e vamos ao edifício artístico que o marquês Henry de Chambrol arrendara, mediante contrato, por seis meses, situado na praça da Redenção, em Paris, com uma espaçosa calçada de brilhantes mosaicos, sobre a qual se desenhavam as sombras das árvores enfileiradas em toda a sua extensão.

Desde que a marquesa de Chambrol recebera a herança deixada por seu pai, o milionário Ermet de Landraux, falecido em Nova Iorque a 12 de Julho de 1892, a vida do casal tomara vertiginoso impulso.

De fato, a riqueza, em cuja posse ela entrou e que se elevava a quase cinco milhões de dólares, muito dera que falar no círculo das mais sólidas fortunas e nas rodas da fina flor da aristocracia francesa.

Chegaram então ao cúmulo as fantasias bizarras, inexcedíveis e impetuosas da elegantíssima Bianca de Landraux, que já não era a sonhadora dos dias monótonos do colégio das dominicanas, de onde a vista domina os subúrbios da tumultuosa metrópole americana, nem a singela adolescente que se esquivava aos olhos argutos da priora, mas, sim, a fascinadora rainha das festas suntuosas, dos palácios, dos teatros, dos bailes, dos torneios, das cavalgatas, das estações de águas, onde se reuniam o escol da sociedade parisiense e as maiores elegâncias do mundo europeu.

A ânsia de dominar e seduzir, o delírio dos prazeres mundanos, as glorificações entontecedoras da soberania do amor, ateando o fogo das paixões indomáveis, se tornaram força impulsora na alma de Bianca, que arrastava consigo o escuro manto de suas encarnações passadas, a lhe comporem sombrio "carma". Entrando na posse da herança que lhe coubera, ela se sentiu maravilhosamente arrebatada a um mundo de loucos devaneios, que a faziam antegozar os requintes das glórias mundanas e sorver à saciedade o néctar embriagador de todas as delícias terrestres.

Das lutas íntimas, que a virtude travara, tentando destruir a influência funesta que lhe avassalara a vontade, apenas restavam o delíquio e a agonia da moral, espezinhada, a sucumbir mortalmente ferida.

Ao primeiro embate, no temeroso rochedo onde se despedaça a pureza do espírito, ela fôra colhida de improviso pelo sedutor invisível e lhe ficara sob o jugo. Desde então, àquele crescera contìnuamente o predomínio.

Sabê-lo-ia Bianca? Não! Ela não cria na influência dos mortos sobre os vivos, nessas forças poderosas, que, escondidas na matéria, predominam de modo absoluto sobre as mentes humanas.

Sentia, porém, e compreendia que, quanto mais se engolfava na vertigem dos gozos materiais, mais desejos tinha de viver para eles, de amar, de desfrutar prazeres inauditos, delícias inesgotáveis, que ela sabia provir de uma fonte profunda, torrencial, existente nos escaninhos de sua alma, e que pujante se tornava ao calor do seu sangue juvenil, na vibração fremente de seu temperamento nervoso, no palpitar do seu coração, sempre inquieto, insaciável de ventura. Nunca, como naqueles últimos tempos, ela se excedera tanto nos caprichos absurdos, na teimosia em praticar tudo o que o bom senso condena e a razão exprobra. Os laços conjugais, fragílima cadeia forjada de moral econômica, de sentimentos tão baldos de raízes, que não podiam resistir à voragem dos inveterados vícios, eram impotentes para conter os ímpetos que aniquilavam simultâneamente a alma e a vontade da jovem marquesa. A carencia de fé religiosa gerara nela o cepticismo, com o seu cortejo de ciladas armadas pelo espírito demoníaco da descrença, constantemente erecto à sua frente.

Por ocasião das primeiras núpcias, quando seu espírito, ainda não de todo corrompido, fôra apenas assaltado por tentações, como o incauto transeunte que, descuidado, esbarra de súbito com o punhal fatídico, ela pudera ter seguido o carreiro do aperfeiçoamento, se tivesse tido fôrça para dominar-se, se houvesse querido seguir os exemplos que lhe dava, com os belos dotes de seu caráter, com seus atos de verdadeira moral, o ilustre engenheiro, no curso de uma vida pacífica, votada exclusivamente ao culto das obrigações espirituais.

Porém, aquela união desigual, de tão espezinhada por ela, se converteu num deplorável acontecimento. Essa união fôra, pode-se afirmar sem receios de erro, a última tentativa feita pelo seu anjo guardião, para que aquela alma frágil recuasse do temeroso abismo em que se despenharia alucinada, se persistisse no mesmo rumo.

Sofismando, ela tentou iludir-se a si mesma, quando o seu primeiro e apaixonado amante adormeceu na treva do sepulcro. Esse o terrível e irremediável passo que a fêz adiantar-se no caminho torturante da perdição, tapetado aos seus olhos de flores vermelhas, cheio de aromas inebriantes e de deliciosas quimeras. Desde aí, o mal assenhoreou-se do seu espírito. Criou forma o desejo das coisas proibidas, ampliaram-se todas as aspirações, os sentimentos pecaminosos tomaram vulto, as mais tirânicas e abjetas vontades lhe ganharam o trêfego ânimo, fraco e jovial.

Após a consumação da ignóbil vingança exercida contra o esposo ultrajado e enodoado de sangue, na qual figurara o destino de uma pobre criança, Bianca entendeu que seu espírito era forte, destemeroso, inabalável, capaz de tudo, e sorriu, ìntimamente envaidecida do seu temperamento.

Chorando os amores extintos com Dupont, deplorando a sua separação, atraiu-o a si durante noites e dias consecutivos, evocando-o, com frenética saudade, pelo pensamento, arrebatada de paixão e desespero.

Como poderia esquecer esse amor de tão inefáveis reminiscências na sua memória? Amara e fora amada com todas as veras da alma. Dupont era jovem, era belo; seus olhos eram meigos e tinham, às vezes, fulgores hipnóticos que a seduziam, que a dominavam, impregnados de um poder misterioso, ao qual não podia ela esquivar-se, por mais que o quisesse. Suas frases carinhosas tinham um tom mágico, que lhe davam o desejo de viver eternamente unida a ele. Teria tudo feito, sacrificar-se-ia até ao último alento de vida, para conservar esse amor tão caro, tão doce, tão imprescindível à sua alma de mulher moça, ardente, cheia de exaltadas paixões. Separada dele, para sempre, pela bala certeira do esposo desonrado, que julgara lavar com o sangue do outro a afronta recebida, ela se sentiu desfalecer para todos os ideais da vida, para todos os sentimentos nobres, para todas as comiserações. E, ao mesmo tempo que vinditas mesquinhas e o ardor de desejos impuros se lhe amalgamavam no íntimo, dava expansão e curso aos instintos que sofreara e que mais tarde tomaram vulto assustador.

Como esquecer a memória daquele a quem se entregara de corpo e alma, por cujo amor frenético, enceguecido, trocara a auréola da honestidade, da fidelidade conjugal, tornando-se perjura, abjeta, passando de esposa solícita e virtuosa a pérfida e adúltera? Por ele desprezara as alegrias puras do lar banhado das fulgurantes luminosidades da paz da consciência. Por esse malfadado amor repelira os sábios conselhos do anjo tutelar, que, piedosamente, bastas vezes a chamara ao caminho da salvação, tentando arrancá-la aos abismos onde rolaria desamparada. E, todavia, não era tudo. Desprezara, com indiferença, as boas regras da moral, que estabelecem a comunhão social das gerações e a confraternização das raças humanas.

Alucinada por aquele amor fatal, fraca e sem fé, trocara uma existência replena de graça divina, uma existência cheia de venturas, pródiga de todo o bem a que se possa aspirar, por uma vida de provações e de tormentos, de solidão, em que, alquebrada e coberta de vermina, andrajosa e lúgubre, se arrastaria pelas duras e angulosas pedras do caminho da expiação... Esta a existência a cujo encontro ela própria, para lavar as nódoas de abomináveis ações, atribulada, correria de braços abertos, de olhos súplices, ao sentir-se nas trevas, na perturbação imensa em que mergulharia, quando a morte lhe reclamasse aquele físico exuberante de vitalidade e seiva, para que a química subterrânea absorvesse dele a parte que lhe pertence; quando, arremessada para além da vida tangível, seu espírito compreendesse, afinal, o grande erro em que caíra e, para sanar as ardentes chagas que lhe corroeriam sem tréguas o perispírito, diria: "Vinde a mim todas as torturas, misérias, expiações do mundo; quero padecer, quero sofrer, para resgatar as minhas culpas, afastar de mim esse passado cuja visão me persegue e me tortura!..."

Infelizmente, na cegueira espiritual em que a alma de ordinário imerge, quando o cortejo das tentações materiais, com seus fulgores ofuscantes, a seduz, Bianca não encarava as coisas pelo lado verdadeiro. Escravizada à sua má índole e ligada ao "Espírito das Trevas" a quem amara perdidamente e ao qual se unira desde muitas vidas que as brumas do tempo esmaeciam no torpor do esquecimento, bem depressa verificou, depois que a morte lhe colheu o amante, que este continuava a viver nela, a tomar parte na sua vida; que uma dupla alegria, uma dupla vontade, um duplo querer lhe faziam arfar o peito, impelindo-a para as delícias da vida, para a alacridade dos desportos, dos divertimentos contínuos. E' que Dupont, morrendo na flor dos anos, quando a existência se engalana de poesia, na quadra mimosa, flagrante da juventude, quando só entrevia amores, em sonhos luminosos, banhados de quimeras, quando amava apaixonadamente e aspirava viver para esse amor que o prendia à mulher escolhida, não pudera afastar-se dela, mesmo depois de morto, e se deixava ficar a seu lado, sem pensar em mais nada.

Na sua retina espiritual, só estava aquela por quem

dera a existência corpórea em pleno viço, toda anseios e esperanças. Sentia-se-lhe, então, preso, mais do que nunca, pelo liame de inúmeras afinidades. Vivia aspirando os mesmos fluidos, experimentava as sensações perfeitas da vida física, com todos os seus tumultos. Comprazia-se nos gozos que ele desfrutava; tinha desejos mórbidos, até gostos singulares, que lhe transmitia livremente, sem que, no entanto, possuísse lucidez bastante para perceber certos pormenores que se ocultavam no coração de sua amada. Assim, por um fenômeno perfeitamente compreensível, ao alcance de todos os entendimentos, o elegante, o inteligente, o erudito jurisconsulto, tornado "Espírito das Trevas", por um amor pecaminoso e funesto, que parecia inextinguível, desde a hora sangrenta daquela madrugada de arrebóis tintos de púrpura em teias de sol e por entre gorjeios melancólicos de aves de cetinosas plumagens, passara a ser a sombra da amante, que, mais tarde, macerada, envilecida, sob o guante de sofrimentos atrozes, expiaria suas irrefletidas e criminosas ações.

XXXV

— Isto não é possível, murmura o marquês de Chambrol, envolvido ainda nas densas névoas do sono. Pois que, são cinco horas da manhã e a recâmara da marquesa está intacta...

Levantara a cabeça para convencer-se melhor da verdade, mergulhando a vista na alcova da esposa, a qual, de fato, permanecia às escuras, alumiada, apenas, pelo tímido crepúsculo da alvorada de um dia de inverno.

— E' de mais, continuou ele, sentando-se a meio na cama e acendendo um havana no lume modorrento da estufa. Bianca não se cansa das diversões. Seu mau comportamento chega ao cúmulo! Exaspera-me! Não me obedece, é indomável! Tem-se excedido muito estes últimos tempos. Amanhece nas festas, não cuida dos seus deveres, nem se preocupa comigo... Ah! embora tarde demais, compreendo que não me ama, nem nunca me amou. Porventura envelheci tanto? Estarei em tão grande contraste com a minha esposa? Isso lá pode ser? Seja ou não, porém, meu espírito está sempre moço e cheio de virilidade, tenho os mesmos desejos e enlevos que tinha quando corriam os meus vinte Janeiros.

O marquês de Chambrol, mal desperto ainda, parecia sonhar. O frio vento matutino, esgalhando os plátanos do jardim, batia nas vidraças das janelas, num roçagar de asas de pássaros, cortando de quando em quando as saraivas alvinitentes, que branqueavam os terraços e os telhados dos edifícios.

Chambrol, preocupado, prosseguia no solilóquio:

— Como demora! Oh! recriminar-lhe-ei severamente essa tardança...

Mas, as lufadas de neve, desfiando-se lá fora, lhe arrepiavam a pele. Ergueu a custosa peliça até ao pescoço e deitou-se novamente. O sono o venceu.

Uma hora depois, bem aparelhada sege estacou à frente da residência do marquês.

Era Bianca que chegava de uma recepção e baile que o conde Olavo Laroc dera em seu suntuoso palácio.

Tomada ainda dos letárgicos efeitos da champanha e dos vinhos capitosos que bebera durante essa noite deliciosa, passada em prazeres orgíacos, sob as carícias e os beijos ardentes do elegante conde Pierre Laroc, Bianca, com a cabeça apoiada ao braço do seu novo amante, nem se lembrara de descer da carruagem. Foi preciso um toque agudo de buzina, para que se apercebesse de que chegara a casa.

O Conde, tipo de diplomata, de rara polidez, convidou-a a descer, ao que Bianca, rindo com ironia e reclinada negligentemente na carruagem, respondeu:

— Está muito apressado, senhor Conde...

— E' que chegou a sua casa... replicou o moço, fitando-a com estranheza.

Já os pagens abriam as portas ladeadas de soberbas colunas jônicas, trabalhadas em Carrara, e apareciam as escadarias de mármore cobertas de tapeçarias escarlates de Esmirna, seguras nas curvas por varões de bronze com filetes de prata brunida. Foi preciso que o Conde, com fundada impaciência, insistisse, para que a extraordinária dama se resolvesse a descer. Tomando o braço que ele lhe oferecia, entrou em casa, sobranceiramente, passando à frente dos criados que lhe faziam vênia respeitosa, mas que regougavam ìntimamente, censurando-lhe o proceder.

— Que noite inesquecível, suspira o Conde, à meia voz, beijando a mão pequenina, em cujos dedos róseos, de unhas brilhantes, cintilavam gemas preciosas.

— Esquece-se de que está em minha casa? — censura a marquesa, retirando a mão.

— Perdoa... é que és tão encantadora, tão fascinante, que estou como alucinado, esquecido até de que tens...

— Sim, diga a Helena que não faltarei logo à partida de tênis — interrompeu Bianca, disfarçando o embaraço em que ficara ao dar com os pés do marquês, por baixo do reposteiro da porta lateral da estufa.

O conde Pierre compreendeu. Habituado a lances imprevistos, acostumado a encontrar-se nesses pequeninos apuros, não se deu por achado e, sorrindo, apertou a mão de sua interlocutora, assegurando-lhe com a maior naturalidade:

— Minha irmã exige a sua presença para o torneio de sábado. Que lhe direi, minha senhora?

— Está bem. Diga-lhe que tenho outro programa para esse dia.

Voltou as costas e internou-se nos seus aposentos. Uma vez ali, atirou-se numa poltrona de fino estofo. Estava fatigada, exausta. Chamou a criada de quarto. Glória acudiu prontamente.

— Despe-me, preciso repousar algumas horas.

A rapariga tirou-lhe o diadema coruscante da fronte inundada por uma cabeleira sedosa e negra como o azeviche e recolheu as pérolas que lhe rodeavam o pescoço airoso, de nívea alvura, desabotoou o corpete de seda bordado que lhe ajustava o busto, deixando livre uma carnação palpitante e nova, que transpirava perfumes entontecedores. Desabotoou-lhe, também, a saia, que dava um suave relevo aos contornos ondulantes de sua forma corpórea admiràvelmente bela. Depois, descalçou-lhe os mimosos sapatos de cetim, deixando-lhe sòmente as meias da cor da epiderme.

Bianca guardou silêncio durante todo esse trabalho.

— Qual o roupão que lhe devo vestir, minha senhora?

— O que quiseres.

Glória tomou, então, um "peignoir" de seda cinza-prata e lho vestiu. Depois, abaixou as gelosias, por onde se peneiravam os raios frouxos do Sol, fechou as portas, tomou de uma colcha e a estendeu por cima de Bianca.

— Não precisa de mais nada?

— Não. Podes retirar-te.

Glória saiu, fechando a porta do aposento.

— Isto ainda vai acabar mal, pensou ela; o marquês está furioso!

Com efeito, os passos pesados do marquês, que se levantara muito cedo, amofinado com a ausência noturna de sua mulher, ressoavam descompassadamente. Enciumado e enraivecido com o breve diálogo que surpreendera à porta da estufa e que Bianca tentara inùtilmente dissimular, o marquês tinha quase a certeza de que ela o traía.

Uma situação altamente melindrosa se lhe criava na vida conjugal. Obrigá-la-ia a mudar de conduta, custasse o que custasse.

Ele amava a esposa, não sòmente pelo fato de ser ela extremamente bela, como, também, pela sua considerável fortuna, que mantinha tudo em equilíbrio e cuja renda vultosa dava de sobejo para as gastos de um viver mais que confortável. Não podia, portanto, admitir a ideia de que outro lhe roubasse o amor de que ele tanto precisava. Assim, apenas Bianca se dispusera a repousar, ele a despertou com uma leve pancadinha na porta.

Ela percebeu logo que era o marido quem batia. Recompôs o semblante, tomou um ar jovial e foi abrir.

— Não vens aqui para me recriminar, não é assim? interrogou, enlaçando o marido com seus braços nus, macios, de pele cetinosa, adivinhando no olhar com que este a fitava a censura iminente.

— Não podes continuar a proceder assim, diz ele, desembaraçando-se dos braços da esposa e repelindo-a.

Bianca tomou a sua postura natural, altiva e irreverente, e respondeu no mesmo tom:

— Nem o senhor com os seus vícios. Crê, porventura, que passarei a minha mocidade enclausurada nestas paredes como uma monja?

— És fértil em ideias. Sou homem; tu, uma senhora... respondeu o marquês, oprimido pela ofensa inesperada. Demais, não podes imitar os meus atos.

— Fácil é dizê-lo! Mas, respônda-me, senhor marquês, com que direito se julga superior a mim?

— Isso o sabes demasiado. As leis sociais proporcionam ao homem liberdades e direitos que não podem conceder à mulher.

— Mas, essa justiça de que o senhor fala não obriga a mulher a submeter-se à vontade de um homem que, embora de nobre estirpe, tem hábitos da ralé, que joga e bebe e passa as noites nos clubes, empenhado em boas partidas.

— Bianca! bradou o marquês exasperado. Se jogo, se bebo, se passo as noites nos clubes, é porque não tenho um lar nesta casa, sempre árida dos carinhos de uma boa esposa.

— Não nasci para o governo do lar; detesto a monotonia; amo o movimento, adoro o tumulto. De resto, já me conheces há bastante tempo...

— Engana-se. Eu nunca a conheci como agora.

— Que quer dizer?

— Que se adquirir a certeza de que a senhora tem amantes, de que covardemente me engana, pagar-me-á com a vida essa traição.

— Oh! que exagero! Esquece que as leis de todos os países civilizados condenam o assassínio?

— Ainda bem. Prefiro a condenação ao ludíbrio e aos apodos que possa a gentalha vil lançar sobre o meu nome.

— És deveras romanesco, sorri Bianca irônicamente,

recostando todo o corpo na cômoda poltrona que Glória atufara de fofas almofadas cobertas de interessantes recamos.

Altamente irritado com a ironia da esposa, o marquês adianta um passo e prossegue em tom ameaçador:

— Se queres uma reconciliação, é necessário que mudes de vida, custe o que custar. Afrontas-me com essa mal compreendida liberdade, que te proíbo, agora, terminantemente. Não sairás de casa sem que eu consinta.

Bianca compreendeu que era inútil manter uma discussão com o marquês, que o irritaria ainda mais, o que redundaria em prejuízo seu. Afetando uma submissão de que estava longe, respondeu:

— Pois bèm, sufocarei o que sinto, ficarei, se isso lhe agrada, encerrada nesta casa, como um passarinho na sua gaiola.

Os olhos humederam-se-lhe de lágrimas e pestanejavam. O marquês espiou-a de soslaio, pensando: "Aquela criatura nova e formosa, que ele tratava àsperamente, comovia-o."

Depois de longo silêncio, mudando a arrogância em brandura, arrastou uma poltrona e sentou-se junto da esposa, inquirindo-a com extrema meiguice:

— Bianca, porque me fazes sófrer?

— Vejo que me queres mal... acusaste-me, ofendeste-me... sem razão... Como és injusto!...

— E' porque te amo, minha mulher; és formosa e jovem, tenho ciúmes de todos e de tudo, até dos toucados que enleiam as tuas curvas e fazem adivinhar os teus encantos.

— Tolices! ciúmes infundados. Como podes ter ciúmes, quando a ti me entreguei como esposa amante e dedicada?

— Talvez seja tolice, mas essa ideia me faz perder a razão, redarguiu o esposo apaixonado, ao ouvir aquelas frases que o enchiam de satisfação, ao mesmo tempo que lhe faziam uma ponta de rubor aflorar às faces.

E era verdade, pensava, ela era sua, sua perante a justiça e a religião. Ninguém lha podia tirar dos braços.

Bianca compreendeu o efeito que as suas palavras haviam produzido, abafando a ira que começara a crescer no ânimo de Chambrol, e lisonjeou-se de sua astúcia.

O marquês a tomou, então, nos braços e beijou-a longamente.

— Jura que não me enganas, que é verdade o que me dizes.

— Não duvides.

— Custo a crer.

— Porquê?

— Pela diferença de nossas idades... És bem mais moça do que eu...

— Meu pobre amigo, sorriu Bianca, simulando sinceridade, não és velho, tens para mim o vigor da mocidade, nesse amor que creio firme; mas, perdoa-me, sou loquaz; como uma falena, gosto da luz, das flores, das festas, dos perfumes, das danças. Oh! quisera ter a tua idade, talvez não fôsse como sou, pois, não vês? tu próprio mo censuras... A juventude é para mim um grande mal, sinto-o. O sangue novo, numa exuberância que não posso conter, faz-me palpitar vivo o coração, agita-me os nervos, todo o meu ser vibra. Como tudo que é animado por uma força indomável, não posso resistir às minhas tentações. Tenho desejo de coisas enigmáticas, as delícias não saciam as minhas paixões infinitas e inexplicáveis. Como eu desejaria ser outra...

— Sim, minha querida, a tua idade é muito perigosa; promete-me, porém, que serás mais ajuizada e que não me irritarás novamente, passando as noites em festas de nobres?

Um sorriso malicioso esboçou-se nos lábios da marquesa, que respondeu:

— Prometo, com uma condição.

— Podes expô-la.

— Com a condição de que não volverás às mesas de bacará e roleta e que nunca mais passarás as noites fora, que me acompanharás a todas as festas noturnas que me agradem e em que eu quiser tomar parte.

O marquês concordou. O que não faria ele para conservar o amor daquela criatura que o transtornava, dominada por instintos diabólicos?

XXXVI

Eram onze horas da manhã, quando Glória entrou na sala de música da marquesa de Chambrol, que, nessa ocasião, executava ao piano um número arrebatador de Wagner.

— Minha senhora, estamos ameaçadas de perto — asseverou a rapariga tremendo, quase sem poder continuar a narrar o que lhe afligia.

— Fala, Glória, com que diabo topaste de manhã cedo?

— Com o rabugento limpa-pratos dos Anfreyt, o tal Xisto.

Bianca, que não dera importância até aí ao que dizia a criada, abriu os olhos e voltou-se para a interlocutora, ao ouvir o nome de Xisto.

— E' verdade?

— Sim! Atropelou-me. Pois o tacanho do velho me reconheceu de longe e me perseguiu como uma sombra, até que esbarrou comigo de frente, quando atravessava a portaria de São Bartolomeu.

— E daí?

— Não tive outro remédio, senão fingir uma surpresa, dissimulando, assim, o mau agoiro que me causava a vista daquele madraço. E submeti-me ao seu inquérito...

— Olá! lambisgóia, aonde vais? Já não me conheces?

— Ué! como podia imaginar que estivesse nesta cidade? Você não era daqui!...

— As pedras, rolando, se encontram. Na verdade, eu também não acreditava que abandonasses o palafreneiro de meu amo, para te pores ao serviço do senhor marquês de Chambrol.

Pasmei de ouvir o parlapatão referir-se com tanto acerto à minha estada aqui.

— Não abandonei Natel; ele foi que me desprezou, pelas graças de uma artista de circo.

— Anda cá, conta-me essa história, quero ouvi-la.

— Seis meses depois do nosso casamento, fomos, certa noite, a uma função de variedades, no circo "Toruano". Lá, Natel viu uma dançarina de olhos coruscantes que lhe dardejava de vez em quando uns olhares dengosos e uns sorrisos de sedução. Ora, ele, que não estava acostumado a essas coisas, sentiu-se embaraçado, perturbou-se, corando e descorando, alternativamente. Mas, o fato é que nunca mais deixou de frequentar as funções do tal circo. Para encurtar conversa, tantas vezes foi, que lá ficou enredado nas astúcias da artistazinha dos olhos dengosos, abandonando-me desapiedadamente. Sem conhecimentos, como sabe, e sem recursos, que havia de fazer? Fui ao castelo do Sr. Landraux pedir emprego e lá fiquei, até que ele expirou. Quando a senhora foi receber a herança deixada por seu pai, agarrei-me aos seus joelhos, pedindo-lhe que não me abandonasse. Ela, então, me tomou ao seu serviço e assim é que estou aqui... Tive que lhe falar a verdade, não acha bem, senhora marquesa?

— Não há mal nisso!

— Perguntei-lhe onde estava o Sr. Leony e ele me respondeu que mora à rua de Sévres, próximo à igreja de Saint-Renant, e acrescentou, como quem quer colher maduros por verdes: "A filha de meu amo não foi morta, como vocês supõem. Ela está viva e não demora a contratar casamento."

— Como? o Sr. Leony encontrou Ivone?

Ele me chispou com seus olhinhos de fogo, como se quisesse arrancar alguma coisa de dentro de mim e, depois, respondeu:

— Não a encontrou, mas vai encontrá-la. Dentro de dois meses, a menina estará em sua casa!... E tu, nesse dia, estarás na cafua da prefeitura do Sena.

— Senti uma nuvem balouçar sobre os meus olhos. Ah! senhora marquesa, que efeito me produziram aquelas palavras. Não podia dissimular o medo que me fazia tremer. Depois, a muito custo, respondi-lhe: "Não graceje... Você não perdeu ainda o hábito de amofinador; não sabe que não gosto de caçoadas? Por isso, vou-me embora."

Virei-lhe as costas e pus rodas nos calcanhares.

— Descansa. Acalma-te. O velho está senil. Caduca, dormindo ou desperto.

— Acha? minha senhora.

— Vai-te embora, não temas nada. Ivone morreu no naufrágio do "New-Castle", com a síria que retornava à cidade nativa.

— E o Sr. Leony... terá esquecido a filha?

— Cala-te, tola. Se soubesses o ódio que tenho a esse homem, não me falarias nele. Ferve-me o sangue, ao pensar nesse pária. Se sua filha aparecesse, roubar--lha-ia outra vez e desta para sempre, a fim de vingar--me à saciedade, tal o ódio que me inspira.

Glória saiu. A marquesa ficou imóvel, pensativa, com os dedos sobre o teclado.

— Fatalidade! exclama, por fim. Para que me liguei a Leony? Que destino, que poder oculto me obrigou a lançar-me no seu caminho? Desde que o vi, desejei ser sua mulher. Odiava Iara, porque se lhe entronizara no coração. Urdi, secretamente, intrigas, que produziram o efeito desejado. Não andei bem, tendo esse procedimento. Não era amor o que me impelia, era apenas uma força inexplicável, oculta, que me arrastava para ele, acendendo em mim um desejo que não resistiria à consunção do tempo. Sim, não era amor; se o fôsse, de certo não se teria transformado em desprezo e aversão.

Em seguida, docemente, num langoroso êxtase, Bianca lembrou-se de Dupont. Teria nascido para ser sua esposa?

Efetivamente. Esse amor, tão forte no seu espírito, lhe traria a reminiscência de um passado feliz, se quisesse concentrar-se para ouvir, uma a uma, as narrativas que lhe iria fazendo a única individualidade que a obrigava a pensar, querer e amar. Nem os anos, nem os tempos, nem as transformações da idade conseguiam afastar-lhe da mente a imagem querida, que, ab-ruptamente, o engenheiro empurrara para a cova, com a ponta do pé.

— Ó! alma extremecida — pensava ela, a tua morte ainda não está vingada. Se vivesses, como eu seria feliz... Que vale para mim o prazer, que vale submergir-me em tantos amores, se não logro esquecer a minha derradeira, a minha única afeição? Nada! tudo em vão, ele vive na minha memória.

Sempre que meditava, Bianca tinha sensações estranhas. Ideias extravagantes lhe povoavam repentinamente o cérebro e lhe agitavam profundamente a alma. Relembrando, anelando voluptuosidades extintas, sentia o desejo de rèviver gozos fruídos em tempos mortos, desejo que acabava revoltando-a contra tudo o que é nobre, digno, virtuoso e puro. Experimentava, então, a necessidade de divertir-se. Se, por acaso, lhe sobrevinha algum esmorecimento, esse logo se dissipava à recordação do passado e um frêmito de revolta a reanimava instantâneamente, arrastando-a à prática de novas loucuras e excessos.

Se tivesse o dom, que outras criaturas possuem, da visão sutil da espiritualidade, para observar os surpreendentes fenômenos em que figuram as almas dos que morreram com o coração preso aos afetos terrenos, Bianca, muitas vezes, naqueles arrebatamentos íntimos, teria visto o Espírito que lhe estava ìntimamente ligado pelo amor, pelo pensamento, pelo corpo e pela alma. Sim, tê-lo-ia visto junto de si a falar-lhe, a lhe estender os braços. No além, Dupont se integrara completamente na sua personalidade, ofuscado pelas paixões que o empolgavam, não podia, por esse fato, compreender que só o esquecimento e a renúncia das coisas aviltantes da matéria conduzem ao triunfo e à bem-aventurança, aproximando a alma do bem que deseja. Não acreditava, tão-pouco, que a violência e os caprichos infundados só têm por efeito privar da glória e arrojá-los nas brumas da perturbação, do sofrimento e dos desenganos os espíritos que descrêem de Deus, que se escravizam à abjeta materialidade.

XXXVII

As afinidades que prendiam o Espírito de Dupont à vida íntima da marquesa eram demasiado fortes para cederem a um compromisso de honra, nem, muito menos, a uma simples promessa de regeneração, arrancada de seus lábios pelas súplicas insistentes do marido, desorientado pelo temor da traição. Isso, entretanto, não seria difícil, se não houvesse a parte subjetiva, tão difícil de perceber-se. Não só desconfianças fundadas afligiam o marquês; ele tinha plena convicção de que era traído; porém, necessitava de provas seguras, para agir consoante à sua violência natural, ao sentimento indomável que lhe era peculiar, apenas dissimulado pela pacatez de sua vida ordinária.

Suspeitando, pela observação das extravagâncias a que ela se entregava, da infidelidade da esposa, longe de afastar de si as desconfianças que o assaltavam, acreditando na promessa que ela formulara por exigência sua, apenas simulou crer nos protestos que lhe ouvira, com o intuito de melhor e mais depressa assegurar-se da verdade. À medida que lhe crescia o desejo da punição, que os ciúmes lhe avivavam no ânimo horrìvelmente, a indiferença que já principiara a votar à vida o impelia para uma solução funesta.

Assim, foi ele o primeiro a romper o pacto firmado na ante-véspera, saindo à noite, sem dizer à esposa para onde ia, com o intuito de fazê-la cair numa armadilha bem urdida, a fim de certificar-se da sua conduta. Empregando esse estratagema astucioso, o marquês desejava, por toda a sua felicidade, que não passassem de desconfianças as suas suspeitas e que a experiência trouxesse a paz ao seu espírito justamente angustiado.

Augurava, porém, a próxima traição e percebia que, de fato, nunca deixaram de ser falsos os argumentos com que Bianca procurara iludi-lo, como a um vilão.

Apenas a marquesa deu pela falta do marido, esboçou um riso de triunfo.

— Está bem, murmurou, ao responder-lhe o pagem

interpelado: "O senhor marquês saiu há mais de duas horas."

No íntimo, ela se regozijava pelo marido haver quebrado a promessa de não sair à noite sem ela.

— E perdi uma tarde deliciosa, faltando às corridas hípicas de hoje. Faltei com a minha palavra ao conde Laroc, depois de havermos combinado um plano magnífico. Como sou tola! Querer sacrificar a minha beleza, a minha mocidade, que não mais voltará porque o tempo a consumirá, para ser fiel a vãos preconceitos de moral... Impor-me a mim mesma a infantilidade de render culto às rabugices do senhor marquês de Chambrol, que, nem sob o peso dos seus quarenta e não sei quantos anos, ainda conseguiu dominar as suas veleidades de moço! E' o primeiro a faltar aos deveres matrimoniais com os seus galanteios intempestivos. Quando não os dispensa às elegâncias femininas, leva-os às damas de copas e ouro das mesas de bacará, fascinadoras, de excelso atrativo para os que vivem ávidos de suas graças!

O sino da igreja anunciava dez horas menos um quarto

Bianca ergueu-se do canapé onde estivera a ler, abriu as persianas, chegou à sacada. Noite de festa. A iluminação das ruas era farta, profusa. O movimento se mantinha intenso, pelo desfile das carruagens, pelo vozear do povo, pelo estalar das girândolas, e um vento brando lhe trazia aos ouvidos o som das orquestras nos salões, das bandas musicais nos coretos da praça e nas embocaduras das ruas por onde ia passar o corso das sociedades esportivas, comemorando a vitória dos seus campeões. Como exuberava de vida tudo aquilo! Depois das frenéticas batalhas de flores, confeti e serpentinas, havia os bailes nos teatros e nos salões dos clubes. Quanto era atraente esse regozijo do povo, despido das suntuosidades das festas aristocráticas, consagradas à sociedade elegante de Paris, nas quais ela figurava com o título do esposo, descendente de um trono augusto, de nobres das hostes imperiais!

Toda aquela alegria, que se irradiava da alma popular, daquelas mentes juvenis, arrebatadas de legítimo entusiasmo, despertava em Bianca as tendências naturais, momentâneamente amortecidas por um juramento de renúncia, pronunciado em momento de cansaço.

Deixou a sacada, empolgada por aquela vibração, que se transmitia a todas as fibras do seu ser, resolvida a tomar parte na festa.

Chegou-se ao telefone e pediu ligação para o palácio dos Laroc.

Houve breve diálogo entre o conde Pierre e Bianca, resumido nestas ligeiras frases:

— Aqui é Bianca.

— Pierre de Laroc, seu servo e admirador.

— Obrigada.

— Em que terei a ventura de lhe ser útil, senhora Marquesa?

— Esperá-lo-ei aqui, para que me acompanhe ao baile de máscaras do "Variété".

— Alegra-me. E seu esposo?

— Não o tema. O marquês se diverte mais do que eu.

— Está bem. Ocultar-me-ei sob um disfarce qualquer.

— Apresse-se. Temos tempo para conversar.

— Passaremos uma noite feliz.

— Ninguém nos reconhecerá.

— Não tardarei. Até já.

Às onze horas e quarenta, um misterioso vampiro e uma mariposa de pele cetinosa e asas cor de ouro mosqueado, com o rosto oculto sob um antifaz negro, penetravam no ruidoso recinto do velho teatro, escolhido para o baile de gala oferecido aos vencedores das corridas ciclísticas e dos torneios náuticos, no concurso anual instituído pela Federação Desportiva.

Ali, entre centenas de pessoas de todos os feitios, caracteres divergentes, mas iguais no delírio das paixões humanas, fruindo as venturas que o mundanismo proporciona, Bianca passou horas de louco prazer, que fugiam céleres, sem serem notadas.

Protegida pelo seu disfarce, quem podia adivinhar que espécie de mulher era aquela de corpo escultural, de porte majestoso, que rodopiava sob uma saraivada de serpentina e de conféti, nas valsas vertiginosas, ou nas polonesas rítmicas, unida ao conde, que a protegia com estremados zelos e que, amoroso, a enlaçava de quando em vez nos seus braços, com arroubada volúpia?

Entretanto, outro vulto, de macabra vestimenta, metido num farragoulo negro, dançava sempre ao lado de Bianca, acompanhando-a nos lanceiros, fazendo empenho de lhe ouvir os colóquios com o seu misterioso par.

Quanta violência, que impulsos terríveis, sopitados a custo, ocultava o vulto negro, sob o tecido sarginado que lhe encobria totalmente o rosto e os esgares furibundos de uma alma apaixonada!

Noite de ventura, de gozo, de alacridade, de deleites, de beijos ardentes, queimando a flor de lábios doces como o mel, que êles canalizavam para corações flechados por pequeninos amores.

Enquanto para outros, nessa noite, tudo era assim, alguém, naquele alvoroço, no meio da música e das danças, sorvia o fel intoxicante, que a traição destila, e, sentindo-se morrer para a felicidade, envenenava-se de ciúmes e, de cólera, perdia a razão.

Desventurado é o esposo que descobre a vileza naquela a quem deu o nome, que percebe a realidade através da máscara da hipocrisia, máscara que, ao cair, vai deixando à mostra a tela nua da infidelidade, do adultério, da desonra e da traição! Desventurado, sim, porque a ideia do crime o empolga.

Não há palavras que exprimam fielmente, nem imagens que possam figurar o desespero e a confusão que invadem o ânimo do esposo ofendido, que ama, que confia e que, em dado momento, por imprevisto flagrante, vê tudo destruído.

Todos os sentimentos humanos vacilam; a bondade e a brandura cedem ao amor próprio ferido, à honra espezinhada. A cólera e o desprezo entenebrecem o espírito do homem que vivia sugando o mel de quimeras dulcíssimas, embalado por promessas acalentadoras, no delicioso sonho de um amor que nunca existiu.

A ira, explodindo pela compressão dos afetos, acende, então, uma espécie de crepitante fogueira; as virtudes magnânimas contorcem-se, esfumam-se e se consomem no ódio. A revolta aumenta, o desprezo se exterioriza e a cólera escalda o sangue, agita os nervos, enceguece, atinge os paroxismos.

Foi o que aconteceu ao marquês de Chambrol. Miseràvelmente enganado naquela noite funesta em que, sequioso de conhecer a verdade, simulou uma saída e se refugiou, invisìvelmente, nos aposentos da marquesa.

Aí, surpreendeu os segredos de Bianca, desde o diálogo com o Conde pelo telefone, até à saída.

Depois, também dissimulado, os seguiu de perto, tudo ouvindo com seus ouvidos e vendo com seus olhos as cenas amorosas que a esposa, indiferente ao pundonor de mulher honesta, concedia ao amante.

Já tarde, ele se afastou do jovem par e desapareceu entre a multidão.

XXXVIII

Quando o marquês Henry de Chambrol regressou do baile, dificilmente pôde conter a ira. Não queria, contudo, manifestá-la antecipadamente. Aguardava o momento de poder dar-lhe toda a expansão, o momento em que seus instintos rudes pudessem exaltar-se sem receios.

Com a cabeça a girar por efeito das bebidas excitantes que absorvera com a ideia fixa de executar o terrível plano que arquitetara, os pensamentos se lhe aglomeravam na mente, como para um conclave sinistro, e ameaças, e maldições lhe escorriam surdamente dos lábios.

Chegando a casa, recolhera-se aos seus aposentos, resolvido a esperar a esposa e a puni-la severamente pelo seu delito. Não pensou em repousar antes de pôr em execução a vingança que planejava. Sem cuidar, sequer, de mudar o fato burlesco que vestira para vigiar a mulher, limitou-se a arremessar o capuz e a máscara para um ângulo do aposento e se pôs a passear de um lado para outro.

Como era diferente a sua personalidade, nesses instantes de duração infinita, em que esperava a adúltera para a castigar. Oh! sim, enganado, traído, não teria comiseração para essa criatura pérfida; queria esmagá-la para sempre. Estava decidido a acabar com a farsa, de uma vez por todas. Matá-la-ia, conforme de há muito jurara, numa hora de perfeito raciocínio. Agora que tinha a cabeça combalida pelas ardências do absinto, que estava ébrio de champanha e ébrio de dor, maior era o seu desespero e mais insuportável. E mais voraz o desejo de castigá-la! Nos primeiros tempos do seu casamento, esperava-a com a alma repleta de ventura! Corria veloz para ele o tempo que passava enleado na doçura daquele olhar, que se lhe afigurava tão casto, tão fiel, digno de levá-lo a todos os sacrifícios.

Talvez por ser ela mais nova, sedutora como uma bacante grega, possuindo, nos olhos e no andar, um fluido maravilhoso que seduzia e fascinava por mágico poder, ele a queria mais e tivera ciúmes de tudo, ciúmes violentos, ciúmes fundados.

Quando se certificou da infidelidade da esposa, vergou sob terrível dor, magoado pela afronta e enraivecido pelo desengano. Perdeu a calma, desesperou; então, a ideia do crime penetrou, num arrebatamento de feroz satisfação, em seu espírito. Veria de bom grado aquela carnação palpitante, em plena florescência, arrefecer entre as suas mãos, machucada, triturada, exangue. Sorriria de prazer, pois, assim, o amante voluptuoso nunca mais volveria a beijar aqueles lábios de lascivo néctar, onde a mentira e a ventura nasceram enredadas uma à outra.

Quando a marquesa de Chambrol, repressando da festa, entrou em casa, sentiu um pavor secreto invadir-lhe o ânimo.

Profundo silêncio reinava nos aposentos, contrastando com a algazarra e o tumulto do baile que ainda a aturdia.

Porque lhe passara uma névoa diante dos olhos, ao transpor os umbrais do lar, mergulhado na mudez de uma madrugada modorrenta?

Apressou os passos, como se ouvisse terrível profecia no langor glacial que envolvia as últimas estrelas palpitantes na abóbada escura, que ela entrevia pelas janelas rasgadas nas altas paredes da área, completamente nua, para transmitir ar e luz aos compartimentos internos.

Misteriosa sensação lhe reanimou, porém, a energia, prestes a amortecer. Mas, ao atravessar a antecâmara do marido, que dava acesso à sua alcova, Bianca soltou um grito de espanto. O marquês lhe surgira de repente e, sem dar palavra, travou-lhe o braço e arrastou-a para dentro do quarto, fechando a porta pelo lado interno, retirando em seguida a chave e metendo-a na algibeira.

Num instante, ela compreendeu a gravidade da sua situação. Os olhos do marquês tinham um brilho aterrador. Mediu-o de alto a baixo e abafou uma exclamação de surpresa, pois acabava de vê-lo disfarçado com um dominó negro. Como! pois ele fôra ao baile? Não tinha outra explicação. Lembrou-se de que o vira no salão, que notara a sua insistência em os acompanhar e que até dançara com ele, sem o reconhecer, uma valsa descompassada e ligeira.

Houvera caído fulminada por essa descoberta, se a entidade invisível e pertinaz que partilhava da sua existência e da sua vitalidade não tripudiasse da dor que torturava a alma do marquês, insuflando-lhe logo uma coragem varonil e mefistofélico ânimo.

— Pérfida! vociferou o marquês. Como pudeste manchar a minha honra por tanto tempo, sem temor da minha cólera?

Como Bianca ficasse em silêncio, ele continuou:

— Acreditavas que podias iludir-me por toda a vida; que, senhora do meu nome, podias melhor seguir a trilha dos teus infames desejos? Enganas-te. Ah! ainda bem que sob este disfarce não me reconheceste e graças a ele me convenci, finalmente, da tua infâmia. Concubina vil!...

— Basta de injúrias, atalhou Bianca, mostrando-se profundamente ofendida no seu amor-próprio.

Nunca recebera semelhante afronta e, por isso, se encolerizava, a ponto de quase perder os sentidos.

— O senhor insulta-me; é covarde. Se manchei a sua honra, foi porque recusou devolver-me a liberdade, quando lhe solicitei o divórcio, em meados de 1896.

— Mentes! Naquela época já eras adúltera e eu o ignorava.

— Está bem, seja! Agora, que pretende fazer? perguntou Bianca, retomando a sua natural altanaria.

— Ah! que pretendo? Vais ver, espera, deixa que te diga mais alguma coisa — respondeu o marquês, surdamente, com um sarcasmo que aterrava.

Ela compreendeu que o marido a ameaçava, que a sua cólera era demasiado forte para poupá-la e quis fugir; mas, viu desde logo que era impossível, pois ele fechara a porta e pusera a chave na algibeira. Lutaria, então. Revestiu-se de coragem para o enfrentar. Sim, era moça, era forte e desejava viver. Morrer por morrer, morresse ele, que já havia gozado a vida mais do que ela.

— Vais dizer-me quantos amantes tiveste, durante o tempo que fui teu marido, disse o marquês, quando se lhe estancou nos lábios esbranquiçados aquela hilariedade satânica que fazia Bianca estremecer.

— Que lhe importa isso?

— Muito mais do que julgas.

Não obtendo resposta, prosseguiu:

— Dize-me os nomes dos teus amantes e a qual deles foi que mais amaste.

Ela estremeceu, os olhos do marquês faiscavam como os do tigre ao dar com a presa.

— Para que quer saber? inquiriu, enquanto o nome de Dupont lhe bailava nos lábios. Parecia que o estava vendo a seu lado, forte, valente, pronto a defendê-la.

Infinita mágoa, porém, lhe ganhara o coração; os olhos se lhe turvaram de lágrimas. Ele fôra o seu primeiro amor e por esse amor rolara no abismo revolto da prostituição.

A voz dura, imperativa do marido, revocou-a à realidade.

— Não ouves? Fala, quero saber os nomes dos teus amantes.

— Para quê? replicou a marquesa com voz sumida.

— Para lhes mandar o convite do teu enterro. Amanhã, teu corpo será dado à sepultura.

Novamente como que sentiu a presença encorajante de Dupont, que, erecto, sobranceiro, cheio de um fulgor fosforescente, se interpunha entre ela e o marido. De novo, uma ideia lhe iluminou o cérebro. Ouviu, então, uma voz singularíssima a soprar-lhe no ouvido: — "Ele te quer assassinar; defende-te, luta pela vida. Se te vires mal, aproxima-te do "trahamask", que há ali um revólver!..."

Chambrol encaminhou-se para a esposa, com os braços contraídos, as mãos recurvadas. Ela, que o não perdia de vista, deu um salto e, ganhando-lhe a frente, correu em direção ao "trahamask" e, encostada neste, procurou tranquilizar-se. Na primeira gaveta entreaberta, estava o revólver indicado pelo "Espírito das Trevas". Soltou então uma gargalhada sarcástica, agressiva, desdenhosa, que mais exacerbou Chambrol.

— Acho muito cedo para morrer, senhor marquês.

— Vais pagar-me, mulher sem brio; vou estrangular-te, exclamou ele e, no paroxismo da cólera, avançou dois passos.

Num gesto brusco tentou subjugá-la. Seus dedos rijos rodearam o alvo pescoço de Bianca, que começou a sentir faltar-lhe o ar, sob aquela constrição asfixiante. Não chegou, porém, a perder os sentidos e teve ainda tempo de pegar do revólver e alvejar o marido à queima-roupa, sem que este chegasse a percebê-lo. Rápido desfecho teve assim a luta.

As tenazes humanas que lhe cingiam o pescoço afrouxaram-se quase de súbito; o marquês vacilou, procurando agarrar-se às vestes da esposa; mas, esta o empurrou, violentamente, e ele caiu no assoalho, balbuciando: "Maldita sejas!"

Uma espuma sanguínea lhe aflorou à boca; uma convulsão derradeira lhe arrepiou o corpo, que ainda estremecia sob o domínio da animalidade. Chambrol, entretanto, deixara de existir.

Com um forte empurrão, a porta do aposento abriu-se de par em par.

— Que fêz, senhora marquesa? exclamou a criada, aparecendo no limiar.

— Cala-te Glória, ordena Bianca, imóvel, diante do cadáver.

— A senhora matou o marquês! — insistiu a serviçal, vendo o corpo inerte.

— Ele me quis assassinar.

Ouviu-se, nesse instante, rumor de passos pelos corredores e vozes de muitas pessoas que se aproximavam, correndo para o lugar donde partira a detonação.

Bianca teve medo. Era a polícia, pensou. Ia ser presa e condenada. Não podia fugir. Logo, porém, teve uma ideia engenhosa. Tomou do braço da rapariga e lhe disse em tom firma:

— Toma este revólver, Glória. Dirás, por mim, que mataste o marquês, porque ele te insultou.

— Por Deus! que quer que eu faça? Não! isso não! Vão prender-me.

— Não temas, eu te defenderei. Tu me amas; sacrifica-te por mim. Sou milionária, não deixarei que te condenem. Estarás presa só alguns dias; logo pagarei muito dinheiro pela tua defesa; em seguida terás a liberdade e, depois, serás também rica, muito rica. Dar-te-ei quanto quiseres.

Já os gendarmes armados subiam as escadarias e a estúpida rapariga, trêmula, com o revólver que Bianca lhe metera nas mãos, hesitava entre a ambição da riqueza e o temor de enfrentar um processo. Bianca recuperou todo o seu sangue frio e, aproveitando a hesitação da criada, sem mesmo lhe dar tempo de refletir, chegou à porta e bradou:

— Socorro! Socorro! um crime! O marquês foi assassinado!

A criadagem, os curiosos encheram o aposento.

Dois guardas acudiram ao local do crime.

— Colhida em flagrante! exclamaram, ao darem

com a serviçal junto do cadáver segurando a arma homicida.

A marquesa, simulando grande desespero e por entre lágrimas, respondeu às interrogações do inspetor.

— A senhora marquesa testemunhou o crime?

— Não, não sei como se deu o delito. Acabo de chegar do baile. Estava no meu quarto, quando ouvi um ligeiro diálogo e, em seguida, uma detonação. Corri, aqui, e já encontrei meu marido morto.

Foi instaurado breve inquérito, no qual a infeliz rapariga, estonteada, confessando a autoria do delito, respondeu: — «Matei-o em defesa de minha honra.»

A um sinal do comissário, um guarda se destacou e algemou a acusada, que foi imediatamente conduzida para a prefeitura de polícia.

XXXIX

Em face da confissão espontânea da indiciada, presa em flagrante, não restaram ao Juiz de Instrução dúvidas sobre a sua culpa. Assim, depois da denúncia apresentada pelo Procurador Criminal, foi ela enviada à prisão, a fim de aguardar o processo que ia ser instaurado.

Bianca, como sabemos, era capaz de sacrificar todas as virtudes, conspurcar a consciência muitas vezes, para servir às paixões funestas da matéria. Por isso, foi com extrema frieza que atirou a culpa do assassínio à sua fiel e indefesa serviçal, iludindo-a no momento com a promessa de uma farta remuneração e assumindo o compromisso de cuidar de sua defesa, coisa que absolutamente não faria, pela possibilidade de ver-se, nesse caso, desmascarada a todo instante, para o que bastaria uma só palavra daquela testemunha que tudo vira.

Não querendo, de forma alguma, envolver-se com a justiça, pelo pavor que lhe inspirava a penalidade do crime, Bianca resolveu desprezar o que prometera a Glória e nada tentar em defesa da acusada.

Entretanto, se não fôssem o seu orgulho, a sua vaidade e a sua má índole, não custaria muito, dada a fortuna que possuía, atenuar a pena da desgraçada, oferecendo boa soma a qualquer advogado hábil para defendê-la. Mas, o amor desvairado às coisas passageiras do mundo físico, eivado das misérias morais, bem como o receio de se ver perdida de uma hora para outra, não lhe consentiram cumprir a palavra dada.

Assim foi que, indiferente ao destino e ao processo de sua nova vítima, deixou escoar-se o tempo, sem sequer lastimar a sorte da infeliz cuja consciência ela subornara pela segunda vez, dominando-a com o seu poder diabólico.

A suposta autora da morte do marquês, desfeita em pranto, esperava no abandono a sua condenação. Iludia-se, pensando que a marquesa não faltasse à promessa e, por essa razão, continuava a manter a confissão, inicialmente feita. Na sua carência de conhecimentos e na sua ingenuidade, não se apercebia de que Bianca a traíra, deixando correr à revelia o processo.

Assim passou mais de um mês, sem que lhe fôsse levada uma palavra de conforto e esperança e já ela sentia o rigor da condenação que seria, em breve, proferida pelo magistrado incumbido de julgá-la. Nada, todavia, lhe fôra perguntado durante o sumário, nem vira no semblante do grande público que assistira à formação da culpa um gesto de comiseração. Então, mau grado à sua ignorância, compreendeu que estava perdida.

Ao sentar-se no banco dos réus, os seus olhos ávidos percorreram uma a uma todas aquelas fisionomias curiosas e indiferentes ao seu destino, que presenciavam o julgamento enfileiradas, enchendo totalmente o recinto do tribunal.

Mantinha-se na expectativa de que a marquesa de Chambrol não a abandonaria no momento decisivo, porque sòmente da consciência de Bianca dependia a sua salvação. Não era possível que esta se conservasse muda, sabendo-a inocente e tendo a certeza de que se sacrificara por extrema dedicação, de que dera prova bastante, aceitando a proposta e tomando a si a responsabilidade do crime pelo qual devia a marquesa responder. Ignorância e ingenuidade!

Bianca, além de não lhe fornecer meios de defesa e de deixá-la ao abandono — como sabemos, Glória não tinha parentes, nem amigos de recursos, que pudessem interessar-se por ela —, não compareceu a nenhum ato judicial.

Foi com doloroso desespero que a infeliz verificou a falsidade da marquesa. Então, tarde talvez, caiu na realidade e chorou amargamente diante da numerosa assistência e sob os olhares severos do Juiz e dos jurados, que por nada se deixaram abalar, habituados que estavam a essas demonstrações de dor, tão comuns entre os delinquentes.

Passada a crise nervosa, o Juiz encarregado do processo lhe ordenou que se defendesse, que apresentasse os motivos ou qualquer circunstância atenuante de sua responsabilidade. Mas, a pobre criatura titubeava, não sabia o que responder. Para se defender fôra preciso contar toda a verdade, denunciar a verdadeira autora, e, para isso, lhe faltava coragem. Nem o seu depoimento seria tomado em consideração, uma vez que confessara o delito.

Dada por finda a audiência criminal, conduziram-na ao carro da penitenciária.

Porém, quando Glória atravessava a portaria do tribunal, já nos últimos degraus do imponente edifício, deu com um conhecido que a olhou demoradamente, cheio de expressiva piedade.

Era Xisto, o mordomo de Leony de Anfreyt, que, sem mesmo saber como, ali penetrara, por lhe haver um curioso falado da acusação que pesava sobre a antiga ama-seca da filha de seu senhor e tão sua conhecida. Causou-lhe estupefação o fato e, ainda mais, causou-lhe estranheza e dúvida a circunstância de estar ela implicada em tão grave delito.

Quando Glória o viu, teve um relâmpago de satisfação; porém, guardada pelos agentes de polícia, não lhe foi permitido falar.

XL

Certo dia, estando a presidiária a desfiar o rosário de suas amarguras, sem mais esperanças de salvação, ouviu o ranger dos ferros da porta e viu uma mão espalmada sombrear as lages pardacentas da cela. A sombra que se espraiava no chão e que ela acompanhava tomou logo a forma de um busto, encimada por uma cabeça de melenas espessas e compridas. Deu-lhe as costas, fazendo girar a metade do corpo no banco em que se conservara, olhou para cima e descobriu, por uma vigia engradada, o busto que a sombra assinalara. Gloria teve uma exclamação de surpresa e de alegria, a primeira depois daquela manhã funesta em que a encarceraram.

— Xisto, você veio ver-me?

— Psiu!... Não faças barulho. Foi preciso um *truc* e uma boa gorgeta de cinquenta francos ao guarda para poder chegar até aqui.

— Você me quer bem! E' a primeira pessoa que me vem ver neste horrível lugar, disse Glória, à meia voz, subindo ao banco e pondo-se na ponta dos pés, para falar melhor ao velho mordomo dos Anfreyts, pois que a vigia era bastante alta.

— Muito me admira que a senhora Bianca não viesse ver-te!

— Ah! Xisto, não me fale. Sou uma desgraçada, tornou ela... Não tenho ninguém por mim. Creio que estou condenada; confessei o crime...

— E como querias que a justiça te poupasse, uma vez que mataste o marquês de Chambrol — ponderou o velho, com o seu olhar penetrante, simulando uma credulidade que bem longe estava de lhe existir no íntimo.

Como a rapariga soltasse um fundo suspiro, ele prosseguiu, visando um fim oculto:

— Já ouvi falar que serás condenada à forca, na praça pública.

— Eu?

— Sim, tu mesma.

— Não, não — bradou Glória num gesto de desespero e decisão... Eu, morrer assim miseràvelmente, como uma...

— Tenho um meio de salvar-te da morte... Se quiseres ser leal, não morrerás e, até, a tua condenação será abrandada. Para isso, basta que me prometas uma única palavra e a verdadeira culpada tomará o teu lugar.

— Que diz? Xisto. Você é meu amigo, bem o vejo; mas, não posso dizer nada... Não me acreditarão...

— Se falares a verdade, estarás salva...

— De que verdade, meu Deus, hei-de falar?

— Estarás salva, repito; senão, daqui a quinze dias, serás executada.

Uma álgida corrente de fluidos trespassou o coração da rapariga.

Fora, o céu proceloso ameaçava tempestade e a cela fria escurecia lentamente, enchendo-a de intenso pavor...

— Meu senhor Leony é um coração de ouro e disso ele te deu provas, quando serviste de cúmplice no rapto de sua filha. Recordas-te daquela noite em que o inspetor de serviço te ia algemar os pulsos, o que meu amo, com infinita bondade, não consentiu?

— Ó! Sr. Xisto! exclamou Glória tapando os olhos e recuando, lívida de susto, pois vira que estava descoberta.

— Cala-te, não grites, que vais despertar a atenção dos guardas. O momento não é como tu pensas. Nada mais adiantas em querer negar o que está público. Fala a verdade e em troca terás a liberdade, sairás desta prisão e irás servir em casa do Sr. Leony.

Como visse que ela se desfazia em pranto, o velho mordomo continuou:

— Bem; não quero saber de nada; mas, para o Sr. Leony, que vai tomar a tua defesa, não terás segredos, confessar-lhe-ás tudo... tudo, ouviste? como se estivesses confessando-te para subir ao patíbulo. Não fiques na fiúza da marquesa, porque ela daqui a três dias voltará definitivamente para Nova Iorque.

Ao ouvir estas últimas palavras, Glória levantou a cabeça para falar, porém já o mordomo havia desaparecido misteriosmente, sem lhe dar tempo a novas exclamações.

— Maldita marquesa, traidora, pérfida... E foi por essa impostora que aviltei a minha consciência, vendi a minha alma, cometendo o maior crime do mundo, atraiçoando um pai e destruindo o destino de uma criança.

Bem merecida é, pois, a punição que sofro. Já devia estar há muito tempo aqui. Pobrezinha da Ivone!...

E pelo seu pensamento passaram as cenas criminosas do rapto, o seu namoro com o lacaio, a sedução do dinheiro, a doença da pequenina, o desespero do pai. Estava assim, quando o guarda, severo, apareceu e do limiar a interpelou:

— Não ouviu bater a sineta?

Glória levantou-se e saiu. Era a hora do repasto.

XLI

Pelas escadarias ricamente atapetadas do palacete Chambrol subiam grupos alegres de ambos os sexos. Homens trajando casacas, mulheres de colos nus, de braços roliços, cingidos de braceletes, vestidas de veludos e sedas roçagantes, bordados de missangas, com artísticos recamos, que davam uma harmonia incomparável aos contornos estéticos dos corpos, e extrema galanteria às faces novas, risonhas, de lindas cabeças penteadas em bandós ou em cachos suspensos a meio sobre as têmporas abrilhantadas de preciosos adereços, demandavam as salas espaçosas do edifício profusamente iluminadas.

E' que a marquesa de Chambrol oferecia aos seus amigos uma recepção de despedida, visto que regressaria brevemente ao seu país natal.

Havendo convidado a fina flor da aristocracia parisiense, como fôsse aquela a última festa que daria em Paris, pois não tencionava ali voltar, quisera revesti-la do maior esplendor possível, a fim de que deixasse nos convivas a mais grata lembrança.

Efetivamente, tudo demonstrava ser inexcedível a festa: a orquestra primorosa a executar números escolhidos, composições empolgantes de autores clássicos; mesas ricamente ornadas e fartas de iguarias; as luzes e as flores finas, os perfumes, o rigor da libré dos pagens perfilados a cada passo, davam ótima impressão.

Vestida com apurado gosto artístico, a jovem viúva aparecera aos seus convidados mais encantadora do que nunca. Ou fôsse pela "toilette" de veludo ébano colada ao corpo, de cuja cinta pendia uma extensa cauda ourelada de arminho, ou fôsse pelas jóias custosas que reluziam ao fulgor dos lustres sobre a sua epiderme branca e macia, ou fôsse, ainda, pela sua insuperável beleza, que os adornos graciosos realçavam, o certo é que um sussurro unânime de admiração escapara de todos, ao verem-na entrar no salão.

Os galanteadores de ocasião e os nobres casquilhos, nessa noite inolvidável para os sentidos, disputavam uns aos outros a sedutora viúva para a valsa ou a mazurca que a orquestra executava.

A finíssima champanha, os licores saborosos, os vinhos velhos excitavam nos corações a ânsia dos prazeres. Nenhuma daquelas criaturas que rodopiavam ao compasso da música se lembrava senão de gozar, de beber, de folgar o mais que pudesse.

Bianca sentia-se feliz, correspondendo aos galanteios de uns, prometendo delícias a outros, e esquecia vagas tribulações do passado.

Mas, era tempo de aquele temperamento electro-nervoso receber um choque, experimentar uma reação que a despertasse da transitória ilusão dos sentidos para a realidade.

Assim, enquanto, enlevada no culto dos seus inúmeros adoradores, se entregava a todos os devaneios, um pagem lhe veio interromper a amável palrice, não sem primeiro fazer uma vênia respeitosa, para dizer-lhe que alguém desejava falar-lhe na sala de espera.

Conquanto procurasse aparentar calma, teve um gesto denunciador de irreprimível inquietação.

Quem seria que nessa noite de festa, já a tardias horas, pretendia falar-lhe?

Não quis que ninguém a acompanhasse e foi ela própria atender. Chegando à sala de espera, empalideceu. Um indivíduo de meia idade lhe entregou uma folha de papel almaço, devidamente carimbada e com a assinatura do Juiz de Instrução. Como hesitasse em ler o documento, o oficial de justiça, com uma reverência, disse-lhe:

— Perdão, senhora marquesa, é um mandato de prisão contra vossa excelência.

Bianca retrocedeu. Fizera-se pálida como um cadáver. Observou com voz um tanto trêmula:

— E' impossível! há equívoco.

— Perdão, minha senhora, sou um funcionário da justiça, tenho ordens expressas...

— Isso não pode ser! Há engano...

— A senhora é acusada de grave delito, tem que comparecer... hoje mesmo.

Num momento, Bianca percebeu que estava perdida, pois caíra nas malhas da polícia. Compreendeu que a camareira infiel a denunciara. — "Miserável!" disse em surdina, crispando as mãos.

Instintivamente pensou em fugir, mas vários agentes secretos ladeavam a escada e os corredores, para impedir qualquer tentativa de fuga.

À porta do vestíbulo, via-se um coche bem aparelhado e guiado por dois homens fardados, com o distintivo policial.

Era-lhe impossível escapar. Estava mesmo perdida. Então, uma onda de vergonha e de dor lhe turvou a vista. Já escutava o rumor que faziam os convidados aproximando-se curiosos.

— E' indispensável que me acompanhe, minha senhora, insistiu o agente, vendo que a marquesa hesitava.

— Cale-se — replicou ela, retomando a sua natural altivez. Não preciso de opiniões... Farei o que me aprouver.

O agente ficou vexado: "Vais perder este orgulho", pensou com os seus botões, abaixando os olhos e pondo-se a acariciar o castão de prata de bengala-estoque que levava consigo.

Bianca tocou a campainha.

— Diga aos meus convidados que me estou sentindo mal; por isso, peço licença para recolher-me.

Depois, dirigindo-se ao serventuário da justiça, acrescentou, com desdém:

— Não quererá que eu saia em traje de baile...

E, sem esperar resposta, voltou-se e entrou num

pequeno gabinete que dava para os seus aposentos particulares. Aí, mudou de "toilette", nervosamente, vestiu um simples "tailleur" de lã, pôs um chapéu escuro e cobriu o rosto, com um véu. Antes de sair, chamou o mordomo e disse-lhe:

— Cuide bem de tudo, ouviu? Se for fiel, será generosamente gratificado.

Uma hora depois, estava a marquesa no gabinete do prefeito de polícia.

XLII

Não se faz necessário reproduzir aqui as cenas de revolta, de indignação, a que a marquesa de Chambrol se entregou, desde o dia em que foi apresentada ao juiz de instrução criminal e que este confirmou a sua prisão, em face das provas apresentadas contra ela, como autora de dois delitos graves: rapto e homicídio. Como fôsse inútil querer justificar-se, teve que se submeter ao rigor da lei e esperar que hábeis advogados, que mandara convidar, tomassem a sua defesa, limitando-se ela a guardar silêncio, ou a negar a sua culpabilidade nos crimes que lhe imputavam.

O pesar e a humilhação, porém, eram demasiado intensos e lhe inflamavam o ânimo, o que não passava despercebido aos seus defensores. Entretanto, os debates acalorados entre os advogados da defesa e os da acusação claramente davam a entender a Bianca que não partira exclusivamente da desvalida serviçal implicada nos seus crimes a denúncia que lhe pesava sobre a cabeça. Disso teve a confirmação, quando soube, com grande surpresa, que, poucos dias depois de sua entrada na penitenciaria, fôra solta a suposta assassina do marquês Henry, de Chambrol. Foi um formidável golpe no seu ânimo.

Então, a perspectiva da liberdade, suscitada na sua imaginação pela ausência de provas, obscureceu-se, substituída pela da penalidade que lhe cairia sobre a cabeça, como jugo esmagador. Assim, ela, sempre tão altiva, tão audaciosa, tão indiferente às coisas do futuro, viu claramente que o sol de suas glórias chegara ao ocaso. Surgia-lhe um crepúsculo infinito de dúvidas, a que se seguiria a noite lôbrega, pavorosa, de medonho destino: a condenação... o presídio...

Contando os dias que passavam, assinalando o contraste das situações, pelo abandono de seus melhores amigos, que já mostravam antecipada indiferença à sua sorte, Bianca se revoltou sucessivamente contra tudo o que a rodeava. Teve acessos de raiva e de desespero, negando-se até a tomar as refeições.

Humilhava-a a condição em que se achava. Seu orgulho inexcedível, sua vaidade da distinção que lhe vinha da riqueza que possuía, a par de um nascimento respeitável, em paralelo com uma educação esmerada, que lhe assegurava invejável condição social, tudo fôra atingido profundamente pela humilhação do crime e do cárcere.

Rancorosa por índole, pela dureza dos sentimentos, era difícil que se deixasse vencer pelo arrependimento, ou pelas recriminações da própria consciência. Formulava, ao contrário, secretas ameaças e tinha ímpetos de vingança, em meio de crises nervosas que se sucediam diàriamente e que se desfaziam em torrentes de lágrimas. Atraía, por essa forma, influências perniciosas, que dela se apossavam à só exteriorização de seus pensamentos implacáveis contra os que a tinham denunciado.

Mas, se, como culpada que era, ela sofria a aspereza de sua negregada sorte, devendo às suas desordens morais e ao desprezo dos seus deveres aquele triste fim, alguém, que não era culpado, porque, afinal de contas, há certos atos na vida a que o homem, por mais que queira, não pode eximir-se, vendo-se obrigado a cometê-los pela influência dos preconceitos sociais, ou, ainda, pelas circunstâncias do momento, sofria mais do que ela.

Encerrado no seu gabinete de trabalho, sentado num divã, com os cotovelos fincados nos joelhos e os dedos da destra bifurcados no queixo, Leony de Anfreyt meditava sobre o seu infortúnio.

Se lhe dera a riqueza, porque não lhe fôra mais propício o fado? Ainda há pouco, uma esperança suavizara o ardor da chaga que o minava internamente. Fôra, porém, como um íris no pélago infinito, quanto à duração; apenas uma esperança que lhe retemperava suavemente as energias combalidas aos golpes da fatalidade.

Então, a ideia de lhe sorrir novamente a vida ao lado da filha desabrochara em seu espírito. Seu amigo Paulo de Sália, médico e espírita, tão sinceras frases de consolo lhe prodigalizara, quando ouviu a sua amarga história, que lhe infundira confiança nos poderes divinos e o fizera contar com uma resposta, que seria decisiva.

Pouco, porém, durara essa esperança. Os fatos sucessivamente desenrolados, e já conhecidos do leitor, se incumbiram de destruir as hipóteses verossímeis de que Ivone existia e de abrir um hiato entre a possibilidade de encontrá-la e os acidentes a que fatalmente teria de submeter-se.

Animado com a expectativa de saber do paradeiro da filha, graças à argúcia do criado, Leony correra, quase fora de si, à penitenciária e, a fremir de emoção, oferecera dinheiro, defesa, amparo perpétuo à infiel criada, para que lhe dissesse a verdade. Glória confessou suas culpas e lhe contou tudo, tudo, regando as palavras com lágrimas de sincero arrependimento. Reconheceu-se culpada, por efeito da sedução com que Bianca tinha conseguido aviltá-la e pediu a Leony que não a defendesse, posto que a consciência a acusava mais fortemente do que nunca.

O desventurado pai escutara aquela terrível narrativa, que lhe despedaçava a alma, como o escalpelo as células de um corpo. Porém, quando a criada declarou que Bianca tivera seguras notícias de que a pequena sucumbira no sinistro marítimo com a mercenária que a levava, o engenheiro ergueu o busto, estirou o pescoço e articulou roucamente: "Maldita! dize, é verdade isso?"

A criada reafirmou, jurou pelos milagres de Jesus, que era verdade.

Ele se levantou possuído de cólera! Se cedera aos primeiros instintos, tê-la-ia arremessado contra as pilastras da cela; mas, conteve-se, ante o olhar mesto da infeliz que se encolhia a seus pés, pedindo misericórdia e perdão.

Guardaria a sua ira para a maior culpada, a fera heroína de tão amarga história. Sim, só ela cabia expiar os crimes e, para sua punição, não haveria clemência. Foi, pois, como alucinado que penetrou no gabinete do Prefeito, para entregá-la às mãos da justiça com toda a frieza de espírito. Queria castigá-la, fazendo-a experimentar o peso das leis do país. Era a melhor vingança.

Como, todavia, lhe repugnasse a ideia de entrar em contacto com a sua ex-esposa na sala das audiências, a fim de evitar trocas de palavras, outorgou poderes, em procuração, a um consumado criminalista, a fim de que a acusasse de modo a conseguir a sua pronúncia e condenação, para o que pagaria soma avultada.

Mas, depois de ter agido segundo seus primeiros e violentos impulsos, refletia e doía-lhe a consciência o ato irremediável que praticara, não obstante estar colmado de razões. A par do processo instaurado contra a marquesa, Leony, que era conhecedor das leis em que se apóia a Justiça para proceder nos casos em que há dúvidas quanto à autoria de qualquer delito, antevia o triste fim de Bianca, ao término do ruidoso processo. A expiação, a solidão do cárcere, a calceta de forçado seriam o epílogo de sua vida divorciada dos Evangelhos.

Contrariado, sentindo que no seu íntimo um combate se travava entre a razão e o espírito do mal que o assediava, Leony passou sem dormir toda a noite que sucedeu ao reconhecimento da culpabilidade de sua ex-esposa. Repelia as descargas de fluidos que o "Espírito das Trevas", resolvido a vencê-lo, lhe vibrava em contínuas aproximações, esperando o momento de apossar-se dele para o aniquilar.

Ameaçado de perto, como o barqueiro que percebe, na escuridão da procela, o rochedo espectral em cujas fragas a barca, fendendo-se, o sepultará no abismo, o engenheiro tinha a convicção de que uma entidade vigorosa, em quem despertara adormecido ódio, ia rojar-se contra ele numa luta titânica.

E não se enganava. O Espírito tenebroso, robusto, invencível no rancor, acabara de o encontrar.

Bastara um deslize moral, para que ruísse a barreira que se erguia entre ambos, barreira que o mérito das boas ações levantara a custo. Depois de quase onze anos de letargo, em que vivera preso aos pensamentos da mulher querida, com ela partilhando das sensações da existência física, das suas comoções, participando de seus desvarios, não obstante ignorar certas coisas que as leis divinas vedam aos Espíritos sem luz, parecendo não se preocupar com o seu figadal inimigo, em cujas mãos a vida se lhe apagara, encontrara-o por fim. E de que modo? A infligir castigos àquela que lhe pertencia, a lhe amargurar os dias para sempre. Via-a, agora, fenecida, abandonada, sob o escano frio de tétrica prisão, desfazendo-se em lágrimas e penas, esperando a inexorável sentença.

Dupont, como todo espírito vingativo e odiento, não podia compreender a razão que levara o engenheiro a esse ato, que lhe feria a consciência e o aviltava. No espaço, retomando o fio de suas encarnações passadas, magoava-o a presença do seu antagonista, tornando-se-lhe necessária, ao caráter inflexível e obstinado, uma vindita.

Não mais o abandonaria. Soara a hora. Bianca, segundo o panorama angustioso que se lhe patenteava, morreria no meio das injúrias e das blasfêmias infernais dos condenados; mas, Leony de Anfreyt, em quem ele via o seu assassino, o seu inimigo cruel, o verdugo de suas venturas corporais, não ficaria impune.

XLIII

Anoitecera. A abóbada sidérea parecia afastar-se e esconder no seu manto escuro uma multidão de astros luminosos. Raras estrelinhas furtivamente acendiam seus fachos e espiavam, de quando em quando, o mundo adormecido nas sombras misteriosas, semelhando místicas monjas que, alta noite, tentassem desvendar os segredos da vida que se agita fora do mosteiro e que logo o medo fizesse recuar.

Do jardim do antigo castelo ducal, ouvia-se imperceptìvelmente, ou, melhor, adivinhava-se o rumor das carruagens que resvalavam no asfalto, em duas filas, dirigindo-se ao bosque de Bolonha.

Conquanto fôsse fresca a aragem noturna, não era totalmente fria.

Havia muito tempo já que o filho do nobre William Anfreyt dormia no jardim, estirado numa espreguiçadeira, com as mãos cruzadas sobre o peito, os cílios cerrados. Permanecera assim desde meia tarde, debaixo de um caramanchão de madressilvas, ladeado por dois venustos castanheiros, que estendiam seus tirsos brancos de cetíneas pétalas às carícias arrepiantes da viração.

Dentre o pessoal do castelo, ninguém ligara importância ao sono desusado do moço, excepto o fiel Xisto, que de momento a momento vinha vê-lo. Pé ante pé, chegava junto dele, até quase lhe sentir o ressonar; porém, vendo-o tranquilo, afastava-se sem fazer ruído, não deixando, entretanto, passar um quarto de hora sem que voltasse a vigiá-lo.

A princípio, o velho mordomo não dera importância ao caso; mas, por fim, já o alarmava, não só porque a noite se aproximava, como pelo lugar em que seu amo adormecera. Maiores cuidados ainda lhe causavam o vento, que aumentava, tornando-se cada vez mais frio e mais intenso, e a maneira por que aquele continuava a dormir. Mandara aquecer a estufa, alumiar fartamente as câmaras, arrumar o leito de Leony e acender o fogão com grossas achas de lenha. Depois, fôra ele próprio ver um copo, uma colherinha, o açucareiro, uma garrafa de bom cordial que trouxera da adega, e colocara tudo numa bandeja sobre uma pequena mesa ao lado do leito.

Augurava-lhe o coração que seu amo não estava bem. Com efeito, mal o mordomo términara a sua tarefa, ouviu um gemido que partia do jardim, inteiramente iluminado por fortes combustores de gás.

Não perdeu tempo. Desceu rápido a escada interna, correu ao lugar onde Leony Anfreyt estava e ali verificou que não fôra engano, pois o moço apresentava sintomas graves: estremecia violentamente, tinha o rosto violáceo, os membros rígidos, o peito arquejante, e fazia esforços inúteis para levantar-se.

— Por Deus! o menino adoeceu! Que está sentindo? Como ele não respondêsse e soltasse do peito um ruído inarticulado, o mordomo sacudiu o casaco e bradiu: "Acudam, depressa, o senhor adoeceu. Ajudem-me a levá-lo para a cama."

Já três criados acudiam, saltando os degraus de quatro em quatro. Dois levantaram o enfermo e o levaram para o quarto, enquanto Xisto dizia:

— Depressa, Jorge, vai chamar o médico.

— O Dr. Paulo?

— Sim, ou qualquer outro.

O criado saiu apressadamente e o mordomo foi auxiliar os que acomodavam o doente. Trêmulo pela idade e pelo susto, tratava de tirar-lhe as botinas.

— Foi o frio que lhe fêz mal, asseverou um dos serviçais, em voz muito baixa, ao ver que o moço não conseguia responder.

— Parece que o meu senhor estava doente desde cedo, redarguiu o outro, que abria o guarda-roupa e tirava um pijama havana, de lã.

— Ele não jantou, nem fêz lanche, acrescentou o primeiro, que era um bom rapaz.

— Não fales, Jean; o senhor está mal, sentenciou Xisto, cobrindo totalmente o enfermo, que tomara um aspecto cadavérico e parecia nada ouvir, nem ver.

Mal haviam terminado, ouviram o tilintar da campainha.

— E' o médico, murmurou Xisto.

— Não teve tempo de vir, responde o rapaz.

— Retirem-se, ordenou o mordomo, ao ver a silhueta que se delineava no espelho do guarda-casaca.

— Que foi que aconteceu? indagou o Dr. Paulo de Sália, penetrando no quarto.

O Sr. Leony adoeceu repentinamente. Meu pobre menino está mal, respondeu o fiel criado. Queira Deus que não seja nada...

Paulo, ao entrar no dormitório do engenheiro, recebeu tão forte descarga de fluidos, que vacilou; uma nuvem passageira lhe turvou a vista, teve de respirar profundamente e pedir mentalmente o auxílio de seu anjo de guarda, para poder interpretar o caso.

Em seguida, refeito e confiante, encaminhou-se para o leito. Ia falar, quando lhe avisaram de que acabava de chegar o médico que Jorge fôra chamar. Depois de pensar um minuto, o Dr. Paulo determinou:

— Faça-o entrar aqui.

O criado saiu e pouco depois volveu, acompanhando o recém-chegado, um clínico e antigo cirurgião, diplomado pela Faculdade de Marselha.

Depois dos respectivos cumprimentos, reservado e sem se dar a conhecer, Paulo cedeu o seu lugar ao facultativo, pedindo-lhe que examinasse o paciente e diagnosticasse.

Os criados responderam com precisão às interrogações:

— A que horas adoeceu? Quais foram os primeiros sintomas? Teve alguma comoção?...

Após demorado exame, diagnosticou: apoplexia... E, como o Dr. Paulo continuasse a passear de um extremo a outro do aposento, sem lhe prestar atenção, ele se ergueu com os óculos a meio do nariz, chegou-se a uma mesinha e prescreveu alguns medicamentos que julgava eficazes. Concluía, quando o moço indu se aproximou, fitando-o demoradamente.

— Creio, caro colega, que não há característicos de apoplexia.

— Sustento o diagnóstico, disse o clínico um tanto embaraçado.

O Dr. Paulo de Sália, especialista em moléstias cerebrais, consagrado psiquiatra, não concordou, tendo o médico acrescentado:

— Inércia geral, febre intensa, rubor das faces... Veja a dilatação das pupilas... Está desperto, mas perdeu o sentido e os movimentos...

Com efeito, o doente tivera forte reação, sobreviera-lhe uma febre intensa, pulso irregular, faces rubras, respiração estertorosa, às vezes ofegante, olhos injetados...

Mas, o Dr. Paulo tinha razão em não concordar. Era verdade que o organismo do seu amigo sofria e que uma enfermidade desconhecida o prostrara. Atacar o efeito era necessário; o que, porém, mais urgia combater era a causa da moléstia, muito difícil de ser atingida.

A educação obrigava-o a silenciar, quanto à incerteza do diagnóstico.

— Se o tratamento for executado com atenção, é possível que venha a melhorar, disse o clínico, depois do que, pedindo licença, despediu-se e retirou-se.

Paulo estendeu-lhe a mão cordialmente; mas, vendo-o afastar-se, deixou escapar um sorriso de incredulidade e esta lacônica frase: "Ó! cegueira espiritual, até quando andarás com o homem?!"

Depois, tornou ao quarto, tomou nas mãos a receita.

— "Não está indicada", murmurou, soltando-a novamente.

Em seguida, dirigiu-se para o leito. "Não preciso examinar-te", disse a sorrir para Leony. Sei o que tens. Pegou-lhe as mãos e, vendo que ele não o reconhecia, disse: "Vou magnetizar-te. Lutarás com todas as forças do teu espírito para dominar a ação maléfica que produziu no teu organismo esta desordem; vencerás com o perdão a influência do teu inimigo incorpóreo, que assim volverá ao Espaço e agora mesmo ficarás bom..."

Dizendo isto, afastou-se alguns passos do leito, concentrou-se, atraiu pelo pensamento os seus guias espirituais, implorou a proteção de Deus e esta não se fêz esperar. Sentiu que correntes fluídicas de Espíritos adiantados o envolviam. Levantou as mãos e ordenou:

— Afasta-te, irmão, em nome de Deus.

Uma longa exalação se produziu no ambiente, um fluido estranho, que arrepiava ao perpassar, se evolou do leito do enfermo e ganhou o Espaço. Leony soltou um suspiro de alívio, profundo e dificultoso a princípio. O Dr. Paulo continuava a dirigir-lhe correntes magnéticas. Por fim, seus olhos tomaram uma expressão inteligente e, como se houvesse despertado de um sono, ele se ergueu a meio corpo. Paulo havia terminado o passe magnético e conseguira, com a sua fé e auxílio do seu luminoso guia, afastar o "Espírito das Trevas", que se apossara do seu inimigo desde a tarde.

Agradeceu mentalmente a Deus. Em seguida, arrastou uma poltrona estofada de arrás púrpura, para perto do leito e sentou-se.

Leony olhara-o a princípio com estranheza; logo, entretanto, o reconhecera.

— Ainda bem, meu amigo, que és tu quem está aqui.

— Que foi que te aconteceu? Estavas sem sentidos e apresentava sintomas de apoplexia.

Passando a mão pela testa, como para coordenar as ideias, o engenheiro respondeu:

— Estive mal, não sei como agora posso falar. E, endireitando-se na cama, prosseguiu: Terrível moléstia...

— Exageras; não foi tanto assim...

— Principio agora a ter medo de viver.

— Acalma-te... Não foi nada; nunca mais voltarás a enfermar dessa maneira.

— Exprimentei uma impressão tão forte sobre o peito, que não sei como resisti. Doía-me a cabeça, não sentia as pernas e tinha a língua como que travada. Agora, passou; mas nada sinto, estou tão bom como às três horas, quando fui colher umas clematites para ornar os retratos de minha esposa e de minha filha... Chegaste no momento oportuno. Alguém te foi chamar?

— Não; eu vinha cedo, mas como tive que atender a um novo enfermo, não pude. Apenas cheguei aqui, encontrei esta gente alarmada. Xisto a correr e a choramingar pelos cantos, dizendo que o menino estava mal.

— Pobre Xisto, bom amigo.

— Foram buscar o Dr. Lafay. Encontrou-me aqui, examinou-te e prescreveu. Aí está a fórmula. Creio desnecessária a ação medicamentosa.

— Agora nada mais sinto, já estou bem, tua presença me restabelecerá.

— Obrigado. Mas, a propósito, precisamos fazer um grande tratamento, a fim de te restabeleceres por completo. Não estás bem, teu estado d'alma é grave. Acho prudente atacarmos o mal o mais depressa possível.

— Compreendo o que dizes! Estou sèriamente enfermo; esta enfermidade moral é incurável, suponho. Agora que me dizes isso, vou contar-te tudo. Faz quinze dias e quinze noites que esta alma meio adormecida na dor não tem repouso e creio que nunca mais o terá.

— O Espiritismo curará os teus males. Quando te houveres resolvido a aceitar a sua luminosa doutrina, quando empregares a vida material na prática augusta da caridade, minorando a dor ao enfermo, dando esperança ao sofredor e luz aos obscurecidos; quando souberes perdoar aos teus inimigos e amá-los, como o sublime rabino da Galileia exemplificou entre gotas de sangue e lágrimas puríssimas, poderás dizer-te curado.

Mas, o engenheiro, que acabava de exercer uma vingança que a sua consciência estigmatizava, sentiu efeito contrário nas frases do amigo, tão digno pelos seus dotes elevados, frases que lhe pareceram avivar a memória dos seus erros.

— Vou curar-te pelo Espiritismo; mas, é preciso que faças comigo o pacto de perdoar eternamente.

Leony sorriu com benevolência.

— Concordaria, se tivesse a certeza de apagar o meu passado; faria, mesmo, todos os sacrifícios; mas, isso é impossível. Delinqui e o meu último delito pesa-me na consciência.

Como visse que o médico se mostrava surpreso, contou-lhe o erro que cometera denunciando a marquesa, arrastando-a à expiação, quando sabia quais as rigorosas penalidades reservadas ao crime de homicídio.

— Andaste mal! Não compreendes a misericórdia divina e ela se manifesta em tudo, não nos abandona um só momento na existência de reparação que nos é dada.

— Agora reconheço que fiz mal; porém, já é muito tarde. Não há remédio. A marquesa vai entrar em julgamento e será condenada.

— Devias ter-te aconselhado comigo. Para devolver-se a liberdade à acusada, bastaria provar que o marquês estava ébrio e que a agrediu de revólver, tentando assassiná-la. De resto, há tantos recursos na justiça para se atenuar uma culpa...

— Fiquei desesperado com a revelação que me fêz a serva. Vi destruída a esperança de encontrar minha filha, depois de ter ouvido a confissão de sua morte, os pormenores do crime de que foi vítima. Não podia deixar que a autora de minha desgraça continuasse espezinhando com indiferença as suas vítimas.

— Não tens fé nos poderes invisíveis e, por isso, te arvoraste em juiz, quando podias ser julgado. Como acusaste a marquesa de haver causado a morte à tua filha, sem teres disso a certeza? Fôste injusto; desconheces o poder do destino e não crês na Justiça Divina. Se afirmo que fôste injusto, imponderado e irrefletido, é que tenho provas e provas irrefragáveis.

— Explica-te, não compreendo o que queres dizer.

— E' que uma nova fase de vida se te vai abrir. Ela marcará o início da tua regeneração, o voto de fé no Espiritismo. A harmonia dos ensinos evangélicos convencer-te-á, finalmente, da existência de Deus, do seu poder sobre nós; enfim, da sua infinita misericórdia. Aqui tens o testemunho. Lê esta carta e curva-te, perante as leis divinas, como servo submisso. Apaga todos os ressentimentos, que são o érebo onde a pureza de tua alma se destruiu, fogo que queimou as asas translúcidas do teu espírito e nunca mais acuses a ninguém.

Leony, trêmulo, numa grande dúvida agridoce, tomou a carta e leu-a.

Paulo suplicava, interiormente, aos Espíritos de luz, assistência para aquele ser desviado dos divinos preceitos cristãos.

XLIV

— Mestre! vejo a teu lado uma figura de mulher esbelta, pálida como a neve da montanha, que te sorri; parece chamar-te, graciosamente, disse Ivone, que era clarividente, ao velho sacerdote que, debruçado sobre uns alfarrábios hebraicos, parecia meditar sobre alguma questão transcendente.

Ilca faz uma reverência e responde:

— E' a minha doce companheira de existência planetária, aquela a quem amei e ainda amo, embora o tempo passe e as idades se renovem. Ela me espera para me acompanhar na viagem incorpórea. Lívia, vens dizer-me alguma coisa?

Uma manifestação espontânea, decorrente da solidariedade que havia entre aquelas almas, deu lugar a expressivo fenômeno de transporte.

A sombra tomou uma fotografia de Paulo, que estava pendurada a uma saliência da parede, e a colocou defronte de Ilca.

Feito isso, acercou-se de um vaso de flores, desfolhou algumas e esparziu-as sobre a cabeça de Ivone. Fêz mais, ainda, o Espírito da esposa do santo sacerdote; internou-se no segundo compartimento da caverna e, volvendo de lá com uma flecha na mão, aproximou-se da mesa, molhou a extremidade da flecha no tinteiro que ali estava e fêz um pequeno sinal no gibão do indu, do lado esquerdo, logo acima do peito. Esse sinal indelével desafiaria qualquer hipótese de sugestão ou mistificação. Em seguida, passou as mãos pelos cabelos do ancião, que ficara em êxtase. Depois, retirou-se de mansinho, como uma nuvem alvíssima tocada pelo sol, e desapareceu no Espaço.

— Graças, graças, disse Ilca, erguendo as mãos postas e volvendo os olhos para o céu; graças, graças, exclamava, repetidamente, ao verificar que ficara novamente só.

— Grata visita, mestre. Que quererá dizer tudo isso? O retrato de seu filho veio parar à sua frente, flores caíram sobre a minha cabeça, a flecha armada sobre a sua cama assinalou um ponto no seu peito. Que significa isso? inquiriu a moça, enquanto ia ajuntando uma a uma as pétalas esparsas no seu regaço.

Depois de meditar alguns minutos, o velho abanou

a cabeça como se quisesse capacitar-se da verdade e falou:

— Minha esposa veio dizer-me que meu filho chegará aqui amanhã, quando as montanhas se ocultarem nas trevas da noite e os gritos dos zagais houverem cessado. Flores sobre ti querem dizer que tens cumprido bem os teus deveres e este sinal vermelho, que aqui tenho, representa um aviso de morte. E' chegado o tempo, minha filha... Os acólitos do Amir se encarregarão de, com certeira seta, fazer cessar as pulsações deste coração. Daqui a três dias, meu corpo dormirá o sono dos mortos e este espírito, que agora parece velho, cansado, alquebrado, subirá ao Espaço, forte, vigoroso, a juntar-se aos que amou. Lívia veio dizer-me que me espera, que aguarda o momento de minha dissolução corporal.

A moça escutava-o assustada, com os olhos muito abertos, embaciados por algumas lágrimas piedosas que ameaçavam resvalar.

— E eu? Que será de mim? Que destino me espera? Porquê não sou eu quem adormeça? Terei que ser sequestrada pelos sequazes do Amir?

— Não, minha menina. Aguarda-te novo destino. Olha, chega-te bem para mim. Eu não queria contar-te a verdade; mas, tens sido tão ajuizada e resignada, que, neste instante, em que se me anuncia o termo da minha vida, vou dizer-te tudo: Teu pai não morreu, está vivo, eu o soube por meu filho, que é seu amigo e a quem escrevi o mês passado, dizendo-lhe que estás aqui. Ele vem buscar-te. Amanhã, teu pai e o meu Paulo chegarão ao nosso porto, num brigue francês.

O efeito destas palavras no espírito da moça foi qual se pode imaginar. O corpo todo lhe tremia vivamente, ao escutar a revelação do velho sacerdote.

Seria verdade o que ele lhe dizia? Custava a acreditá-lo. Mas, ele não mentia.

— Cuidado, não vás desmaiar, disse o velho, tomando-lhe as mãos. Estás nervosa... Não é de admirar que encontres teu pai. Se ele vive e tu o tens esperado tanto tempo...

— Mestre, não será uma brincadeira sua? Ah! meu Deus, se fôsse verdade... Custo a crer. Como pôde saber tudo isso?

— Já te disse que foi por meio de meu filho. Teu pai é seu amigo e, seguramente, falou-lhe de ti, ou teve algum aviso espiritual. Meu filho, que é clarividente, logo lhe terá dado intuições; ou, talvez, ele próprio fôsse guiado pelo seu anjo de guarda a fazer essa sindicância. Já há quase dois meses que lhe escrevi sobre este assunto.

As lágrimas, qual torrente represada, romperam os diques. Ivone chorava de comoção. Ia encontrar seu pai, reunir-se-lhe. Parecia-lhe impossível...

O velho prosseguiu:

— Não chores; não há razão para chorares. Já era tempo de te reunires a ele. Já tens tragado bastante fel.

Conversaram ainda muito tempo sobre o palpitante assunto e, assim que a moça se acalmou, foram orar. Fizeram preces pelos Espíritos errantes que vivem na perturbação; oraram pelos enfermos do corpo e da alma; pelos que vivem nas profundezas hiantes do crime; pelos que persistem nos vícios; pelos que sofrem e, finalmente, por toda a Humanidade no vórtice implacável de suas lutas.

Acabado esse ato de contrição religiosa, que unia aquelas duas vontades, uma desabrochando para o panorama alcantilado, bordado de flores fragrantes e de sedutores matizes, para a vida, para a mocidade; a outra, feliz, pela aproximação do eterno juízo, pela finalidade física e pela grandeza da perspectiva que uma existência toda cheia de abnegação, votada ao sacrifício e ao respeito das leis divinas, lhe abria.

Recolheram-se depois às suas camas e cobriram-se com as peles de cabras e de plumas e ficaram silenciosos e tranquilos.

Ilca conciliou logo o sono, Ivone, porém, não dormiu. Um éden, de ajardinados canteiros, carregados de flores, passava, como sugestão mágica, ante seus olhos. Um universo povoado de esperanças se elevava no seu espírito, que parecia sentir a aproximação de horas felizes.

XLV

O dia passou lento e demorado. A tarde expirava num delíquio luminoso; os bosques envolviam-se num místico ciclo, recortava-se no chão a sombra esguia dos álamos e dos maciços canaviais, através da poeira dourada do Sol. Pássaros em revoada, entreabrindo os bicos em derradeiros silvos, buscavam abrigo no recesso das matas. No topo da montanha, os últimos sorrisos do astro rei davam majestoso matiz à cor violeta da terra e ao glauco ondulante dos cabeços ásperos que encimavam os declives e os trilhos sinuosos, esboçando silhuetas nos carreiros horizontais, por entre as sebes do casario que se dissemina nos vales pitorescos, entre Kinnay e Alpênia.

Como custara a passar o dia, para aqueles que esperavam a noite! A ansiedade dos corações alongava os minutos. A vontade de ver os entes a quem mais amavam estendia a duração das horas que ambos contavam com pontualidade.

— E' preciso preparar tudo, dizia o santo velho à moça: a ceia, as frutas... Ali estão figos e tâmaras e outras guloseimas de que o meu Paulo tanto gostava; arruma a mesa com todos os utensílios e vai vestir o teu vestido cor de granada, que combina tão bem com as rosas das tuas faces, para que teu pai veja melhor quanto és bonita.

Depois ficarás aqui, esperando, enquanto eu vou à praia. Levar-te-ia, se não fôsse esse bando de malfeitores que andam à tua procura.

— Estou mais segura aqui, mestre; ficarei e esperarei.

— E' preciso que eu vá esperá-los no promontório de "Rabinda". O porto aqui não oferece segurança para os estrangeiros, por causa dessas tribos selvagens, agora alojadas nas ilhas do Kinuor e nas imediações de Ischia. Levarei esta lanterna. O fulgor que ela expande é conhecido de meu filho; assim que ele veja uma réstea de luà flutuar sobre o rio estará certo da minha presença e aportará em lugar seguro, isto é, onde eu indicar.

— Tardarão?

— Não; só esperam a noite e esta se avizinha. Olha, o Sol desapareceu. Já vou.

Tomou a lanterna, pôs na cabeça o gorro de lã igual ao capote e saiu. "Adeus! não tenhas medo, acende lume na candeia e espera com calma que eles chegarão bem."

A moça fechou a porta, chapeada de ferro, com a aldrava, e foi fazer o que ele dissera.

Quando a noite caiu inteiramente e no céu as estrelas rutilaram como diamantes lapidados, Ilca já estava no extremo da sólida penedia, havia algum tempo, parado, perscrutando o horizonte.

A distância, viam-se a balsa amarrada, jangadas à maré, baleeiras e bergantins a vogarem na enseada; mas, ele queria ver, ou ouvir o ruído de uma barca, velas ao vento, quebrando o murmúrio das ondinas do rio de águas modorrentas que levemente batiam nas plantas limosas das ribas. Com a lanterna na mão, mudando-a às vezes de posição, via, de quando em quando, um resplendor lunar quebrar-se muito ao longe, até onde a sua vista não alcançava.

A noite sobe, eles não devem demorar, murmurava consigo mesmo, enquanto o vento o entontecia e lhe varria os pés a poeira cristalizada do promontório.

"E' aqui que tem de ancorar a embarcação. Meu filho vai chegar..." De repente, quase soltou um grito de alegria. Lenta, silenciosa, avançava, cortando mansamente a vaga, através das sombras, um barco de cerca de duzentas toneladas.

"São eles", exclamou Ilca, alçando a lanterna e fazendo depois com ela os costumados sinais. Poucos minutos depois, viu que a embarcação rumava para o lugar por ele designado.

Quanta ansiedade nos que chegavam de longínqua plaga e os que sentiam a saudade e a inquietação da demora.

As lanternas giravam em torno do promontório,

como um cardume de pirilampos. A voz dos homens de bordo, o cantarolar melancólico dos marujos se ouviam agora perto, a uns cinco metros de distância. Enquanto Ilca ordenava: "Mais para cá, guinem para a direita", já a figura garbosa do moço indu se destacava, pela altura do turbante, divisando-se a seu lado, no convés do barco, o vulto do engenheiro.

Sob o cintilar baço das luzernas, a noite parecia mudar-se num eclipse de cores cambiantes e fugitivas; a nave encostara mansamente na ribanceira. "Que a paz de Deus venha convosco", exclamou Ilca ao reconhecer o filho.

— Pai! como estás?

— Há quanto tempo não te via, meu filho! Custo a acreditar que te vejo novamente.

Paulo não esperou que o barco atracasse ao promontório, saltou por cima dos escaleres e foi abraçar o velho que, levantando os braços, o estreitou contra o peito demoradamente.

— Cuidei que morreria sem tornar a ver-te, Paulinho. Como estás diferente; és homem forte, donairoso, como eu desejava que fôsses.

— Perdoa-me, meu pai, tinha tantas obrigações a cumprir, que não me era possível regressar. Agora, porém, vim, para não te deixar mais; desta feita irás comigo.

A dois passos de distância, o engenheiro, com a maleta e uma bolsa de couro na mão, admirava aquela ternura e ansiava por saber notícias da filha.

— Como pudeste esperar-me com tanta precisão, se eu mesmo não sabia quando podia chegar.

— Terei tempo de contar-te...

— Esquecia-me... a satisfação me perturba. Olha, pai, este é o amigo de quem te falei na minha carta.

— Já sei, veio buscar sua filha, não é? dizia, apertando cordialmente a mão de Leony. A minha querida menina, senhor, já o espera.

— Sabe, talvez, quanto tenho sofrido por essa filha? Roubaram-ma quando era pequenita e nunca mais a vi. Acho, até, impossível encontrá-la de novo.

— Agradeça a Deus, meu senhor. Está bem cuidada.

Paulo mandara retirar as malas que trouxera consigo.

— Minha casa não fica longe daqui; uma hora de trajeto e estaremos lá. Não temos condução a esta hora e, por isso, iremos a pé.

"Vamos", responderam todos ao mesmo tempo, e puseram-se a caminhar, seguindo o atalho que levava mais depressa à montanha sagrada, acompanhados de um homem que conduzia a bagagem. Paulo ia à frente com o amigo e seu pai.

E' impossível registrar as cenas de ternuras, as efusões, os pensamentos que trocavam aquelas almas.

Ilca, apoiado ao braço do filho amado, que era toda a sua glória, não almejava maior alegria neste mundo. Caminhando, falavam de Ivone. Contou-lhes o velho como havia encontrado a moça, como a vira crescer, a morte de Alasca, enfim, o seu refúgio.

Chegaram assim sem grande custo à porta da caverna.

Ilca bateu três vezes. "Ela vem abrir", disse. "Deixem que eu entre primeiro." Seguiu-o Paulo e, por fim, Leony.

— Aqui está vossa filha, exclamou ele, tomando pela mão a moça e apresentando-a.

Pai e filha fitaram-se simultâneamente. Ivone, muito pálida, fremia, como a magnólia agitada pelo vento.

Houve um momento de silêncio, em que Leony procurava despertar a memória de uma feição quase apagada. Depois, sucederam-se um grito de alegria e um abraço estremecido, longo, repetido.

— E' ela, ela mesma, a minha Ivoninha! Minha filha, és tu, tu, sim, que não me engano, pois és o retrato vivo de tua mãe. Não me reconheces? Já te esqueceste de mim?

Ivone, por instinto e pela lembrança ainda viva na sua memória, reconheceu-o, a seu turno, balbuciando: "Papai". E, rindo e chorando de comoção, repetia: "Papai".

Paulo presenciava aquela cena edificante. Ilca orava em silêncio. Via sombras translúcidas, divindades radiantes passarem-lhe sobre a cabeça e parecia já estar desprendido da vida.

— Como é linda a minha filha, continuava Leony; tem os olhos azuis e os cabelos louros e crespos de Iara, e passava-lhe a mão pela cabeça, que ela lhe encostara ao peito.

Tinha os olhos marejados de lágrimas, pois também chorava, nos braços da filha.

Passadas as primeiras explosões de contentamento, prosseguiu:

— Agora, querida filha, vou apresentar-te ao meu grande amigo, graças ao qual pude encontrar-te.

Ivone enxugou os olhos e o pai a conduziu até onde estava Paulo.

Este a contemplou enlevado, admirando-lhe a formosura inigualável. Desde que a vira, parecera-lhe um anjo. Sentira o que nunca havia sentido na sua vida; uma emoção tão forte, que ficara quase extático. Fêz delicada mesura, beijou-lhe a mão e disse:

— Deus vos reuniu, minha bela menina; fui apenas o intérprete de um sonho que vosso pai teve convosco e que por acaso me contou.

Ivone riu deliciosamente e suas faces louçãs se tingiram de vivo carmim. Já o conhecia pela atração da alma; amava-o, sem o ter visto objetivamente; trazia-o fotografado no pensamento. Agora, tímida, indecisa, guardava silêncio... não sabia o que dizer, nem o que responder.

— Meus filhos, está tudo pronto. E' um modesto ágape. Venham para mesa.

— Senhor, não tenho palavras com que possa agradecer o cuidado que dispensou à minha filha; por isso, ponho em suas mãos a minha fortuna; pode dispor das somas que quiser, de tudo quanto possuo; e, nem assim, pagarei o que lhe devo.

Ilca esboçou um sorriso de indiferença e respondeu:

— Agradecido; nada mais fiz do que cumprir um dever de humanidade e a isso não cabe recompensa.

— Como é generoso e nobre; a minha alma transborda de gratidão. Que farei para lhe retribuir tanta generosidade?

— Aqui é tudo diferente da grande Paris, atalhou Paulo, como se riscasse com um traço o assunto. Veja, caro amigo, esta é a casa onde nasci. Construiu-a a natureza, há talvez milênios.

Leony olhava para tudo com estranheza; havia higiene e muita ordem, a par de uma singeleza exótica e de um misto de santidade que pairava na atmosfera, impondo respeito e veneração.

Percebiam-se nuanças misteriosas nas paredes. Alvo brilho incerto, de fragmentos de pedras encastoados nelas, sugeria, à luz das candeias, singulares ideias, Coisa extraordinária! como se achava bem ali! Melhor, bem melhor do que na sua rica vivenda de Paris.

— Trocaria o meu castelo por esta morada de paz.

— Aqui a alma está longe do mundo; porém, mais perto da verdade, objetou o santo sacerdote.

Depois, sentaram-se à mesa para fazer a refeição.

XLVI

Ao outro dia, quando os arrebóis da alvorada tingiam o horizonte, Ilca, que preparara tudo o que lhe pertencia como quem vai partir para longa viagem, chamou o filho e levou-o a um lugar sem vegetação, onde blocos redondos de granito formavam alta tiara no pináculo da montanha, de cujo cimo se descortinava todo o vasto panorama das colinas, dos vales sombrios, das húmidas e extensas galerias que findavam em estreitas gargantas. Uma vez aí, disse-lhe: "Vês, filho meu, aquela coluna de homens, a formigar lá no bosque, estendendo-se até à orla dos penhascos de Moscou? São os homens que o Amir designou para capturar a filha de Alasca, a qual pretende ele disposar".

Com grande estupefação, Paulo olhou para seu pai, depois lançou a vista pelos vales escuros onde os homens se amontoavam e não pôde conter uma exclamação! Entrementes, o velho prosseguiu: "E' necessário salvá-la de tão negra sorte e, para salvá-la, precisamos usar de um estratagema: Leva o teu amigo e vai para a embarcação. Faze que esta se conserve afastada durante o dia. À noite, os homens do governador se espalharão por esta montanha. Eles já descobriram que a donzela se acha refugiada na minha caverna e virão buscá-la."

— Como, meu pai, poderei abandonar-te? E' um absurdo. Queres ficar, então, sòzinho, para enfrentar uma luta armada?

— Não haverá luta, meu filho. Devo dizer-te a verdade: depois que eu haja salvo Hada, que é iniciada, escondendo-a no santuário onde viste a luz de teu batismo, onde fizeste a tua iniciação sagrada na religião dos mortos; depois que ela esteja protegida sob o fulgor da Osíris celeste, lá ficará, até que eles se tenham capacitado de que não está aqui. Nada mais me restará então, senão esperar que da mão rude de um selvagem venha a seta que se há-de cravar neste peito. E adormecérei, meu filho. Oxalá, possa, nos momentos da transição, repousar a cabeça no teu braço e ter suavizados os estertores da morte, pelos teus afagos...

— Como, meu pai? Estás delirando?

— Não é delírio; estou em plena lucidez.

— Porque me dizes isso? Será possível que hajas de desencarnar tão cedo e tão tràgicamente, quando desejo que vivas muitos anos mais? Pois, agora, que esperava não mais me separar de ti, que queria me acompanhasses sempre, é que vais morrer! Não posso crer no que dizes. Vou levar-te, querido pai, para a França. Serás o meu mestre, o meu companheiro de trabalhos espiríticos; não podes morrer ainda; vim aqui com o fim exclusivo de levar-te.

O ancião, porém, afastando-se de mansinho, tomou as mãos do filho e continuou gravemente:

— Não podes duvidar. Tua mãe, querido filho, manifestou-se de forma tangível e me revelou o segredo de minha morte, e, mais, disse que me esperaria nas portas da vida eterna. Vou ser feliz; hoje mesmo estarei liberto desta prisão, pois já nada sou neste mundo. Não vês como a velhice me magoa? Sinto-me enfraquecido, cada vez mais, pela idade avançada; o coração está cansado; deixarei este corpo encarquilhado e, em breve, amanhã, quiçá, volverei à mocidade perene do Espírito. Lá me chamam novas obrigações. Aguardarei no pélago infinito a tua chegada e, quando acaso enfraqueceres, quando sentires os assaltos dos Espíritos maléficos a te tentarem, serei contigo; ver-me-ás a teu lado, plenamente materializado, e isso bastará para que as tuas energias se avigorem e a tua fé religiosa se fortaleça. Agora, desejo que a vida te sorria".

Vendo que profunda mágoa se desenhava no semblante do moço, mudou o rumo da conversa.

— Meu filho, não pensaste ainda em casar?

Paulo fitou-o com melancolia.

— Não encontrei ainda mulher capaz de compreender os meus ideais e, mesmo, a minha situação pecuniária não mo permitiu.

— E' tempo, meu Paulo, de escolheres uma criaturinha que reparta contigo as suas alegrias, que seja bela e terna, como a minha cândida menina.

Depois, acentuando as palavras, acrescentou:

— Olha, Paulinho, quando escolheres uma esposa, repara bem nela e procura ver se possui virtudes análogas às da filha do teu amigo. Hada é uma santa.

Paulo se sentia constrangido. Grandes afinidades naquelas poucas horas se estabeleceram entre Ivone e ele, tanto que desde a véspera sentia inefável emoção enlevar-lhe a alma. Agora, o pai lhe tocava na corda sensível. Calou-se, como perdido em si mesmo, o espírito a vagar num éden maravilhoso. A amarugem, porém, da realidade, o santo enternecimento paternal logo o fizeram despertar.

— Que farei, pai, para evitar que se realize esse prognóstico fatal?

— Sabes, meu filho, que as leis divinas são imutáveis; não queiras antecipar os acontecimentos, nem criar obstáculos ao que está escrito. Deixa que eu parta com o coração tranquilo, tanto mais quanto sabes que a morte é a libertação deste longo presídio. Porque, pois, hás-de impedir a minha partida? Faze o que te digo. Volve ao porto com o Sr. Anfreyt, a fim de não despertar a atenção, pois pode algum esculca do Amir suspeitar do barco ali encostado. Quando se houver feito noite completa, voltarás, sòzinho; a menina estará à tua espera no recinto sagrado; poderás, então, escalar os algares internos que bem conheces e que vão dar nas proximidades do atalho cuja entrada uma lage assinala. As sombras da noite favorecer-te-ão a fuga. Lembra-te, porém, de que só os iniciados em nossa doutrina podem penetrar nesse lugar, que as entidades fluídicas tornaram inexpugnável e inviolável aos profanos. Dessa forma, ver-se-ão todos livres da morte que os ameaça. Quando o Amir suspeitar da verdade, a menina já estará longe. Faze acelerar a marcha da embarcação e nunca mais voltes a este porto.

Quando terminou, o moço estava pálido. Tinha os olhos rasos de lágrimas.

— E tu, meu querido pai, deixar-te-ei, então para sempre? Como poderei fazer isso? De que modo? Não tenho coragem, não posso deixar-te, nem quero pensar em tal.

— Meu filho, porque relutas em obedecer-me?

— O que queres que eu faça, meu pai, é impossível, não está em mim.

— Porque não? Tens pouca fé nas minhas palavras; a essa hora, terei descansado; meu corpo, alvejado, irá cair no fundo do Calpa e lá ficará sepulto.

E acrescentou, levantando-se: "E' tempo: vai executar tudo o que acabo de dizer, antes que o Sol nasça."

Em seguida, mandaram levar para bordo a bagagem e todos os livros do santo sacerdote. Foi uma mudança sombria, que alguns marujos executaram, mudamente, àquela hora.

— Levarei Ivone, argumentou Leony; tenho medo de deixar minha filha.

— E' impossível!! Corre rìsco. E' muito conhecida e o dia clareia; eles, que se esforçam por encontrá-la, a avistarão e será completo o fracasso.

Entre prantos e soluços obedeceram à ordem do ancião.

— Se forem vistos, estarão todos perdidos, inclusive Paulo, que pagará bem caro a sua vinda aqui!

Paulo foi o último a separar-se do pai; repetidas vezes se estreitaram em pranto. Não houve remédio senão ceder às instâncias, aos rogos, às admoestações do santo homem. Decidiu-se afinal a obedecer-lhe, deixando-o entregue ao seu destino.

Com efeito, verificou-se tudo o que o vidente antecipadamente anunciara. À tardinha, um grupo regular de indígenas abalou por todos os flancos da montanha, armado de flechas, dardos e nardsk. A denúncia dada por um espião, de que a moça ali se achava refugiada, determinou que invadissem o recinto augusto para sequestrá-la. Ilca, que tudo havia disposto com calma e muita ordem, como já vimos, cedeu, espontâneamente, à invasão daqueles vilões, que vasculharam todos os cantos e recantos para descobrir a moça, por cuja captura o Amir lhes oferecera grandes recompensas.

Rápido, porém, se capacitaram de que tinham sido ludibriados. Em vista de não a encontrarem, espalharam-se de novo noutro rumo, soltando injúrias e imprecações.

Ilca encaminhou-se para um alto desfiladeiro, a que servia de base grosso lagedo, de mais de seis pés de altura; no fundo estreito e escuro serpeava uma torrente de águas revoltas, que vinham de altas cascatas e iam despejar-se no rio.

Mal, porém, o santo homem começara a subir penosamente a encosta do abismo, foi alvejado em pleno peito, por uma seta dos Airacás. Mirado de longe, pelo monstro negro que, para dar-lhe morte instantânea, por mero instinto sanguinário, o alvejou certeiramente, foi a seta cravar-se justo no lugar que o Espírito de Lívia marcara.

Ao sentir-se ferido, Ilca lembrou-se do aviso da antevéspera.

— Paulo, exclamou, agarrando-se a uma anfratuosidade, meu filho, não tenho tempo para te esperar, a morte me arrebata; não descansarei no teu braço a minha cabeça, como desejava.

E, sentindo agudíssima dor no coração, vacilou, levou as mãos ao peito, olhou em roda de si e esboçou um pálido sorriso.

A seus pés a torrente se estorcia na profundeza do abismo.

— Paulo, recebe a minha bênção; já me vou...

Uma golfada de sangue espumou-lhe na boca e uma nuvem lhe embaciou a visão.

— Adeus, meu filho, foram as suas últimas palavras.

Tal como havia previsto, caiu morto. Seu corpo rolou, como pedra lascada pelo raio, e foi cair no fundo da voragem.

Mas, logo o seu Espírito, fortalecido e liberto, cintilou no Espaço ao lado da entidade bela e pura que o esperava e que na terra fôra sua esposa durante ininterrupta lua de mel, que durara mais de três lustros e que só pela separação objetiva terminara.

XLVII

Seria pouco mais de meia noite quando Paulo saltou de novo no promontório.

Desceu à terra, só, com sua infinita tristeza, tendo à mão a lanterna que seu amado pai usava e cuja luz baça, através de um óculo azul, se assemelhava a um resplendor de plenilúnio, que se extinguia e reaparecia, conforme a tática de quem a levava.

Pensava em seu santo genitor. Uma vaga esperança lhe rasgava, de quando em vez, o crepe negro que o enlutava, que caíra da própria verdade do acontecimento sobre a sua alma, por efeito de um desses avisos que se denominam pressentimentos. Talvez, pensava ele, haja sido mistificação de algum Espírito zombeteiro, que levou da vida o hábito das futilidades e das coisas pueris. Quem sabe, dizia, se meu pai não foi vítima de alguma dessas individualidades que, baldas de virtudes, vagueiam no mundo incorpóreo? Quem sabe, se, são e contente, não me está esperando, com aquele sorriso luminoso de resignação, que constantemente lhe pairava nos lábios, emprestando-lhe a veneranda beatitude de um Espírito adiantado?

Enquanto caminhava, palmilhando o carreiro íngreme, cheio de sinuosidades e saliências, não lhe saía da mente a imagem do pai. Procurá-lo-ia, antes de penetrar no recinto sagrado, onde a moça devia estar, e não sairia dali sem que o achasse. Apressou o passo, subiu a montanha e chegou presto à habitação. Chamou com voz arfante, entrecortada pela incerteza: "Ilca, meu pai, estou aqui!"

Ninguém lhe respondeu. Empurrou de manso a porta, que se abriu, ergueu a lanterna, alumiou por todos os cantos, foi ao dormitório e nada. Tudo abandonado, solitário, tétrico. Dos poucos objetos toscos de uma casa habitada desde tantos anos, só restavam mesas partidas, cadeiras quebradas, numa desordem extrema. Era o testemunho de que a horda do Amir havia estado ali. Já não lhe restava dúvida de que o pai perecera, como havia predito. Que covardia! exclamou, num lamento profundo, reprimindo a dúvida e o espanto. Contudo, saiu. Queria, ao menos, encontrá-lo, fôsse como fôsse, vivo ou morto. Estaria, talvez, ferido. Se estivesse, faria tudo para salvá-lo. Precipitou-se por cima dos rochedos desassombradamente, procurando-o, chamando-o, sempre: "Ilca, meu pai, responde-me... Estás ferido?... Onde estás?..." Mas, em vão. Tinha as vestes rotas pelos silvedos do caminho e não o achara. E a noite seguia o seu curso, as horas passavam, escoava-se o tempo que tinha para socorrer a moça. Mas, a sua ternura não lhe permitia afastar-se daquele ponto, seu amor filial era mais forte do que tudo no momento. Só se lembrava de socorrer ou achar o corpo do pai, ou, ao menos, certificar-se do ocorrido.

De repente, iluminou-se o trilho onde, na sua aflição, ele chamava pelo pai, e o santo velho, em pessoa e em Espírito, alvo como o linho branco da túnica que vestira antes de morrer, apareceu à sua frente. Mas, a luz que dardejava de si era de puro azul e tão sobrenatural e estranha, que o moço estacou deslumbrado.

— Que andas a fazer, meu filho? Chamas-me? Ouvi

a tua voz bem distante daqui. Procuras o meu cadáver e a correnteza o levou para dentro do abismo onde circula. Aqui tens a prova, repara: esta pedra está manchada do meu sangue; meu turbante de lã está enredado nos espinhos do Calpa. És incrédulo demais. Para provar-te a verdade, foi preciso que me materializasse, foi-me preciso captar do corpo de Hada os elementos indispensáveis e aparecer-te. Ela caiu em transe desde a meia noite. Corre em seu auxílio e faze o que te disse.

Quando o moço quis falar, a aparição desvanecera-se, a luz extinguira seus revérberos de safira oriental.

E, à noite, os precipícios escancarados a cada passo o envolviam e assoberbavam.

Quando saiu daquele maravilhoso estupor, depois de receber aquele atestado inequívoco da sobrevivência da alma, procurou verificar o que ouvira do pai e, examinando o chão, à luz da lanterna, divisou algumas nódoas escuras; curvou-se, esfregou a mão e um calafrio lhe perpassou o corpo. Não lhe restava dúvida; era, de fato, sangue. Ergueu-se novamente e sondou com a vista o âmago do abismo; a princípio, nada viu, senão o rumorejar soturno da correnteza. Em seguida, soltou uma exclamação. Acabava de reconhecer o turbante do malogrado ancião preso aos espinheiros que trepavam pelas paredes limosas do caos. Oh! exclamou, preso de profunda dor. Estava finalmente convencido da verdade. Voltou as mãos postas para o céu recamado de estrelas brilhantes, num gesto de submissão e amargura, sufocando as lágrimas.

— Ó meu Deus, seja feita a vossa vontade!

Tomou da lanterna que havia tombado sobre as pedras e seguiu com passo firme e ligeiro em direção à entrada secreta. Revestira-se de coragem. Uma corrente invisível de fluidos o reanimava. A virtude era para ele um acessório espiritual que lhe emprestava audácia e confiança para afrontar com calma os assaltos dos gênios do mal. Assim, foi-lhe fácil encontrar a moça. Auxiliado por Espíritos protetores, chegou onde ela estava, tomou-a nos braços e a contemplou por alguns instantes; depois, beijou-lhe suavemente as faces e saiu, caminhando firme em direção ao cais.

Decorridos alguns quartos de hora chegava à pequena nave.

Impaciente, em irreprimíveis sobressaltos, Leony o esperava. Desde que o vira pôr pé em terra, não mais tivera sossego. Ao avistá-lo de volta, soltou um suspiro de alívio e correu-lhe ao encontro.

— Como tardaste, meu amigo?

Paulo estava exausto, pois a donzela não tornara a si.

— Mande zarpar em marcha acelerada, que o dia não tarda a alvorecer, ordenou ele ao capitão do navio, enquanto se dirigia a um camarim que Anfreyt destinara à filha.

Aí depôs sobre a cama o precioso fardo. "E' médium, murmurou, sorrindo para consigo mesmo, é bela, é pura, os guias luminosos hão-de ampará-la. Permanece em transe. Deve estar ainda sob o controle de meu pai. Deixemo-la; não interrompamos o curso de algum trabalho espiritual."

— Sem dúvida, minha filha está sob a ação de algum narcótico; parece dormir; está tão pálida, como se estivesse morta.

— Não, nada receies, caro amigo; tua filha está bem, não tardará a te chamar; por enquanto, deixemo-la só, a dormir, e vamos dar as nossas ordens ao comandante.

Fecharam a porta e saíram.

Paulo de Sália, meditativo, subira ao convés onde, insulado, pôde entregar-se livremente às suas reflexões. Encostado à amurada, sob a ponte do comando, abarcou com o olhar triste todo aquele sombrio quadro da povoação onde vira a luz da vida. Além, na penumbra da noite, as montanhas, as mais alterosas, pareciam grossos montões de nuvens que se estendiam à sua frente. O cenário, semi-oculto na obscuridade, apresentava-se mais majestoso ainda dos lados. E' que a embarcação costeava pequenos bosques que eriçavam as colinas e que pareciam repousar uns sobre os outros, como grupos fantásticos esculpidos nos pedestais dos monumentos da cidade adormecida, que desaparecia sob fileiras de penhascos, com os seus despenhadeiros, suas bases escorregadias. Como o navio cortasse de manso as águas pardacentas do rio, ele como que sentiu na alma um último afago daquelas paisagens recortadas em cabeços multiformes. Quão vivos encantos tiveram para ele aquelas plagas, quanto as amara quando, tamaninho, saltava de pedra em pedra e seu pai, o santo homem, carinhoso, todo afetos para o filho unigênito, ou sua mãe, graciosa morena, descendente dos antigos celtas da Arábia, mas convertida ao Evangelho Cristão, e que o amava como a um tesouro celeste, se lhe lançavam no encalço, sempre que, levado pelo zumbir da cigarra que os aromas das flores atraíam, corria à roda dos arbustos banhados do sol claro da manhã, ou quando, à tardinha, saía a procurar nas frondes das árvores a colmeia que guardava o encanto dos favos cor de ouro, transbordantes de mel.

Passava em revista todas essas coisas caras e, como daqueles anos descuidosos só guardara a lembrança dos folguedos, dos beijos de sua mãe e dos carinhos paternos, sentia saudades infindas desse tempo distante. Os dois ficavam ali sepultados. Quanto a ele, o mundo, a civilização, os deveres profissionais, a glória futura o chamavam para longe.

Sua crença espiritualista lhe abria, porém, à alma outra página, onde colhia a esperança, a plena convicção da imortalidade dos dois seres amados, cuja pátria então era o Universo. Ambos viviam como Espíritos.

Ilca dera disso irrecusável prova na manifestação daquela noite, manifestação que seria, daí por diante, uma força ilimitada, a impeli-lo para os seus ideais. Trabalharia como nunca, com mais afinco, com mais ardor, na propaganda do Espiritismo e nesse labor desinteressado desejava morrer.

Como o frio era forte e o vento sibilava nos mastros e nas cordas do navio, Paulo sentara-se a um dos bancos, sempre a relembrar a sua meninice. Nessa rememoração, continuava a pensar naqueles em cujo amor aprendera a amar; mas, como fôssem tristes e saudosas as suas recordações, começaram-lhe dos olhos a manar algumas lágrimas silenciosas.

O veleiro entrava na curva do canal e por detrás de extensa ilha desapareciam os derradeiros vislumbres das montanhas de Ischia, bafejada, então, pelo vento fresco da madrugada. Paulo recostou-se inteiramente no banco.

Uma imagem branca e linda como as primícias da alvorada desenhou-se diante dele. Nunca, durante a sua vida, amara a mulher alguma. Crera, até, passar toda a existência sem conhecer a santa ventura, que o Pai Celestial concede ao homem, de ter ao seu lado os afagos, o seio amorável de uma suave companheira, onde encontre lenitivo aos infortúnios do destino.

Sentia, agora, o coração prenhe de afetos desconhecidos, lembrava as últimas frases pronunciadas por seu pai, sob a coroa dos rochedos, na manhã do dia anterior aos acontecimentos que acabavam de dar-se. Sentado à sua frente, apertando-lhe as mãos, dissera o ancião: "Escolhe uma esposa que seja a imagem de Hada."

Porque não poderia ser ela própria? Acharia outra que lhe despertasse tanto interesse? Não!

Apesar da sua idade, de ser ela ainda muito jovem, menina e moça, e de já dever acalentar sonhos e ideais, que seriam segredos de sua alma, ele não via nisso motivo para não alimentar uma esperança e caminhava para ela sem pensar em mais nada.

Quando o astro soberano se assentou no seu trono diáfano, empunhando o cetro para dominar o mundo com as suas fulgurações, Paulo havia adormecido e Ivone, límpida como as nuvens alvas que abriam grande leque em torno do mesmo astro, despertara e, feliz como nunca, percorria a embarcação pelo braço do seu genitor.

— Quando penso, meu pai, neste acontecimento, estremeço, creio estar sonhando.

— E' verdade, querida filha, agora vais ser feliz; é a recompensa de todo o teu hórrido passado. Somos ricos; vais conhecer toda sorte de alegrias. Levar-te-ei a todas as festas. Paris é o centro da arte, do luxo, do esplendor, das pompas. Tudo conhecerás. Assim que chegarmos, tomarei bons preceptores, para te ensinarem depressa tudo o que uma moça distinta precisa saber. Gostas da música? Vais aprender a tocar piano; tua mãe tocava e cantava admiràvelmente; deves ter herdado esse dom.

— Adoro a música, meu pai; é a arte suprema; sei tocar a harpa e a lira de sete cordas. O mestre me ensinou. Era preciso conhecer a música, para me iniciar nos mistérios do templo de Eivé. Quando aprendi o francês em alfarrábios e dicionários que ele possuía, aprendi também o canto.

— Sabes, então, cantar?

— Sei. Cantava, no coro das virgens de Miriti, melopeias e salmodias.

— Eu não te dizia que tua mãe tinha esse dom? Quando chegarmos a nossa casa, terás tempo de cantar e tocar alguma coisa para que eu te ouça.

Caminhavam e falavam, sempre sobre assuntos que recordavam o passado. Ivone lhe narrou novamente sua vida de lutas. Leony informou-a de como fôra raptada, das pesquisas feitas para achá-la, da morte de Otávio, do seu sonho, do livro que aquele escrevera em viagem e da oferta que dele lhe fizera, dos esforços que expendeu para encontrá-la, e, por último, das suas relações com Paulo, das crenças deste, das suas virtudes modelares...

Chegada a hora do almoço, foram procurar o doutor, cuja ausência Leony atribuía ao repouso. Bateram na sua cabine. "Acorda, Paulo, vamos almoçar." Como não respondesse, julgaram que quisesse continuar a dormir e foram os dois sentar-se à mesa. Servidos os primeiros pratos, Ivone objetou: "Papai, quem sabe se o Dr. Paulo adoeceu?"

— Lembraste bem, minha filha. Fica aqui; vou à sua procura.

Causou-lhe estranhesa não o achar na cabine. Interrogou um dos camareiros, que lhe respondeu tê-lo visto subir.

Leony, seguindo a indicação do tripulante, subiu ao convés e lá encontrou Paulo, na mesma posição em que o deixámos, adormecido no banco onde o cansaço o vencera.

— Doutor, você não vai almoçar?

Paulo ergueu-se meio confuso.

— Que! já é hora do almoço?

E, como visse o dia alto e o Sol imponente, atingindo o zênite, ficou algo surpreso.

— Que horas são?

— Onze e meia.

— Com efeito, tenho até vergonha; sentei-me aqui para contemplar as paisagens sedutoras sob os albores matutinos e, apenas vi as nuvens aclararem-se, adormeci. E tua filha?

— Ivone espera-te no refeitório. Não quer almoçar sem que nos acompanhes.

— Vais ter paciência e esperar que eu mude de roupa; em seguida, lá estarei.

Desceram juntos a escada, indo o engenheiro ao encontro da filha, dirigindo-se o médico ao seu camarote, para pouco depois voltar e sentar-se à mesa.

— E o mestre, doutor? — foi a primeira pergunta da moça, depois de apertar a mão de Paulo.

— Meu pobre pai, conforme o premonitório aviso que tivera, sucumbiu. Creio que os selvagens o alvejaram com alguma seta.

— Pobre mestre! balbuciou ela, com expressiva amargura. Bem dizia ele que morreria ontem. Tudo se realizou com exatidão.

— Procurei-o, com todo o ardor, desde a meia noite. Estava quase fora de mim. Como podia deixar esse ente amado ao abandono, na incerteza de seu destino? Nada sabia do que se havia passado. Queria vê-lo e chamava-o, com o firme propósito de não sair dali sem o encontrar, quando, de repente, me apareceu o seu Espírito e contou o que lhe sucedera, acrescentando que o seu cadáver fôra levado pela correnteza do Calpa; que notasse, como prova do que dizia, o sangue que lhe saíra do ferimento e o seu turbante preso aos silvedos que debruam a base do precipício, onde a voragem se lhe apossara do corpo. Desde aí, não me ficaram dúvidas.

— Associo-me ao teu pesar, meu caro amigo, exclamou Leony, abraçando-o sinceramente.

— Obrigado, respondeu Paulo, tirando o lenço e enxugando os olhos.

— Temos que nos submeter às leis da vida.

— Não há remédio.

— O bom mestre sabia de tudo o que lhe ia acontecer e esperava com calma, acrescentou Ivone que vertera também algumas lágrimas em silêncio.

— Originalíssimo!

Paulo soltou um profundo suspiro.

XLVIII

Passara o primeiro ano, depois que Leony encontrara a filha, sem que nada de anormal ocorresse na sua vida. Ele esquecera as tribulações do passado na sua afeição paternal e nos carinhos de Yvone, que os professores de línguas, de artes, de música, de atitudes sociais, tinham modelado num conjunto de perfeições.

Fazendo-se mulher, sua beleza, sua inteligência e, sobretudo, sua candidez mais se haviam acentuado.

Longe de conspurcar-se nas festas, na loquacidade da juventude, ela, ao contrário, dava preferência à quietude do lar, ao estudo e, às vezes, em meio do rumor das recepções que o pai dava em sua honra, sentia saudades das alcantiladas montanhas de Ischia, onde o venerando Ilca lhe ensinara a desprender-se das fascinações mundanas, para gozar da poesia infinita dos céus. E pensava nos conselhos do ancião com imensa ternura.

Desinteressada de todo aquele complicado cerimonial, preferindo sempre a modéstia e a simplicidade, Ivone detestava a superficialidade, a hipocrisia, o egoísmo que percebia nos caracteres daqueles indivíduos que, indiferentes às coisas reais do espírito, a cortejavam constantemente. Retribuía, por delicadeza, todas as atenções, mas, abstinha-se de expandir os seus secretos ideais aos que não os poderiam compreender.

Logo após a sua chegada à França, tivera pequeninas recepções, mesmo nas rodas sociais, e, até, no limitado círculo de donzelas que a procuravam. Entretanto, aprendendo a penetrar os pensamentos, lograra escolher, entre muitas amigas, algumas, às quais se afeiçoara.

Fôra todo um ano de felicidade, que até então desconhecera.

Porém, ao chegar o segundo ano, sérios fatos começaram a turbar a ventura daqueles seres, fatos dos quais Paulo de Sália tomou desde logo conhecimento com fundados receios, pois que sòmente ele lhes percebia as origens, e cujas temíveis consequências previa.

Amiudadamente, o engenheiro era acometido de uma enfermidade que cada vez mais se acentuava, tendo acessos repentinos, que se prolongavam mais ou menos, conforme o tratamento. Não obstante a solicitude e a amizade recíproca que o ligava ao Dr. Paulo de Sália, recusava a assistência deste, e, para firmar essa injustificada repulsa, chamara outro facultativo, que fôra seu amigo e conterrâneo, de nome Arthur L'Waite.

Viera ele dos Estados-Unidos em viagem de estudos à França e ali se achava havia mais de um lustro.

Ivone, que apenas por um ano gozara de paz e de verdadeira felicidade, percebia que uma desgraça a ameaçava e que já não podia ser feliz. Vendo que o pai sofria, ela, que tão amorosa e boa filha era e que tantos tesouros de afeição tinha para ele, se sentiu também impotente diante daqueles sofrimentos, sem causa definida.

Na verdade, Leony Anfreyt fôra de novo colhido pelo terrível vingador, o "Espírito das Trevas", o seu irreconciliável inimigo, que firmara o propósito inabalável de não o abandonar, antes que lograsse aplacar a chama de ódio que o devorava e o desejo insaciável de uma vingança que o alucinava.

Ao ver que Bianca, a sua amada, coberta de humilhações, condenada a vinte anos de presídio, definhava entre lágrimas e desesperos, na solidão petrificante do cárcere, revoltara-se contra o delator de seu crime e resolvera aniquilá-lo.

Dominada por essa paixão desvairada, aquela entidade vigorosa, inteligente, senhora de si e de seus atos, mercê do livre arbítrio que Deus concede às suas criaturas, ensoberbeceu-se de seu poder, reconhecendo que tinha força para atuar sobre a mente humana que estivesse sob o jugo de graves delitos. Assim, delirando de diabólica satisfação, investiu contra o inimigo indefeso, com todo o furor despertado pelas suas reminiscências, nas quais sempre via Anfreyt como seu antagonista, como seu implacável perseguidor.

Ouvindo, constantemente, através da vibração do éter sombrio em que vivia escravizado às suas tenebrosas paixões, as invocações que, da sua desgraçada solidão e do seu desengano, Bianca lhe fazia, ele, que se lhe conservava ligado, não podia deixar de atender-lhe ao apelo.

Tendo acompanhado a malsinada amante à prisão de La Santé e contemplado, condoído, os seus desesperos, os seus prantos, o seu envilecimento, Dupont, que conhecia o poder de que dispunha e que continuava a odiar o seu assassino, jurou tirar uma desforra deste, que ainda ousava perseguir aquela criatura sobre a qual se julgava com exclusivo direito.

Descoberto na primeira investida pelas faculdades mediúnicas do Dr. Paulo, contra este se insurgira, disposto a sustentar uma luta titânica, até ganhar a partida. Resolvido, pois, a tudo, o apaixonado e tremendo Espírito se arrojou contra o seu rival, qual lendário e terrível Mefistófeles.

E, como a alma do infeliz engenheiro estivesse maculada pelo negrume de ações condenáveis, fácil foi ao "Espírito das Trevas" pôr-se em ação.

De que forma lhe sentira Leony a atuação? Impossível dizer se ele cria ou não na existência dos mortos e na contínua influência do mundo invisível sobre a Terra.

A verdade é que a moléstia começou pelo terror dos mortos. Não queria ouvir falar em Espíritos que houvessem habitado organismos físicos.

Mais tarde, tornara-se nervoso, irascível, sem causa justificada; logo, tomara aversão aos passes magnéticos e às prescrições da ciência espírita. Não dormia bem, nem podia fazer, como dantes, as suas refeições. O pensamento sempre povoado de visões, assaltado por pérfidas desconfianças, não repousava e, muitas vezes, desconhecia a filha, flor mimosa de bondade, que lhe orvalhava de pranto os pés, perguntando se não estava melhor.

Respondesse-lhe àsperamente ou não, ligasse importância à sua solicitude sem par, ela saía sempre enxugando as lágrimas e dizendo: "Parece que meu pai vai ensandecer."

Uma tarde, Ivone levantou para o Dr. Paulo de Sália os seus longos cílios e lhe disse com vivo pesar:

— Não creio que estes medicamentos, que o doutor Artur prescreveu a meu pai, produzam o efeito desejado. A doença é tão grave... Vejo-o piorar, dia a dia. Se visses que noite passou!... Não dormiu nem uma hora. Estava tão superexcitado, que causava lástima.

— E' difícil, querida Ivone, restabelecê-lo. O seu mal é psíquico. Meu pobre amigo caiu numa perigosa obsessão! Medicamentos, calmantes, nenhum bem lhe fazem; tanto isto é verdade, que o vês piorar.

— Porque não o tratas, então, se conheces tão bem os segredos da vida de além-túmulo e fazes trabalhos espiríticos com tão bons resultados? Sei que tens realizado excelentes curas pelo Magnetismo...

— Pretendo curá-lo, se me for concedida a graça de afastar dele uma individualidade incorpórea que vive nas trevas do ódio e que, por isso, exerce sobre ele a sua influência maléfica.

— Meu pai é um homem virtuoso, de bons sentimentos. Como pode esse Espírito exercer vinganças contra quem não lhe fêz mal algum?

Paulo julgou dever guardar silêncio acerca de Leony. Se ela nada sabia dos feitos que causavam a seu pai tanto dano moral, ele é que nunca revelaria esse segredo, uma vez que o amigo o ocultara com justificado pudor.

— Não sei porque...

— Acaso conheces algum deslize de meu pai? Disse-te ele haver cometido alguma falta grave?

— Ivone, vem comigo, vamos conversar livremente, onde ninguém nos ouça.

Seguiram juntos por uma alameda de flores, onde, à borda de canteiros alcatifados de miosótis e violetas, havia pequenos bancos de azulejo. Sentaram-se num, sobre o qual guirlandas de jasmins e narcisos formavam extensa cúpula.

Era a primeira vez que iam conversar a sós. Desde que se conheciam e amavam, nunca tinham tido ocasião de abrir seus corações um ao outro.

Paulo aproveitou o momento para expandir o afeto que desde muito lhe consagrava.

— Quero crêr que o Artur está iludido com a doença de papai; disse, ainda ontem, que ele sofre de uma neurastenia precoce e deu-lhe uma injeção que mais o excitou. Está aì, neste momento, e me disse que vai injetar outra empola; verás que após a injeção papai piorará. Se o tratasses pelo magnetismo psíquico, eu teria esperança de vê-lo curado.

— Vou trabalhar com todo o ardor para salvá-lo. Ele não quer que o magnetize; pois bem, por algum tempo não o magnetizarei, nem lhe darei medicamento algum, salvo se houver qualquer complicação orgânica.

— Porque não quer que o magnetizes?

— Porque não crê na doutrina dos Espíritos.

— E tu, Paulo, tens fé na tua religião?

— Em nossa Religião, dirás melhor, porque fôste, como eu, iniciada nos mistérios de Ievé.

— E' verdade, o santo mestre, a quem venerarei eternamente, implantou no meu espírito a semente de uma doutrina que não só conforta, como purifica a alma, desenvolvendo ao mesmo tempo em mim forças que eu desconhecia. Imagina que, quando me achava sob o seu domínio hipnótico, via e ouvia a distância; consegui, até, certa vez, comunicar-me com o papai, que eu julgava morto.

— Vejo, então, que és uma clarividente.

— Era; penso que perdi essa faculdade. Agora me sinto tão diferente... Naquele tempo, sob o olhar augusto do sacerdote, eu vivia uma vida quase imaterial; sonhava maravilhas, via seres etéreos; agora, tantos deveres a cumprir, tantas lições a dar e o pensamento sempre ocupado com estas coisas, a doença de papai, tudo isso me tem feito mudar.

Paulo a escutava, embevecido na sua beleza angelical. Os olhos de um e outro se procuravam e trocavam longo olhar expressivo, e ambos, aureolados pelas fulgurações das mesmas virtudes, dos mesmos sentimentos puros, sentiam seus castos corações atingidos por esse amor que vem da espiritualidade e vai até ao infinito, pela afinidade dos pensamentos, por efeito de idênticos dotes morais. A fragrância dos heliotrópios e dos mirtos embalsamava o ar. A tarde se extinguia num sorriso luminoso. Pulverizavam as folhas dos arbustos e as palmeiras de grandes leques as carícias derradeiras do Sol. Nos canteiros, através das sombras das árvores do pomar, percebia-se qualquer coisa de doce e inefável, que encantava a alma. Os pequeninos colibris, embriagados com o néctar das flores das laranjeiras cujo perfume a todos sobrelevava, alavam-se, adejando aqui e ali sobre as cabeças daquelas duas mocidades palpitantes de amor.

Era a hora em que a Natureza exerce suave influência nas almas românticas.

Calaram-se, Paulo e Ivone, como se quisessem escutar as vozes de seus corações. Tantas coisas tinham para dizer um ao outro... mas não se animavam a começar.

Depois, ele meigamente lhe tomou as mãos que tremiam. Eram pequeninas, alvas, mas frias como as pétalas da rainha das flores, orvalhadas pela noite. Apertou-as de mansinho entre as suas, tépidas pelo pulsar acelerado do coração, e procurou de novo aqueles olhos amortecidos, límpidos como safiras. Mas encontrou as compridas e arqueadas pestanas de Ivone velando os sentimentos, o júbilo íntimo que a empolgavam. Um raio de Sol, qual inteligência viva de espírito romanesco, peneirava-se pelos galhos das palmeiras e vinha acariciar os cabelos crespos e sedosos da moça, que baixara a cabeça. Seus cachos pareciam, então, cobertos de pó dourado e fluidos de prata.

Paulo, por fim, rompeu o silêncio.

— Ivone, eu te amava, eu te via, mesmo antes de te conhecer.

Nesse momento, um rouxinol enamorado gorjeava apaixonada endecha na linde do pomar. Paulo se pôs a escutar e ela estremeceu.

— Porque me dizes isso?

— Os meus sonhos de moço foram sempre visitados por uma aparição seráfica, que tinha a forma de mulher, olhos celestes, cabelos dourados, faces louçãs, bela, sedutora, infinitamente linda, como tu, Ivone. Reconheço que era a tua imagem que me aparecia.

Ela, que também o vira tantas vezes sem o conhecer, através de seus místicos cismares, e que o amava por uma atração da alma e pela memória vívida das existências precedentes, não podia duvidar; mas, continuou a guardar silêncio e esse silêncio, desde logo tomado como aprovação, deu impulso ao moço, que continuou:

— Quantas vezes cuidei ver-te, contemplando o céu nas noites olímpicas, sobre o mármore dos terraços e minaretes da cidade dormente, vendo a luz cariciosa atravessar os espaços insondáveis, arrastando em seu véu de noiva sidérea uma poeira de astros. Eras, então, pálida como a Lua e me sorrias e me chamavas...

Ela, sempre silenciosa, tinha os olhos enlanguescidos e doce, indefinível sorriso lhe divinizava o semblante; mas a cor de seus lábios e das suas faces era a dos cravos purpurinos que, perto, tremiam, frescos e odorantes nas suas hastes.

Ele prosseguiu, depois de breve pausa:

— Uma vez, através da balsa fechada sob a cerca do Calpa de Ischia, coberta de vergéis, embalsamada de flores de múltiplos matizes, ouvindo o murmúrio das cristalinas fontes que lânguidamente correm pelo regaço daquela suntuosa montanha que recebeu como beijos os teus passos, eu, que não tinha então mais de dezessete anos, que não sabia ainda amar, nem pensar, que vivia recordando sòmente vagas reminiscências de um passado ignoto que habitava em mim mesmo, percebi que se desenhava naquelas edificantes paisagens uma imagem angélica, que me sorria e me chamava. Seria a fada dos bosques? Seria uma fantasia da imaginação? Não sei. O que é verdade é que essa imagem que me seduzia, que eu procurava em tudo, se parecia contigo. Fôsse, embora, criação do pensamento, doce inspiração, eu a amava e buscava nas quimeras, nas fantasias, na realidade, e lhe tecia sempre um arroubado poema de amor.

Ivone continuava a sorrir, mas o seio lhe arfava sob a cambraia transparente do vestido. Ele, sempre com as mãos da moça enlaçadas pelas suas e com um brilho ardente nos olhos, disse ainda:

— Há pouco tempo, quando rebelde enfermidade me prostrou no leito solitário e triste de meu quarto; quando a febre, que me aquecia o sangue nas veias, me fazia viver uma vida fantástica, quantas vezes, desprendido dos liames da matéria, me sentia levado por estranhos céus, a escutar melodias de eólias harpas, tangidas por querubins. Então, deslumbravam-me a vista misteriosas radiações divinas; perdia muitas vezes os sentidos. Nesse êxtase, parecia-me ter os pés presos à terra e as mãos a tatear as estrelas no firmamento, como se quisesse agarrá-las. Delirava, mas, desse delírio, por vezes despertava ao chamado de uma voz, atraído por um pensamento. E eu descia num transbordamento de afetos. Divisava, então, adormecida na seda das rosas, aquela aparição que me chamava e que me sorria, a mesma, a mesma de sempre. Parecia-se contigo; tinha os teus cabelos, os teus olhos, as linhas puras das tuas faces. Não me engano, não pode ter sido outra, Ivone, senão tu. Porque não me reconheces? porque não me amas?... Em tempos remotos, que se perderam na sucessão de vários ciclos, nos soberbos templos do Egito, dourados pelo Sol que recebia o culto da luz, tu eras a princesa Iby, de luminosa formosura, que Nizumba, a irmã do rei Ormusd, invejava, pelo dom maravilhoso que possuías de encantar as multidões com as tuas artes mágicas. Eu era o príncipe oriental, tornado cativo pelos teus vassalos e conquistadores. E tu me amavas e me sorrias... Depois, não te lembras?... Morri por amor de ti.

Isto dizendo, a voz do moço adquirira um timbre singular e ressoava com infinita doçura aos ouvidos de

Ivone. Em seus olhos fulgurava um fluido magnético que a hipnotizara, como para despertar-lhe a lembrança do passado. Sentia, no entanto, uma dúvida torturá-lo, quando se valia desse recurso para reviver, do existir pretérito, aquelas páginas inesquecíveis de amor, que o próprio amor, agora, recoloria e reavivava.

Lembrou-se, então, Ivone, como Paulo se lembrara, por altíssima inspiração, dos elos que os uniam desde tempos remotíssimos. Fitou-o demoradamente. Seus olhares se confundiram na chama deliciosa da mesma afeição.

— Sim, Paulo, tenho reminiscência de ti. Eu te amo através dessa vaga saudade do passado.

Ele levou aos lábios as mãos que as suas seguravam e depositou nelas um longo, ardente, apaixonado beijo.

— Obrigado, Ivone. Como sou feliz.

A tarde adormecera de todo, vagas claridades crepusculares vestiam as frondes.

Os pássaros empoleirados nos galhos procuravam aí acomodar-se e as flores, abrindo suas corolas maiores, mais alvas, se entrelaçavam nos arbustos com um misto de sedução e poesia. A relva dos canteiros rescendia mais forte. O aroma do jasmim era mais inebriante. Parecia que das roseiras e dos jasmineiros formas vaporosas se elevavam. O chão, de cor violácea, e o esmalte arenoso das veredas rangiam sob os passos lentos dos dois namorados que volviam a casa, tendo nos semblantes celestial expressão.

XLIX

— E' preciso acabar com isto; não posso continuar neste estado, exclamava Leony, vestindo-se apressadamente. Esta noite vou divertir-me, distrair o pensamento; só voltarei quando o cansaço me vencer; talvez, assim, possa repousar.

— Não faças isso; precisas de descanso, de sossego, para que os medicamentos produzam o efeito desejado, aconselhou o Dr. Arthur L'Waite.

— Estou quase desistindo da tua ciência; parece-me

que ela tem o poder de pôr-me em contacto com o demônio.

— Espera com calma; obedece às minhas prescrições e verás que, ao terminar esta série de injeções, estarás, senão radicalmente curado, pelo menos, sensìvelmente melhor.

— Uma coisa vou dizer-te: é que, se não me curares com esta caixa, não farás mais experiência em mim, porque não tomarei mais remédio de espécie alguma.

Graças à intimidade e à confiança que os ligava, Artur não deu importância às palavras do engenheiro e riu gostamente, sentado na poltrona de couro marroquim, continuando com as pernas cruzadas, a tirar boas baforadas do seu "Angelita".

Leony acabara de abotoar o paletó, quando apareceu no limiar o Dr. Paulo de Sália.

— Então, como vamos, caro amigo? inquire ele, depois de saudar o colega.

— Ah! muito melhor, responde Artur pelo seu cliente; bem disposto, nem parece aquele da semana passada.

— Folgo muito em saber que vais melhor, diz Paulo, apertando a mão de Leony.

Mas, como o visse muito pálido e notasse na sua fronte o brilho do suor, reconheceu logo que o engenheiro não se achava bem, conforme declarava o colega, e estava prestes a ser acometido pelo seu obsessor.

Vendo que ele não lhe dera importância, coisa que na integridade do seu espírito seria incapaz de fazer, Paulo se sentiu no dever de não o abandonar. Leony encaminhou-se para a porta. O amigo lhe observava com atenção os movimentos. Pressentira, num rápido golpe de vista, a gravidade do mal que o dominava e queria socorrê-lo. De fato, apenas transpôs a porta, Leony teve uma vertigem e vacilou. Os dois médicos acudiram.

— Que é isso?

— Sentes-te mal?

— Saiam da minha frente; não os quero ver, hipócritas.

Artur ficou desapontado com aquilo na presença do psiquiatra.

— São sintomas da enfermidade, disse Paulo, à sua vez; desculpe doutor; não o contrariemos, façamos-lhe a vontade.

Mal, porém, se haviam afastado, Leony os tornou a chamar.

— Voltem; não me deixem só! Paulo, eu não te disse que o remédio do Dr. Arthur me põe em contacto com o demônio?! Não me abandones. Sinto que estou mal! Dói-me a cabeça fortemente.

— Vem, acalma-te; necessitas repousar. Não sairei de teu lado, sem que te veja melhor.

— Não, não quero tomar mais remédios; nem estas injeções que me enervam e que me roubam o sono.

— Ele desconfia que os medicamentos lhe fazem dano. Veja, colega, isto não está mal indicado no seu caso. O medicamente não lhe pode fazer mal.

— E' um restaurador das forças, aumenta os glóbulos vermelhos, fortifica o sistema nervoso, responde Paulo, depois de examinar a caixa de empolas.

Sentaram Leony numa poltrona. Enquanto Artur lhe afrouxava o colarinho e a gravata, Paulo lhe preparava um bom cordial.

— Toma um pouquinho; isto vai fazer-te bem, Leony.

Este obedeceu e tomou do cálice que o moço lhe apresentava. Depois ficou sorumbático, imóvel, enterrado na poltrona, como se estivesse num labirinto de ideias.

Paulo e Artur falavam a meia voz sobre a enfermidade do moço engenheiro. Discutiam questões patológicas. Aquele demonstrava os fracassos da Ciência numa série de casos difíceis de serem debelados e, principalmente, nas doenças cerebrais, casos de loucura precoce, de hemorragias raquidianas internas e noutros males que denotam mórbidas influências no moral do paciente.

Artur, que via o caso do engenheiro cada vez agravar-se mais, não replicava, achava muito lógicas as considerações do colega. Quando, porém, o relógio deu nove horas da noite, ele, oferecendo os seus préstimos, despediu-se e retirou-se.

Os dois amigos ficaram sós no aposento.

Paulo disse de si para si: "Meu Deus, permite que este irmão possa libertar-se alguns momentos do jugo de seu obsessor e que um sono reparador estenda sobre ele o véu do esquecimento num sereno dormir."

Ao mesmo tempo, aproximou-se do doente.

— Que sentes, meu amigo?

— Uma dor fortíssima, que me faz girar o cérebro.

Paulo abriu as mãos e cingiu-lhe suavemente a fronte, durante alguns minutos, acumulando fluidos magnéticos sobre as suas pálpebras.

Leony suspirou profundamente. Tomara posse plena de seus sentidos. Paulo se sentara a seu lado.

— Estás melhor?

— Coisa singular! Tiraste-me a dor de cabeça com as mãos. Sempre tu, com essa solicitude fraternal...

— Custa-me imensamente ver-te sofrer.

— E' horrível esta minha enfermiddae. Ah! se eu pudesse estar sempre como agora, livre e bom... Não sinto mais nada neste momento. Mas, há pouco, tinha um círculo de ferro apertando-me a cabeça. Todo o meu sistema nervoso se agita e desordena. O meu pensamento, a minha memória são um contínuo flagelo. Ouço vozes que me insultam, que me caluniam. Se estou a dormir, afligem-me terríveis pesadelos. Ora é a infeliz mulher, de quem fiz em hora funesta minha esposa, que me aparece; vejo-a, ouço-a de múltiplas formas; ela quer afrontar-me, tem um prazer satânico em me atormentar. E não sei por que razão hei-de estar sempre a pensar nela, nas suas traições, nas suas insídias. Quando desaparece, vejo sombras ainda piores. Ameaças de seres invisíveis caem sobre mim. Ah! Paulo, é impossível viver assim. Aterra-me a ideia de ficar só. Eu, que era audaz, destemido... agora sinto que me invade um temor supersticioso e daí começa o meu estranho mal. Pressinto inimigos e traições, sem causa justificada, naqueles que me rodeiam, que me dão mostras de solicitude. Revolto-

-me contra os que me estimam. Como pode o sistema nervoso criar isto no meu cérebro?

— Não desesperes! Tenho a certeza absoluta de que volverás à tranquilidade e à paz espiritual. Hoje, falando com a tua Ivone, que muito tem sentido os teus males, prometi-lhe restabelecer a tua saúde e hei-de cumprir a promessa.

— Oxalá! Tenho pena de minha filha. Dizes que ela sofre por me ver doente?

— E' verdade.

— Pobrezinha, foi tão infeliz e, quando eu julgava poder dar-lhe todas as aventuras deste mundo, me vejo impossibilitado!

— Terás muito tempo para isso. Deus to permitirá. Es moço, ainda não completaste quarenta anos...

— Aterroriza-me o futuro. Continuando esta neurastenia a tomar posse de meus nervos, irei dar no manicômio ou no cemitério.

— Não penses nisso. Vais ficar bom e muito breve. Vou curar-te. Se quiseres continuar com a medicação do médico assistente, não vejo inconveniente, pois o meu tratamento será puramente magnético e psíquico. Vais, de hoje em diante, sentir grandes melhoras. Esta noite passarás bem. Pensa, porém, em Deus, quando fores acometido dessas crises nervosas. Mas, necessitas tomar algum alimento. Vou providenciar.

Paulo saiu e Ivone entrou. Vendo que o pai tinha nos olhos o reflexo da sua inteligência normal, correu para ele, cingiu-lhe com os braços o pescoço e o beijou muitas vezes, como quando era menina.

— Meu querido pai, então já estás bom?

— Sim, minha filha, já estou bom. Foi o Paulo que me curou; ele não pode negar que é descendente de indu... Tem um poder de faquir. Apenas senti o calor das suas mãos sobre a minha cabeça, a dor que me afligia foi amortecendo e desapareceu de todo.

— Paulo penetra nas causas das moléstias, não só por ter estudado medicina, como também porque é muito sutil. E, como se isso não lhe bastasse, possui ainda grande poder magnético, que exerce com bons resultados em certos casos, o que não acontece com o Dr. L'Waite, que é um puro objetivista, obcecado pela bacteriologia... Paulo me afirmou que te curaria. Porque não aceitas? Quem sabe se ele tem razão? Faz seis meses que estás em tratamento contínuo e não tens tido melhoras.

— Sim, minha filha, vou submter-me a ambos. Paulo disse-me que não me daria remédios; que o seu tratamento era outro; mas, não achou inconveniente algum em continuar eu com os medicamentos prescritos pelo Dr. Artur, que também é muito hábil médico. Disso temos provas. Basta dizer que praticou em hospitais de Berlim e que, há mais de dois anos, clinica em Paris. Porém, dize-me uma coisa, minha querida filha.

Ivone sentara-se diante dele, tendo os joelhos encostados aos do pai e as mãos deste entre as suas.

— Paulo me disse que tens chorado e sofrido com a minha doença?

— Tenho muita pena de ti.

— Ora, minha filha; tem paciência; não te aflijas, isto não é nada, é uma crise que há-de passar e, se me lembrar que estás a sofrer por mim, indubitàvelmente os meus padecimentos aumentarão.

— E' que não te posso ver doente. Daria a minha vida para salvar a tua. Pensar que te julguei perdido durante tantos anos e que agora podes desaparecer novamente, é bem doloroso.

— Agradeço-te, meu tesouro, essa dedicação; porém, não chores mais, se queres ver-me restabelecido.

Paulo entrara, acompanhado de Xisto e de outro criado que trazia uma bandeja com uma terrina de saboroso caldo de frango. Xisto serviu a refeição numa mesa portátil, que colocou à frente do engenheiro.

Paulo e Ivone sentaram-se a um ângulo do aposento. Conversavam baixinho, quase ao ouvido um do outro, enquanto o fiel servo, silencioso, servia ao amo. Depois que este comeu um pouco de cerejas e de maçã, foi-lhe trazida uma chávena de chá.

Logo que o engenheiro acabou de jantar, Ivone, beijando-o, depois de amorosamente apertar a mão de Paulo, retirou-se para os seus aposentos.

Leony chamou o médico para perto de si e lhe disse:

— Paulo, eu não pensara até aqui no futuro da minha mimosa filha; mas, hoje, depois do que me disseste e do que ouvi dos lábios de Artur, quando aqui esteve, sinto a necessidade de pensar nela mais do que nunca. Como sabes, Ivone é órfã, filha única, não tem parentes próximos, porque, segundo já tive ocasião de te dizer, não tenho irmãos e meus pais, como os avós maternos de Ivone, faleceram há muitos anos.

— E' muito natural que penses no futuro de tua filha, retrucou Paulo, dando atenção à conversa do engenheiro.

— E' justamente desse assunto que te quero falar... e pedir a tua opinião de sincero e desinteressado amigo sobre o caso.

A estas palavras, o moço estremeceu visìvelmente. Onde queria o outro chegar? Que quereria dizer?

Leony acendera um cigarro e, depois de tirar duas ou tres baforadas, continuou:

— Ivone vai fazer dezoito anos. Ingênua e meiga, como a conheces há quase dois anos de convivência íntima, por temperamento e pela educação que recebeu das almas generosas com quem se criou, que seria dela se eu lhe faltasse de um momento para outro, ou, ainda, se, piorando o meu estado de saúde, eu chegasse a um desenlace fatal?

— Não compreendo o que queres dizer; explica-te melhor.

— E', caro amigo, que Ivone, o anjo de ternura que desejara conservar sempre a meu lado me foi pedida, hoje, em casamento.

Uma granada que explodisse no chão em que Paulo descansava os pés não lhe teria produzido o mesmo efeito que aquelas palavras caídas uma por uma da boca do engenheiro.

Leony, que não dera por isso, prosseguiu:

— O Dr. Artur L'Waite é um excelente moço, descendente de nobre família inglesa. Teve por genitor Lord Staff L'Waite, renomado por seus feitos heróicos, cavalheiro da família real inglesa; por sua epopeia gloriosa, o rei Artur lhe concedeu o nobre brasão de muito valido cavalheiro da casa real inglesa.

Paulo já não ouvia; mudara de cor; o coração parecia querer romper-lhe as paredes toráxicas, pulsava mais e mais desordenadamente ao som de cada palavra que ouvia.

— Artur ama a minha filha. Não sei, porém, se ela lhe retribui essa afeição, pois que não lhe sondei o coração, cujos afetos ainda permanecem como rosas em botões. Tão-pouco lhe quis perguntar. Adoro-a muito e, assim, talvez, por egoísmo, não desejaria que minha filha pensasse em casar. Vejo-a sempre como quando era pequenina, de dois anos. Mas, quanto a Artur, esse me confessou o seu amor e suplicou-me a mão de Ivone... Não sei o que devo responder-lhe. E' tão nova para casar, quase uma menina... Entretanto, quando penso que a minha doença pode ter um desfecho fatal; quando a imagino em nova orfandade, depois dos tormentos por que passou e considero a sua inexperiência do mundo, vejo, bem contra a vontade, que tenho o dever de ampará-la quanto antes. E' verdade que, se eu morresse hoje, ou amanhã, ou ficasse impossibilitado, por qualquer motivo, de dirigir os meus negócios, Ivone estaria com o seu futuro garantido, pois a minha fortuna, atualmente, sob a mais de cinco milhões de francos e a herdeira universal de quanto possuo é ela. Contudo, a fortuna não é a felicidade que buscamos, nem mesmo seria justo que Ivone se visse na contingência de depender de uma tutoria. Depois, é humanamente impossível uma donzela tímida, criança ainda, governar-se numa grande cidade como esta, eivada de maldades e onde, a cada momento, como em qualquer lugar, encontraria, por sua beleza e por sua herança, egoístas, interesseiros caçadores de dotes, que lhe viessem disputar a mão. Nesse caso, como poderia defender-se, não tendo a argúcia que só a prática e a experiência da vida nos dão?

Paulo sentia desvanecer-se todo o seu sonho, aquele sonho acariciado, cheio de encantos, reproduzido constantemente na diafania de luz do amor divino e das mútuas afinidades, que punham suas almas em doce comunhão.

A cada frase que o amigo soltava francamente, na ignorância do afeto que ele escondia de há muito na alma, sentia a voragem do desengano tragar-lhe, uma por uma, as mais risonhas esperanças que, ainda poucas horas antes, com as mãos enlaçadas, com os corações arfantes, embebidos um no outro seus olhares, ele e Ivone docemente teciam.

— Que dizes, Paulo, de tudo isso?

Ó! terrível dilema: poderia confessar o seu amor ao amigo, àquele homem que tinha direitos sobre a filha, direitos indiscutíveis e que podia de um momento para outro decidir de sua sorte, bordar-lhe de rosas ou semear-lhe de espinhos as veredas da existência? Não; seria uma indiscrição sua.

Como, por outro lado, depois daquela conversa leal, poderia confessar o afeto casto e puro, forte, intenso, imorredouro, que consagrava à donzela, a quem outro, descendente de nobres e fidalgos, disputava a mão? Como, dadas a sua modesta posição social e a humildade do seu nascimento, poderia antepor-se-lhe?

Todavia, se lhe era impossível deter o curso dos fatos que se anunciavam, restava-lhe ainda um recurso, uma esperança, que repousava na vontade, nos sentimentos, na sinceridade de Ivone.

— Qual é a tua opinião? repetiu o engenheiro, vendo que o moço guardava silêncio.

— Em primeiro lugar, precisas saber se tua filha corresponde ao amor de Artur; em segundo lugar, meu amigo, o casamento é, como sabes, o mais grave passo da existência; pela sua trilha, podemos chegar ao apogeu da ventura e podemos também descer ao pântano do crime, ao recesso dos infortúnios, das grandes angústias humanas... Pensa bem no que vais fazer. O Dr. Artur é nobre e distinto... Convenho. Terá ele, porém, todas as virtudes que deve possuir um esposo digno de Ivone, de recebê-la como companheira para toda a existência? Eis o ponto capital a esclarecer.

Paulo falava com infinita amargura na voz; entretanto, Leony não percebia; o outro falava com firmeza, mas tinha baços os olhos e a voz lhe vinha das profundezas do coração.

— Dizes bem; compreendo; tens razão. Consultarei Ivone. Direi mesmo a Artur que faça por conquistar o seu coração e tornar-se-lhe digno; e ela que o estude, que o compreenda. Quando souber discernir a verdadeira afeição da falsa, que o aceite por esposo. Prefiro-o a outro, que eu não conheça senão superficialmente.

Paulo levantara-se, consultando o relógio.

— E' tarde, Leony. Vou-me embora. Amanhã voltarei à tardinha, creio que vais passar bem a noite. Não precisarás de mim; se houver, entretanto, necessidade, telefona-me.

— Obrigado! Não sei como retribuir-te tanta dedicação.

— Deixa-te disso; o que quero é ver-te curado o mais depressa possível. Boa noite.

L

Quando o filho do Asceta entrou em casa, fundo pesar se lhe enraizara no íntimo. Aquele radioso cortejo de projetos, de esperanças, que o acompanhava havia muito tempo, como a orla da "alva" ao retalho de céu estrelado num clarão suave, se havia eclipsado, ocultado por trás de um véu impenetrável.

Mudara de um momento para outro a sua constelação. Agora, triste realidade se encaminhava para ele. Surgia-lhe a impossibilidade de realizar aquele consórcio, que não seria o começo, mas a continuação de uma união que vinha de longe.

Durante anos e anos, sua existência fôra um verdadeiro sacerdócio; as virtudes, o desapego às glórias mundanas, a absoluta paz da consciência, a repulsão dos prazeres impuros da matéria haviam integrado no seu espírito a fé e a resignação, graças ao que, podia penetrar nos mistérios do além e interpretar, com precisão, a doutrina das reencarnações, que, no sentido esotérico das religiões antigas, foi exalçada como a senda do engrandecimento da divina psique, pelos gênios resplandecentes de Orfeu, de Pitágoras e de Apolônio de Tiana, desde mais de três milênios.

Compreendendo que só pelo caminho ascensional do bem se pode chegar à culminância das glórias espirituais, segundo a tradição egípcia, campo primordial dos iniciados, Paulo, cuja alma progressista e ardorosa se mantivera no Espaço em constantes exercícios, não podia deixar-se relegar das plagas bonançosas, onde o mérito o havia colocado, nem abandonar o propósito de converter as pobres almas enfermas, descuidosas, que se deixam levar pelo falso lustro da hipocrisia ou de ideais incertos. Sentia-se feliz no cumprimento de tão relevante missão, na qual punha em evidência os horizontes imaculados do porvir, mostrando nos astros fulgurantes as futuras moradas dos eleitos, dos que palmilham a estrada do dever, e a penosa descida da alma ao horrendo inferno de obscuras reencarnações, quando reluta em cumpri-lo e, vencida pelas paixões da matéria, se deixa arrastar à degradação, à bestialidade.

As grandes barreiras da liberdade de pensar e de agir, todos os obstáculos que a ignorância opõe ao conhecimento da razão da vida, ele os transpusera sem dificuldade, tendo por apoio a sua moral e por alvo a espiritualidade.

Tudo mais se lhe afigurava fácil na vida. A generosidade, a solicitude, a caridade, enfim, todo o conjunto de deveres prescritos pela divindade penetrara suavemente no seu espírito.

Porque, pensava ele, não poderia, depois de tantas provas de devoção e fé, realizar os seus castos desejos?

Sendo natural harmonizar a vida objetiva, dentro dos desígnios providenciais, com as nuanças da vida subjetiva, não cometeria falta alguma, procurando cumprir a sábia lei da existência contida no consórcio sagrado das almas, para altruísticos e transcendentes fins.

Longe de pensar em hipócritas renúncias, que, muitas vezes, vazias de sinceridade, são atestados de fraqueza moral e indigência de raciocínio, considerava coisa natural procurar, pela ternura do seu coração, uma união, cujo ideal fôsse o culto dos afetos, nascidos do mais recôndito da alma.

Deus permitiu ao homem e à mulher a suprema consolação de palmilharem juntos, amparados um ao outro, a mesma trilha, de compartilharem mùtuamente das alternativas da sina, das alegrias, dos devaneios, dos infortúnios e das provações.

Seguindo os ditames secretos da liberdade de escolha, nunca Paulo teria imaginado poder encontrar outra mulher a quem pudesse amar, como ele amava a filha de Leony de Anfreyt.

Ivone fôra para ele a imagem pura e viva das delícias do passado, a figura maravilhosa, desenhada na poesia de sua alma de mancebo, até então virgem de qualquer outra afeição.

Não era exagerado o conceito que fazia de si mesmo. Não era um sonhador, nem um visionário. Baseava a sua convicção religiosa nos fatos incontestáveis, que demonstram a sobrevivência da alma e a sua origem divina.

Gozando de raras faculdades mediúnicas, das quais só podem fruir as almas de relativo mérito, fácil lhe era romper, em momentâneos vislumbres, os arcanos da memória e chegar à visão, não inteiramente definida, do que formara os melhores anseios de suas vidas extintas.

Assim se explicava o ter sido levado a amar a Ivone. E' que só ela preencheria todos os seus anelos, lhe daria todas as alegrias possíveis, dando-lhe um regaço ameno, onde, cansado dos árduos trabalhos, docemente poderia repousar, esquecendo as lutas, as fadigas e as decepções do mundo.

Mas, sentia-se desfalecer, ao imaginar que Ivone, pelas galas do noivado com Artur, de nobre linhagem, procuraria a realização de outra forma de existência, buscando delícias desconhecidas e abrindo do mesmo passo, para ele, as portas da solidão, do abandono, onde, sem estímulo, a sua palavra não mais teria o tom vibrante de entusiasmo e júbilo, tornando-se talvez grave e profunda, como a daquele que só a si próprio ouve e só para si mesmo fala.

Atribulado por essa incerteza do destino, vendo o

amigo, vítima de terrível mal, na iminência da loucura ou da morte, entregar a filha ao outro, mais feliz, que soubera declarar-lhe um amor do qual, sem se poder dominar, ele sentia vivos ciúmes, não logrou conciliar o sono e, quando a "Alva" despontava no horizonte, reclinada no seio imenso dos mares, ouviu bater à porta.

Lac, seu pagem de confiança, foi atender. Era um chamado... Um pobre homem, que habitava mísera água furtada, vinha implorar a assistência do médico. Fôra levado a isso pelas boas referências que ouvira à solicitude e à caridade que caracterizavam o Dr. Paulo de Sália, tanto para atender ao proletário, à mísera dos prostíbulos, como para subir as escadarias suntuosas da riqueza, onde, também, a deusa ceifadora, a simbólica figura que os iconógrafos da Idade Média pintaram de ampulheta e gadanha, penetra com o seu eterno riso petrificante.

Era um homem a quem a fortuna negara suas graças. Vinha suplicar ao médico que atendesse à sua esposa, a quem pertinaz doença prostrara quase à morte.

Ainda bem que tinha como esquecer, momentâneamente, a sua dor íntima, pensou Paulo, ao responder ao criado que iria imediatamente.

— O senhor não deseja tomar alguma coisa?

— Não, Lac, vou sair e não voltarei senão logo, pelas seis horas da tarde; tenho muitos doentes a visitar. Ah! escuta, Lac, já me esquecia... Manda um mensageiro a casa da Sra. Louise Daudet, dizer-lhe que desejo hoje fazer uma sessão extraordinária, para tratar de um doente, cujo estado escapa à ação da medicina. E' preciso informá-la de que se trata de um amigo meu, caso muito sério, que desejo debelar quanto antes.

— Sim, meu senhor, mandarei o recado.

— E faze o mesmo ao Sr. Agny e à senhorita Marguerite.

Paulo saiu e o criado fechou a porta.

Poucas quadras medeiam da rua de Les Anges à de Berry, entre as quais se avista um antigo sobrado de seis andares, de construção simples, paredes lisas, pintado de cor cinzenta, em frente ao qual o médico, que andara apressado, parou, a examinar a numeração. Depois, interrogou a porteira, que saíra do seu cubículo, e ela o fêz subir ao sexto andar, cujos corredores estreitos e escuros davam acesso a uma mansarda de caibros carunchosos, atestando a falta de higiene o descaso do locador.

Quando Paulo procurava a numeração indicada, abriu-se uma porta e apareceu o mesmo homem que o fôra chamar.

— E' aqui, senhor doutor.

Paulo voltou-se ao ouvir a voz e encaminhou-se para o quarto onde o desconhecido estava.

— Entre, por caridade, venha ver minha pobre mulher, que se vai finando há muitos dias.

Ao fundo do quarto sombrio, onde apenas pelas frestas da mansarda penetrava fraca claridade, havia uma velha cama de madeira, antes um estrado, e, sobre colchões de feno e coberta por uma colcha de fustão pardo, jazia a enferma, esquálida, rosto emaciado, lábios febris. Era uma mulher nova, de cuja fisionomia, fenecida por cruel doença, transpareciam a doçura e a resignação estóica dessas almas condenadas a irremediáveis males, contra os quais a ciência oficial tem debalde lutado, esgotando inùtilmente todos os seus recursos.

Pela palidez das faces, pelo brilho dos lábios e dos olhos, Paulo percebeu que a doença tomara conta daquele organismo, extremamente enfraquecido. Enquanto descalçava as luvas, examinava silenciosamente, com os olhos fixos, a enferma, que também o olhava em silêncio.

O homem, entretanto, suplicava:

— Bom doutor, por tudo que lhe é caro, salve a minha esposa; não tenho como lhe pagar, mas serei seu escravo pelo resto de minha vida. Ah! por Deus, cure a minha Mary; todos os doutores a desenganaram... mas, ouvi falar que o senhor é um sábio, que tem feito milagres com a sua ciência e tem a caridade consigo.

Paulo se tornara grave.

— Tenha calma, vou examinar sua esposa e lhe direi se posso restabelecê-la ou não.

O homem correra para o lado esquerdo da enferma com o fulgor de uma esperança no semblante.

— Mary, Maryninha querida, o doutor vai curar-te!

A doente volveu para o médico o olhar e fitou-o com um sorriso vago.

O médico sentou-se à borda da cama e lhe tomou o pulso: era filiforme, quase imperceptível, denunciando que o seu estado era gravíssimo. Como já não tivesse mais forças para sentar-se, nem para mover-se, o marido apressou-se a ampará-la para que o doutor a auscultasse. Foi demorado o exame. Depois, o médico interrogou-a:

— Quanto tempo faz que adoeceu?

A moça abriu os lábios pesadamente e respondeu:

— Há seis meses.

Sua voz era cansada; falava a muito custo.

— Há seis meses, doutor, que ela está no fundo desta cama. Esgotei todos os recursos para salvá-la; sempre em tratamento e sempre de mal a pior. Eu tinha algumas economias que se foram com esta doença. Agora, trabalho desde a manhã até à noite para obter os meios de lhe comprar os remédios; mas sinto que também já não estou como era; breve não terei mais saúde, pois dobro o serviço. Isso e as noites passadas sem poder pregar olhos têm absorvido as minhas forças; contudo, hei-de lutar enquanto tiver alento, para que à minha Mary não faltem remédios nem alimento.

— Uma única coisa poderá salvar sua mulher e essa é bastante difícil.

O infeliz operário olhava o médico, presa de visível ansiedade. Que iria ele exigir?

— Bom doutor, será muito caro o que se precisa?

— E' mister, para salvar esta doente, um sacrifício, sem o qual ela morrerá.

— Estou disposto a tudo. Ah! não quero que minha mulher morra. Fomos noivos seis anos e estamos casados apenas há dois e nos amamos muito...

Paulo sorriu docemente, encarando a enferma, que parecia escutar a conversa como se estivesse a sonhar.

Ele, que conhecia a sublimidade do amor, que seria capaz de todos os sacrifícios para conquistar Ivone e conservá-la sempre leda ao seu lado, consternou-se ante aquela manifestação de dor, que a miséria revestia de comovedoras tintas.

— Sua esposa está debilitada em extremo, não poderá resistir por mais tempo a essa fraqueza. Está vivendo uma vida quase artificial. As suas forças, a sua vitalidade foram destruídas por essa enfermidade, abandonada de princípios, ou errôneamente combatida. Daí, sobrevieram complicações internas, desordens nas secreções dos rins, do fígado, motivando este estado. E' preciso, agora, fazer-se uma transfusão de sangue, como última tentativa. Com isso, boa alimentação e ar puro, ficará restabelecida em pouco tempo.

Como o homem o encarava com estranheza, dando mostra de não haver compreendido, Paulo explicou.

— O sangue, meu amigo, não se compra com dinheiro, ninguém, como deve saber, quererá pôr em risco a vida por preço algum. Se é verdade que ama a sua companheira, como diz, fácil se torna dar-lhe um atestado dessa dedicação, permitindo se lhe extraia das veias uma certa quantidade de sangue para ser transfundido nela.

— Ah! é isso?

— Compreendeu, então?

— Sim, estou pronto.

— Nesse caso, irão ambos para o hospital, a fim de lá ser feita a transfusão.

— Eu, doutor, estou disposto a tudo, desde que o senhor me garanta a cura.

— Reafirmo que, feito isso, dentro de poucos dias a doente estará restabelecida. Prepare tudo com a máxima brevidade. Vão ao hospital de Saint Lazare e lá os esperarei. Levarei comigo um colega.

— Das duas horas em diante estarei com Mary à sua disposição.

Paulo estendeu a mão à doente, que o olhava com gratidão, e retirou-se a pensar em tanta infelicidade.

Quanto desejara poder aliviar o alheio sofrimento! A imagem de Ivone, risonha como uma alvorada cor de rosa e banhada de lampejos de sol, lhe aparecia na imaginação, caminhava a seu lado, não lhe saía do pensamento.

Não obstante, trabalhou muito, atendendo, sem descanso, à sua clínica, até às duas horas da tarde. Depois, dirigiu-se ao hospital. Ao descer da carruagem, encontrou o Dr. Artur L'Waite, que penetrava ao mesmo tempo no edifício.

Paulo, ao vê-lo, experimentou certa repulsão; repelia-o por falta de afinidades e, talvez, porque não desejasse ser seu amigo. Lembrava-se de que ele era a sombra que lhe obscurecia a felicidade, pretendendo desposar a filha do engenheiro.

Mas, o outro, cedendo a um impulso subjetivo, veio ao seu encontro.

— Ó colega, como vai?

Paulo o cumprimentou e respondeu que ia bem.

— Como vai o nosso amigo Leony?

— Às mil maravilhas, já está bom; estive lá esta manhã e Ivone me disse que passou muito bem a noite.

Paulo nada objetou. Apenas perguntou:

— O colega tem algum doente aqui?

— Sim, trabalho aqui todos os dias.

— Então vai auxiliar-me numa pequena operação, quer?

— Com muito prazer.

— Tenho aqui uma doente, que uma clorose mal atendida prostrou em estado gravíssimo. Nenhum recurso achei para salvá-la, senão a transfusão de sangue. Seu marido, que é moço e parece sadio, prestar-se-á à operação.

Enquanto falavam, caminhavam e penetraram na enfermaria.

Fazendo-se conduzir ao quarto em que a doente estava, Paulo perguntou-lhe como ia e a mesma voz fraca respondeu que sofria.

— Vai melhorar, ouviu? Tenha paciência, porque na terra ainda há remédio para seus males.

Autorizado por Paulo, Artur, por sua vez, examinou a enferma e concordou com o diagnóstico do primeiro.

Desinfetados os instrumentos que iam servir para

o trabalho cirúrgico, Paulo fêz sinal ao marido da enferma para que se preparasse e ele tirou a camisa. O Dr. Artur tomou-lhe do braço direito, ligou-o acima do cotovelo, enquanto o outro aparelhava a seringa; mas, nesse ínterim, Artur, que fizera rápido exame sobre o estado de saúde do marido da paciente, chamou a atenção do colega, declarando parecer-lhe perigoso injetar na doente um sangue impuro, pois acabara de verificar que o organismo do rapaz lutava contra a ação destruidora do treponema pálido.

Feito mais demorado exame pelos dois, Paulo verificou que a transfusão seria de resultado funesto.

Quando o infeliz ouviu essas palavras da boca do médico, recebeu tão grande choque, que não pôde reprimir as lágrimas.

— Que desgraça! perderei então minha mulher? Por Deus, salve-a... antes quero morrer do que me ver privado dela! Tenha paciência, doutor.

Ajoelhara-se aos pés de Paulo, como uma criança súplice e a repetir em atitude que compungia:

— Ó meu bom doutor, todos me disseram que o senhor era um sábio, um homem caridoso. Porque não salva a minha pobre Mary? Só o senhor pode curá-la, mais ninguém.

— De que modo, meu amigo? Ninguém quererá prestar-se a esse ato de abnegação.

— Ora, tenha compaixão, ou, então, ela morrerá. Sim, se não há outro remédio para curá-la, ela morrerá...

Paulo enternecido com aquela atitude, com aquela sincera aflição, não sabia o que fazer. Olhava para o homem atribulado, com os olhos rasos de pranto; olhava para a enferma, cujo peito, sob o lençol, arquejava, e cujas faces tomavam uma cor ainda mais lívida, e aquilo o enchia de pena.

Que difícil situação a sua, ante aquele quadro comovedor, sem saber o que fazer! Procurava meio de resolver o problema, atentando na enferma, que parecia entender tudo. Julgou mesmo divisar uma lágrima a lhe perolar os olhos tristes. Então, não pôde resistir por mais tempo: seus sentimentos delicados, sua magnanimidade haviam sido fortemente atingidos, como tantas outras vezes, pela desgraça alheia.

Artur não o perdia de vista.

De súbito, uma ideia generosa começou a iluminar o nobre filho de Ilca, e a enferma, através da lágrima com que o fitava, pôs-se a admirá-lo. Notou-lhe a formosura máscula, a pele moreno-mate, com acentuados traços de beleza grega, de olhos de tocante doçura e cuidou ver uma auréola circundando-lhe a fronte de pensador. Enquanto isso, Paulo imaginava que talvez seu sangue, vindo de fontes puras, de uma raça viril e forte, jamais contaminado pela ação deletéria desses germens que atrofiam o corpo humano, pudesse realizar o milagre. Porque não transmitiria ele, que tinha essa graça, a saúde àquele corpo mirrado, que parecia, entre o linho dos lençóis, uma rosa virginal crestada por maléfico vento? Se era o sangue que lhe faltava, ele poderia dar-lho, para que a existência e a felicidade de novo sorrissem naquele semi-cadáver e restituíssem a calma ao pobre homem que, embora de sangue deteriorado, lutava com estoicismo raro para salvar a esposa bem-amada.

Ao influxo desse nobre e altruístico pensamento, que só a caridade suscitava, Paulo se sentiu forte, decidido, jubiloso. Parecia que uma torrente de sangue sadio e puro lhe corria impetuosamente por todas as veias e, voltando-se para o homem, que ali estava curvado, pesaroso, lhe disse:

— Tranquilize-se, sua esposa será salva.

E, dirigindo-se ao Dr. L'Waite, enquanto despia o avental e o paletó e erguia a manga da camisa:

— Queira fazer o obséquio de examinar o meu sangue; se estiver em condições, transmiti-lo-ei à enferma.

— Como? o colega está preparado?

— Sim, estou em jejum.

Artur, que a princípio o encarara com grande estupefação, foi obrigado a examinar com a lente microscópica o sangue tépido e generoso do médico, que tão cavalheirescamente e tão desinteressadamente ia prestar-se àquele ato de excelsa caridade.

— Pensou no que vai fazer, colega?

— Já resolvi. Vou prestar-me à transfusão. Tenho saúde, contribuirei com um pouco do que possuo para a existência desta pobre mulher, que é muito nova e ainda precisa viver... Isso não me fará mal algum; em breve tê-lo-ei recuperado.

Artur, que odiava, desde certo tempo, o ilustre médico, por notar a diferença com que Ivone os tratava, teve um momento de satisfação, vislumbrando boa ocasião de diminuí-lo, a fim de triunfar sobre o coração de sua eleita.

Simulando sinceridade e depois de convencer-se do ótimo resultado do exame, disse:

— Seu sangue é perfeito; pena é que o vá inùtilmente desperdiçar.

— Não importa. Vamos tentar salvá-la. Farei de bom grado a transfusão.

Artur calara-se. O homem repetia:

— Meu Deus! que farei para lhe agradecer? O senhor é muito caritativo, parece um santo, bem mo diziam.

Já nesse momento, com o auxílio de um enfermeiro, Artur fazia o sangue do nobre médico passar para as veias da enferma que, arquejante, recebia no seu organismo exaurido o prelúdio do restabelecimento. O coração, ativando-lhe a circulação sanguínea, anunciava que todas as funções dos outros órgãos se equilibrariam. Assim, por esse ato apostolar, novamente florescia, em súbito renascimento, uma existência prestes a sucumbir.

Entretanto, o abnegado facultativo empalidecia, humedecia-lhe a epiderme um suor frio. O enfermeiro, com longa prática, chamou a atenção do Dr. L'Waite, dizendo-lhe que se tornava excessiva a transfusão, o que este não fazia por ignorância, mas, para dar expansão aos sentimentos maus, egoísticos, que alimentava contra o seu rival.

Graças a essa intervenção providencial, a vingança obscura do moço clínico não se consumou totalmente, vingança criminosa, por ele premeditada com duplo interesse.

Quando o enfermeiro notou o excesso do sangue extraído, quase fatal a ambos, tanto para a enferma, a quem a reação se tornara quase irresistível, como para o moço, que se expunha à arriscada experiência, pelo semblante de Artur passou um esgar de ironia; viu-se, porém, obrigado a suspender o trabalho. Paulo ficou quase inanimado. Foi necessário prestarem-lhe socorros imediatos. Devido à enérgica intervenção do enfermeiro, o Dr. L'Waite se apressou a desculpar-se, dizendo:

— Foi um lamentável descuido de minha parte...

Alguns facultativos que se haviam aproximado opinaram que o Dr. Paulo de Sália deveria conservar-se no leito por alguns dias, para evitar sérias consequências.

Com efeito, o nobre moço sentia enfraquecido o corpo, depois do seu sublime sacrifício; um torpor lhe pesava sobre a memória, tinha doridos os membros, as extremidades frias e a vista turva. Nem mesmo com esforço podia manter-se de pé.

Artur, vendo o estado em que seu colega ficara, experimentou diabólica satisfação, que patenteava todo o seu mau caráter, a sua vileza. Enfim, pensou ele, poderia agora afastar o seu rival, por alguns dias, da casa do engenheiro Leony de Anfreyt e, nesse intervalo, sem receio de ser interrompido, se aproximaria de Ivone e lhe conquistaria o amor.

Transferido para a sua residência, Paulo vira-se obrigado a guardar os preceitos médicos, por dois fortes motivos: primeiro, pelo estado em que se encontrava; segundo, para restabelecer-se o mais depressa possível, evitando assim presumíveis complicações decorrentes de seu estado de súbita debilidade.

LI

Quando o médico inglês chegou a casa do engenheiro, teve grande decepção: encontrou-o em estado desesperador.

Os criados estavam alarmados, a filha imersa em profundo pesar, que só ela podia avaliar.

A criada, outrora instrumento de tantos infortúnios e de tantas lágrimas, convertida pelo arrependimento, lhe enxugava carinhosamente o pranto, acompanhando-a sinceramente na sua dor...

O mordomo, aflito, torcia as mãos e comentava: "Pobre menino, que desgraça!"

Artur, entrando nos aposentos de Leony, logo lhe dirigiu a palavra. Mas, ao vê-lo sentado a um canto da cama, com olhar sinistro, a camisa aberta no peito, o cabelo em desalinho, as mãos crispadas, teve instintivo medo e recuou. Parecia adivinhar o que se passara. Ia falar, perguntar o que havia, porém, Leony, vociferando, vibrando-lhe às faces violentas injúrias e cortando-lhe as primeiras sílabas pronunciadas, não o consentiu.

— Vai-te, assassino! covarde! estróina! perverso! Sai, fora; envenenaste-me, entregaste-me ao demônio e queres a minha complacência. Vem para cá, assassinar-te-ei desta vez.

Uma adaga de prata, com desenhos em relevo no punho, reluzia na destra de Leony de Anfreyt, que continuava no seu estribilho lúgubre: Ah... ah!... ah!...

O médico ficara atônito! Ninguém ousava aproximar-se do engenheiro, que desde meia tarde dava sintomas de alienação mental. Percebendo isso, Artur, que nada conhecia do mecanismo da ação dos Espíritos, que não tinha a virtude por broquel, desorientado, apoiando-se num objetivismo precário, sem fundamento sólido, decretou:

— Está doido! Xisto, chame a Saúde Pública.

O criado titubeou.

— Que vai fazer, senhor? Meu amo vai para o ma...?

— Quer que ele assassine alguém? Porque não vai você desarmá-lo? Tire-lhe a adaga.

Grande se tornara a balbúrdia. Eram ofensas verbais, ameaças...

Xisto, mais uma vez, a tremer de susto, mas, condoído, quis salvá-lo e, dirigindo-se a Leony com o costumado carinho com que o tratava, disse:

— Senhorzinho, quer que eu guarde a sua faquinha, não é?

Mas, o engenheiro não o entendia; ria, com o seu riso insano e acariciava a lâmina do instrumento cortante.

— Ande, tire-lhe o punhal, ordenou o médico; mas, ao mesmo tempo, deu um salto para trás.

Leony investira contra ele, furioso. Tê-lo-ia assassinado, se o médico, que estava prevenido no limiar da porta, não a houvesse fechado, segurando-a fortemente pelo lado externo.

Xisto correra ao telefone, pedira ligação para a Assistência Pública. Nem podia falar, de susto e de comoção; entrementes, o engenheiro lutava enfurecido, para arrombar a porta que o Dr. L'Waite, auxiliado por alguns criados, tornava resistente.

Meia hora depois parava diante da casa de Leony o veículo do serviço público do hospital "Notre Dame des Souffrances". Quatro homens, habituados ao desempenho dessas tristes funções, desceram e, com as disciplinas dolorosas, acabaram subjugando o desventurado engenheiro. Desarmaram-no, puseram-no no carro e o transportaram, como a um desses muitos infelizes que, sem amigos, sem lar e sem família, vagueiam na noite escuríssima da demência, carpindo o seu medonho fado.

Triunfara o "Espírito das Trevas", que tão bem planejara a implacável vingança? Vejamos:

Quando, pelo poder misterioso que exercia sobre os viventes que podiam auxiliá-lo para a realização dos fins que colimava, conseguira influenciar o Dr. L'Waite, auxiliando-o na prática reprovável que acabara de prostrar no leito o médico espírita, não o fizera por ignorância e sim porque a sua argúcia e percepção já lhe haviam mostrado que nas forças ocultas de Paulo de Sália repousavam as correntes simpáticas da bondade, que se opunham às suas, destruindo-lhe os planos. Cuidara, pois, de inutilizá-las a todo custo.

Não fôra, como se vê, por simples capricho, que procurara obstar à ação magnética e psíquica do médico;

todavia, necessitava pôr-se a salvo da sua perspicácia, para levar a efeito os planos que concebera.

Observando de perto os fatos, mesmo no meio impalpável e vácuo em que existia, viu que era preciso lutar para aniquilar o seu inimigo Leony de Anfreyt. Querendo atormentá-lo por diversas formas, perseguindo-o de perto, lembrou-se de fazê-lo sofrer as piores humilhações. Lançou-se então contra ele, apossando-se de seu corpo, por sabê-lo possuidor de faculdades mediúnicas inconscientes, ignoradas, e fêz com satânico júbilo que o encerrassem nas grades do manicômio.

Conseguido isto, não lhe era do agrado encerrar-se com seu inimigo no obscuro recinto. Nada, porém, o inibia de fazer-lhe frequentes visitas e atender, ao mesmo tempo, a outros assuntos que não lhe eram menos importantes. Desse modo, poderia melhor gozar do efeito da sua vingança.

Compreendia que, quando o seu assassino, tornado agora vítima, visse, no uso perfeito da razão, o mísero estado a que fôra levado, avaliando a sua humilhação, a sua vergonha, o seu imenso infortúnio, sofreria muito mais do que se nele atuasse diretamente, anulando-lhe o raciocínio e tornando-o inconsciente. Sabia também Dupont quais as cordas sensíveis que devia tanger na alma do desditoso moço, que ele conhecia a fundo; e, agora como nunca, sem as peias da matéria, sem os órgãos físicos que ocultam ao homem os panoramas das vidas anteriores da alma, ele via as antigas animosidades e as recíprocas ofensas que fortemente tinham ferido a ambos, gerando nele um ódio, que o processo da marquesa revigorara, despertando-o do torpor e intensificando-o. Jamais a alma terrível, forte, conhecedora de sua ação e senhora de si, que animara na terra o amante da volúvel Bianca e cujas faculdades intelectuais ainda no Espaço, depois dele morto, fulguravam, deixaria se estancasse a sua sêde de vingança, sem lhe dar plena satisfação.

Assim, bem preparadas, as coisas convergiam para o mesmo objetivo.

Alienado o engenheiro e encerrado como louco num

cubículo do manicômio, o Dr. L'Waite, seu médico assistente, o recomendara ao diretor, fazendo realçar as qualidades morais, a tríplice posição social, pecuniária e moral, de que o enfermo desfrutava, oferecendo ao mesmo tempo valiosa recompensa, pela tolerância, bom trato e todas as regalias que dispensassem ao moço, cujo tratamento ficaria a seu cargo.

Cumprida essa obrigação, Artur voltou a casa de seu amigo. Encontrando-a fechada, fêz-se anunciar por prolongado toque de buzina de seu coupé, o que assustou as pombas brancas, que pousavam sobre as frondes do jardim, cujos ramos, nas suas oscilações, pareciam comentar, com magoado acento, a desgraça que ali ocorrera.

O mordomo, cabisbaixo, veio abrir a porta.

— Como vai o meu Sr. Leony?

— Pois você o viu sair daqui ainda não há duas horas e já me vem perguntar como ele está?

— E' que... Então não melhorou?

— Essas doenças não melhoram de um momento para outro, respondeu o moço, subindo a escada.

Xisto, contrariado, mediu-o de alto a baixo.

— Para onde vai, doutor?

— Preciso falar à senhorinha Ivone.

Xisto fechara a porta, subira atrás do médico e, depois de lhe tomar o chapéu e a bengala, apontou-lhe uma cadeira na sala de espera.

— Vou anunciá-lo à menina.

E internou-se na confortável e luxuosa vivenda. Decorridos alguns minutos, Ivone, com um véu de imensa tristeza a lhe ensombrar as faces, apareceu e cumprimentou o recém-chegado.

— Venho falar-lhe de seu pai e de sérios assuntos de que ele hoje pela manhã me autorizou a tratar.

A moça assumiu ar mais grave ainda e indicou ao visitante uma cadeira, tomando por sua vez assento defronte dele.

— Pesa-me dizer-lhe a verdade, senhorinha; mas, seu pai está perdido.

Aquelas palavras, soltas secamente e sem considerações, reveladoras da falta de prudência e de caridade do moço, avivaram as amarguras, aparentemente aquietadas, da inocente filha de Leony.

— Eu já sabia, doutor, que a Ciência, com todo o seu cabedal de recursos, fracassaria na doença do papai, sempre tão submisso às injeções, aos medicamentos...

— Acho que a senhorinha não me recriminará, pois foi testemunha dos meus esforços, infelizmente inúteis.

— O que o senhor tem feito é louvável, está dentro das leis a que se acha sujeito o médico, entre a caridade e a ciência. Mas, doutor, diga-me, por obséquio, com que direito enviou meu pai para a casa de saúde, sem a minha autorização? Não me dirá, de certo, que na sua residência estaria pior do que em qualquer outro lugar. Combináramos uma conferência. O senhor ficara de resolver...

— Perdão; não me admoestará, quando souber as causas, respondeu Artur, um tanto embaraçado. Era-me impossível, sendo seu médico assistente, conhecendo a doença e seus perigos, suas crises, permitir que ele, estando alienado, se conservasse em liberdade, quando o mal se acha no seu período agudo. Nesse caso, eu seria um criminoso, que responderia perante a consciência, pelos crimes que Leony praticasse nos seus acessos. Parece-me que a senhorinha não soube do que se passou!

As lágrimas afluíram aos olhos de Ivone, compenetrada da grande desgraça que pesava sobre ela e sobre o pai, ente por quem durante tanto tempo chorara, privada de seus carinhos...

— Nada vi, respondeu, enxugando os olhos na echarpe de tule que lhe rodeava o pescoço. O mordomo não me permitiu que fôsse beijar meu pai, hoje à tarde, como de costume. Pretextou muitas coisas para me intimidar e terminou por encerrar-me no meu quarto. Para não o afligir, nem agravar o estado do enfermo querido, tive que me resignar.

— Seu pai estava armado, quis matar o criado e, não fôsse a presteza com que me desviei, ter-me-ia assassinado.

— Pobre pai! que fatalidade! Não me enganavam

os meus pressentimentos, os sonhos maus que me afligiam.

— Acalme-se: espero que o tratamento, agora, produzirá efeito; vai ser mais enérgico...

Ivone continuava a balbuciar: "Meu pobre pai! ainda não posso crer na triste verdade!"

— A senhorinha terá que concordar com a permanência dele no hospital; há mais probabilidades de curar-se. Ademais, não corre perigo, pois que os enfermeiros dispõem de longa prática e estarão, como lhes recomendei, ao seu inteiro dispor, com o fito na remuneração. Agora o que desejo saber é se necessita de alguma coisa, se lhe posso ser útil... A senhorinha está só, seu pai tem negócios que, presumo, ficarão desatendidos...

— Agradeço-lhe. Ele já falou de seus negócios ao Dr. Paulo de Sália, que, como sabe, é seu amigo e ficou incumbido de tomar conta deles em caso de necessidade.

Era aí que Artur queria chegar. Conhecendo, como conhecia, os afetos íntimos que a moça que ele desejava desposar votava a Paulo, trataria de falar mal dele, a fim de o desprestigiar e dar-lhe golpe decisivo.

— Sim, talvez Leony tenha autorizado a esse amigo... Mas, não sabe que o Dr. Paulo está muito mal?

Através da sua imensa dor, a moça, escutando essas palavras, pensou que não houvesse entendido bem.

Teria o céu determinado que outros fatos dolorosos, menos terrificantes embora do que o infortúnio do pai, porém, como quer que fôsse, bastante violentos, viessem atormentá-la ainda mais?

— Que diz, doutor?

Artur notou que Ivone se tornara mais pálida, sob o reflexo das louras madeixas a lhe caírem sobre o busto, e que tomava vivo interesse pelo assunto. Então, ufanou-se da ideia de ofuscar o prestígio de Paulo no conceito da moça, usando da mais baixa das astúcias — a intriga — arma dos vilões de consciência turva.

— Paulo cometeu um crime contra si próprio: quis restituir a vida a uma jovem enferma que lhe inspirou piedade, não sei porque, e não refletiu nas graves consequências que daí lhe adviriam.

— Que quer dizer, senhor?

Essa interrogação desvendava a ansiedade impressa nos olhos da moça.

Artur contou-lhe, então, com alternadas pausas, o sucedido. Invertendo o sentido dos fatos, atribuía a generosidade de uma ação desinteressada e nobre ao interesse pessoal, a uma vilania que ele não revelava, mas que deixava entrever, para atear o ciúme no coração de Ivone.

Longe, porém, de considerar diminuídas a virtude e a sinceridade de Paulo, ela o admirou ainda mais. Ouvindo o seu interlocutor, notara-lhe o intento; porém, a despeito disso, pensava profundamente comovida em Paulo.

Ignorava que Artur pretendesse desposá-la, pois não sabia que seu pai acolhera o pedido de casamento que ele lhe fizera. O moço, entretanto, observando-a, firmou-se no seu propósito e prosseguiu:

— Se Paulo tivesse usado de mais franqueza comigo, ter-me-ia prestado de bom grado ao seu intento.

Ivone, entretanto, comparando os dotes espirituais dos dois mancebos, optava por Paulo e uma voz íntima lhe murmurava: "Admira-o na sua virtude, conserva-o no teu coração."

O médico ponderou:

— Eu ignorava que ele tinha uma missão a desempenhar nesta casa, um dever a cumprir, que não é dado a todos conhecer; se soubesse, teria tomado o seu lugar no sacrifício a que se votou, porquanto agora compreendo que ele exerce fascinadora influência no seu coração. Sou bem infeliz, Ivone!... Eu, que não tenho esperanças neste mundo, devera ter ocupado de boa mente aquele leito do hospital, onde Paulo ficou prostrado... e ditoso seria se houvesse morrido.

— Porque diz isso, Dr. Artur? Então, o senhor não tem esperanças no mundo, quando dispõe de saúde, de inteligência, de fortuna?

— A saúde, a inteligência, a fortuna não são tudo o de que necessitamos para ser felizes.

Ivone calou-se. Disso também ela sabia, bem compreendendo onde ele queria chegar.

Depois de breve pausa, observou:

— Às vezes corremos em busca de um ideal impossível, quando podemos encontrar a mesma satisfação naquilo que está ao nosso alcance. Daí, não raro, nos vem a infelicidade. Nem sempre andamos de acordo com a razão, não é assim?

— Mas, quando esse ideal é o amor?

— A regra é geral, não há exceção.

— E' verdade; mas talvez não saiba ainda o que é o amor. O amor é como uma cerração dentro da qual só podemos enxergar o objeto dos nossos desejos. Quando eu lhe disse que era infeliz, devia saber porquê.

— Há certas coisas que se não podem evitar, respondeu Ivone, para desviar a conversa, cujo sentido vislumbrara na maneira por que o moço se expressava.

Ela, que sabia amar aquele que tivera o mágico poder de viver, sem ser visto, nos vagos anseios de sua alma, nos seus sonhos de adolescente, nos seus primeiros estremecimentos de moça, jamais poderia aceitar as declarações de amor que Artur lhe fazia.

— Estarei neste mundo condenado pelo crime de amar? Dizem que temos o direito de ser felizes na vida. Eu, porém, não o creio, Ivone.

— Não tem razão de se confessar infeliz. Infeliz é aquele a quem a consciência verbera; se não tem crimes — está nas graças divinas.

— Penso que, embora não tendo feitos de que me acuse, nem vícios que me aviltem, não estou dentro das graças divinas, e, por isso, sofro em segredo uma grande dor: a da incerteza e a da dúvida que me dilaceram. Seu pai não lhe contou nada a meu respeito?

— Meu pobre pai, suspirou Ivone, que havia de dizer-me?...

— Ó Ivone, amo-a; desejava fazê-la minha esposa; ontem pedi-a a seu pai, em casamento, supliquei-lhe a sua mão...

A moça fitou-o com temor e surpresa e envolveu-se mais na sua echarpe.

Doía-lhe aquele olhar penetrante, que lhe não inspirava simpatia. Pensava em Paulo, que ocupara, desde muito, o seu coração.

— Não diga que não, Ivone... tenha piedade de mim... diga que sim. Amo-a tanto, é tão formosa...

Seus olhos tinham um brilho singular, suas faces ruborizavam-se e insinuante se tornara a sua voz.

— Leony, que foi meu companheiro de infância, me conhece bem. Nada tenho que me desmereça; pertenço a uma família de alta linhagem. Porventura, não serei digno da senhorita? Porque não aceita a minha mão? Diga que sim, Ivone. Não encontrará outro que a ame como eu, afirmo-lhe.

— Não pensei ainda em casar, é cedo; o senhor deve esquecer-me.

— Oh! é uma desculpa, na situação em que se encontra... Não creio que uma moça criteriosa, que sabe pensar e avaliar as contingências da vida, não tenha pensado no seu futuro, na necessidade de um consórcio, de onde nasça uma felicidade verdadeira. Diga antes que não me ama, que outro mais ditoso do que eu mereceu o seu amor. Não é assim?

Ivone baixou as pálpebras e começou a desfiar as franjas de seda da echarpe.

— Serei então o mais desventurado dos seres? Recusa a minha mão?

— Não posso aceitá-la; seria um crime, respondeu ela, decisivamente. O senhor me perdoará.

Artur fêz-se pálido. Fôra um choque que não esperava. Mordeu os lábios até fazê-los escarlates. Seus olhos mudaram repentinamente de expressão e, pela sua mente, a imagem de Paulo, avantajando-se-lhe em tudo, passou como um relâmpago.

— Sejamos bons amigos, disse Ivone com doçura. Aceite a minha amizade de irmã. Esqueça esse amor, que é impossível.

— Amizade? Que representa a amizade para quem suplica amor?

— Talvez mais do que supõe.

Para ele, que desconhecia as sutilezas da alma, essas

palavras sinceras nada significavam. Entretanto, avivou-se-lhe na memória o conselho que Leony lhe dera: "Conquista-a e ela será tua esposa." Mas de que modo?

— Ivone, és neste momento como o clínico que insiste em prescrever uma medicação, quando sabe de antemão que é nulo o efeito.

Depois, sorriu com pesar e estendeu a mão para a mão pequenina que se lhe oferecia e apertou-a demoradamente.

— Sejamos bons amigos, disse Ivone.

LII

Meia noite. Reboava o clamor dos elementos em plena tempestade. Violento vendaval torcia as árvores das florestas de Niniche e de Chamberry.

O jardim das Tulherias eram varridos por fortes nuvens de poeira e de folhas arremessadas aos turbilhões.

As ruas, que os combustores de gás alumiavam, tinham aspecto mortuário.

De quando em vez, o silêncio era cortado pelo trilo das patrulhas, pelo apito dos vigilantes, ou, ainda, pelo uivar dos mastins presos às correntes nos quintalejos das ruas baixas da cidade, quietas àquela hora tardia.

Através de um maciço de árvores agigantadas, que debruam as ruas calçadas de paralelepípedos, numa das que se estendem de Marly ao Bourg de la Reine, divisam-se, dentro da paisagem bucólica, as paredes encaliçadas, de severo aspecto, do hospício "Notre Dame des Souffrances", semelhante a um vasto nicho, cujo recinto, mergulhado em mortal silêncio, guarda os resíduos das misérias terrenas. Seus compartimentos soturnos, seus porões subterrâneos e tétricos, onde só o vento, engolfando-se pelas grades da portaria, soluça um hino funéreo, confundido com vozes humanas, escondem o mistério da desventura inenarrável de milhares de seres.

Quando as estrelas lançam para a terra seus olhares, avivando o que parecia morto na escuridão, o clamor e a confusão infernais que durante o dia ali reboam, numa eterna blasfêmia, nos gemidos, nas maldições dos alienados, estacam, de súbito, ao rigor das disciplinas. Ouve-se então, no silêncio das horas mortas, um soluço baixinho, que vai passando de boca em boca, de leito em leito.

Depois, esse mesmo soluço se extingue todo. Cai a escuridão, as trevas, e, fora, a noite é sempre a mesma mãe misteriosa, que canta à natureza uma eterna cantiga.

Mas, se há para alguns o sono, doce bálsamo do esquecimento, para outros perdura a vigília e o tormento da memória.

Como pode repousar aquele que padece de estranhos males? Para os que sofrem do pensamento, flagelante mistério é a noite, multíplice testemunha das aflições, cúmplice muda, que fala por mil bocas diversas, que vê com os olhos impalpáveis dos Espíritos das sombras e que zomba dos martírios da alma.

Desgraçados dos pecadores, desde o momento em que pecam, porque começam a tecer o negro, o lúgubre véu que lhes envolverá o espírito, como o sudário ao corpo que existiu. E' inequívoca a existência de uma cadeia fluídica temporária, prendendo o ofensor ao pensamento da sua vítima.

O "Espírito das Trevas", vítima tornada algoz e vice-versa, no infinito sem balizas, pelas nítidas reminiscências de um passado criminoso, preparara a câmara em que se iria hospedar.

Todavia, o engenheiro, homem educado e de virtudes, numa *mise-en-scène* de tragédia, representava de vítima aos olhos dos espectadores.

Quem pode provar aquilo que a memória sepultou no túmulo do esquecimento?

O homem habituou-se sòmente a crer no que pode palpar, ouvir e ver pelos sentidos materiais.

Entretanto, o fantasma algoz ali andava, rondando as grades, arrastando o seu manto de trevas pelos corredores, espreitando os movimentos na algidez funérea. Um sinistro pensamento o cumulava de ufania.

Quando o engenheiro despertou de sua inconsciência

no mistério de ampla noite tempestuosa, sob o teto negro do soturno edifício, quase sucumbiu de susto.

Onde estava? Que lugar era aquele, de paredes estofadas, até um metro e setenta de altura? Que bico de gás era aquele que modorrenta luz derramava?

Estava encarcerado. A porta gradeada com rijos varões de ferro, fechada à chave, dava-lhe a ideia de uma prisão.

Quem lhe explicaria isso?

Começou a tatear as quatro paredes. Os movimentos e a dúvida lhe aumentavam a ansiedade. Não estava na sua suntuosa morada; seu quarto não tinha aquele tumular aspecto. Mas, não se lembrava de nada. Que acontecera?... De repente, uma gargalhada sinistra, que lhe ouriçava os cabelos, cortou o silêncio.

— Que é isto? pensou ele.

Sentou-se num escano da cela e atentou: enchia o espaço o clamor dos elementos que se desencadeavam pela noite tenebrosa. O vento, como um labéu atirado por seres malditos, fazia estalar a ramaria das grandes árvores do pátio, semelhantes a espectros despidos.

Porque temia? Porque via em tudo um rumor fantástico e tinha uma sensação de pavor que não podia explicar?

Pela janela engradada da cela, via a fuga rápida da estrada e a amplidão de um céu nublado e escuro, cortado de lágrimas de fogo. Mastins ululavam como batidos por demônios. Forçou, então, o pensamento, pois queria lembrar-se do que lhe acontecera; mas, o mesmo círculo férreo lhe circundava a cabeça, e o pensamento era como num caleidoscópio que se desenrolava dentro das paredes do seu cérebro.

Ó aflição, ó tormento inexplicável! o seu pavor aumentava por sortilégio diabólico, por sobrenatural poder. Álgido fluido lhe enregelava as extremidades e lhe subia pelo corpo, como prelúdio de morte! O coração batia-lhe fortemente; mas, o silêncio era profundo sempre, sempre arrepiante e crescia na escuridão do espaço!

Leony, reconhecendo que estava prestes a ser presa do mesmo mal que tantas vezes o acometera, encolheu-se no ângulo da cela e procurou distrair o pensamento, afugentar todos os receios. Mas, de novo, a terrível gargalhada cortou o silêncio e fê-lo estremecer. Que gargalhar intempestivo era aquele? Quem riria com tão mefistofélico prazer na escuridão da noite, com tanta ferocidade, com tão irônica expressão?

Pareceu-lhe que a ironia o atingia diretamente: era uma ofensa ao seu amor-próprio, ao seu brio de homem. E repetia a mesma interrogação:

— Quem poderia tripudiar da sua infelicidade? Ninguém. Não tinha inimigo; era engano...

Tentou reagir e reuniu toda a sua coragem varonil. Era a luta do próprio espírito contra as correntes intangíveis que o alvejavam, repelindo o contacto fluídico da entidade que o visava ocultamente e que se entretinha em o atormentar, perseguindo-o à meia distância.

Mas, o "Espírito das Trevas", que sofria também, que também era um torturado, que guardava em seu próprio "ego" todo o veneno implacável dos desenganos de muitas vidas desditosas, o dissabor de não poder viver a vida do homem, por ser moço e amar quando morrera, que via em Leony o eterno espectro da sua infelicidade, ria e gargalhava, para não chorar lágrimas candentes que acerbamente o queimariam.

Desta vez, sua vontade era satânica, seu ódio maior do que nunca; enlouquecia-o o desejo de vingança. Ia, finalmente, manter um diálogo com o seu assassino. Captara fluidos aos desgraçados que dormiam inertes nas suas camas, como múmias nos brancos estofos dos esquifes, em nichos de mármore. Todavia, não lhe atuaria sobre o pensamento; dar-lhe-ia toda a liberdade da razão e do raciocínio.

Tomado de um pavor que o imobilizava, Leony via o céu sempre escuro, o vento assobiando nas grades com macabra ressonância e percebia que uma sensação invencível lhe povoava o cérebro de desconfianças e sobressaltos aflitivos.

A dor de cabeça aumentava-se-lhe; não podia saber por que motivo fôra encerrado ali, naquele calabouço.

Indubitàvelmente era um sonho, um pesadelo mau que o afligia.

Fêz um esforço sobre-humano e, como o peito lhe doesse e a memória lhe fôsse esquiva, ocorreu-lhe chamar alguém: "Xisto! acode! Estou mal!"

Mas, o criado fiel, que dormia sempre a seus pés, que se habituara a isso desde a infância do amo, não veio e, em vez do servo amigo, apareceu-lhe misteriosamente, ereto, estacado, do lado interno da cela, o espectro do vingador. Caía-lhe da espádua, sob a luz mortiça do bico de gás, um manto negro, de fúnebres dobras, que o cobria totalmente, como sotaina monacal, e de cujo negrume se destacavam apenas as mãos, os dedos finos, de unhas compridas, e o rosto oval de brancura marmórea, nitente.

Leony fitou-o com viva curiosidade, logo o reconhecendo. Foi indescritível o seu espanto, ao mesmo tempo que indomável e fantástico pavor o perturbava e fazia tremer violentamente.

— Como! Seria Dupont? Oh! não havia engano; reconhecia-o. No palor da epiderme, aparecia-lhe a fisionomia dolorosa, pungida de íntimos tormentos, do moço que ele matara em duelo, tal qual no dia em que o viu tombar morto no campo dos Tralds.

Seria mistério, realidade, fantasmagoria do pensamento entre dois estados diferentes: semicorpóreo e semiespiritual?

Não! era impossível! Ele morrera. Quem ousa ultrapassar a pedra do túmulo? — pensou Leony, fechando os olhos para afastar aquela visão que se lhe afigurava criação do seu estado supranormal.

Mas, a mesma gargalhada sinistra reboou de novo no silêncio mortal, fazendo vacilar a razão e infundindo terror às próprias coisas inertes.

Quando expirou nos lábios glaciais do "Espírito das Trevas" aquela hilariedade, uma voz, provinda de estranho peito, profunda e vibrante, sem o som metálico da voz humana, começou a falar assim:

— Não gostaste de me ver rir? E' um prazer esquisito, não te parece?

— Para trás fantasma!

— Que julgas da minha presença!

— Maldito! Porque me perturbas?

— Sou dono de ti. Pertences-me.

— Afasta-te.

— Nunca.

— Matar-te-ei.

Leony cerrou os punhos e investiu contra o seu interlocutor. Ia descarregar-lhe formidável golpe, mas recuou espavorido. Fôra como se perseguisse uma sombra, o vácuo, o ar... Não era nada! Logo se imobilizou, aterrado...

O espectro novamente lhe surge e a gargalhada sinistra se fêz ouvir.

Um frêmito vivíssimo começou a agitar os nervos do engenheiro, que era obrigado a ver e a escutar, sem poder esquivar-se.

— Calma! Não te venho fazer mal. Odeio-te, como ao que mais se pode odiar; detesto-te, como ao que haja de mais desprezível; mas, não posso negar a verdade. Tenho ainda um supremo prazer, único talvez, que não trocaria por nada deste mundo de dor e de trevas em que me arrojaste com indiferença e perversidade, prazer que consiste em acompanhar-te, seguir de perto os teus passos, ser a tua sombra.

— Espectro!... manchaste a minha honra, seduziste a minha mulher! Como querias que te poupasse a vida?

O Espírito, porém, sem dar atenção à apóstrofe de sua vítima, prosseguiu:

— No mundo dos vivos, fui feliz por breve tempo. Bebia o néctar da ventura; inebriava-me nos licores da volúpia: não pensava no mal. O amor, rola celeste, arrulhava nos vergéis encantados da minha mocidade. Um dia, veio um abutre, um negro abutre, arrepiou as penas, distendeu as garras e conspurcou o lago cristalino onde eu sorvia o miraculoso filtro. Bianca era a luz dos meus olhos, era a minha noiva bem-amada; tu fôste o abutre de más entranhas!

— Para que revolver vidas mortas! Éramos outros, na existência precedente.

— Engano; éramos os mesmos.

Milagrosamente, pela atuação do espectro, Leony mergulhou de chofre na escuridão do passado e viu as ofensas covardes que fizera a Dupont, as traições, as insídias com que o arremessara na desventura.

Entanto, o Espírito, percebendo que o inimigo, o antigo rival, estava prestes a perder os sentidos, objetou:

— Volvamos ao presente; esqueçamos, momentâneamente, o passado que, todavia, é chaga aberta neste peito e que ainda não deixou de sangrar. O sofrimento embruteceu esta alma. Tu implantaste o gérmen do mal no meu instinto e ele agora recrudesceu. O Espírito condenado e maldito, o sofredor, não terá clemência para o seu traidor, para o seu assassino.

— Perdoa-me, se te ofendi. De resto, já te cobraste da dívida.

— Como pode esquecer aquele que sofre?!

— Ó Espírito, sofres? Depois da morte há sofrimento para a alma?

Uma lágrima luminosa, que ao cair se arredondava como pérola, resvalou dos olhos da entidade semicorpórea.

— Talvez te houvesse esquecido!... Vis ultrajes amortalhados não deveriam volver à cena... Um motivo superior, entretanto, avivou a minha tortura.

— Houve um motivo superior?

— Quê? Tu mo perguntas, hipócrita!?

— Não sei se fui o causador...

— Bianca, ó Bianca amada, porque choras! O teu corpo maravilhosamente talhado, outrora ninho de encantos, claro como as auroras e suave como os nardos, é agora um pequeno volume sobre um catre de hospital! Condenada, irremediávelmente perdida, no teu martírio inda me chamas!... Desgraçado de mim, tolhido nos meus melhores impulsos, que poderei fazer por ti?...

Leony abismara-se ao ouvir falar assim a estranha personagem, que parecia escutar vozes trazidas pelo vento nas suas asas.

Era um diálogo amoroso, intercalado de melodias.

— Vamos, ordenou o "Espírito das Trevas" ao engenheiro submisso, não posso ficar aqui, acompanhar-me-ás hoje numa peregrinação.

Era de ver-se Leony, subjugado, obedecer. Vacilou imperceptìvelmente e o seu corpo se foi reclinando na cama, até cair inanimado, enquanto o Espírito desprendido do seu invólucro imergia na amplidão da noite.

Que sentimentos arrastavam através do Espaço aqueles dois seres! Era atroz, inominável, essa ignota viagem empreendida por dois inimigos, dois antagonistas implacáveis, que lutavam, que se ofendiam desde milênios.

LIII

Com a rapidez do pensamento, ambos se encontraram numa vasta enfermaria, sobre cujas camas esmaltadas, cobertas de lençóis de imaculada alvura, jaziam mulheres de pele emaciada, de olhos encovados, bocas sequiosas e peitos gementes.

Um sussurro de morte perpassava no ambiente carregado e espesso do severo recinto.

Piedosas criaturas iam e vinham à cabeceira das enfermas e lhes prestavam socorros. Era a sede de umas amenizada, as dores de outras sufocadas por soluços e as colheres e os vidros dos medicamentos luziam nas mãos, sobre os linhos dos aventais dessas almas caridosas, que desempenham o magno mister de enfermeiras.

Passaram os dois Espíritos, que acerbas viltas trocavam, por entre as fileiras dos leitos brancos, sem serem pressentidos. Nos seus estados imateriais, ninguém os vislumbrava. De repente, estacaram. Um gemido, uma exclamação dorida partia de um daqueles higiênicos ninhos de sofrimento. Leony quis retroceder. Dupont, porém, o arrastava na sua fluidez, como se fôsse uma fôrça viva. Estavam ao pé de uma pálida mulher, transida, presa de flageladores males.

— Bianca! exclamou Leony, abafado numa atmosfera asfixiante.

Mas, ninguém lhe ouviu a voz, pois que não tinha repercussão exterior.

O "Espírito das Trevas" aproximou-se da cama simples daquela que fôra a marquesa de Chambrol, a altiva, a soberana, a dominadora dos salões. No seu depauperamento extremo, apenas se adivinhava uma formação que devia ter sido maravilhosamente estética. Custava reconhecê-la. A humilhação, a vida do cárcere, toda a sua desdita acabaram prostrando-a num leito de morte. Agora, condenada a morrer pelo terrível bacilo de Koch que lhe corroía os pulmões, entregava-se às saudosas recordações do passado. Na sua mente amargurada, a imagem de Dupont era sempre amorável; amenizava-lhe os remorsos das ações que praticara quando, perdida, imersa no fumo denso das volúpias carnais, esquecera a pureza da alma, o grandioso destino do ser. Chamava-o, no seu delírio febril, quando acometida por sombrias legiões do mundo incorpóreo. Multiplicava, ela própria, os seus tormentos, tombando, afinal, muitas vezes, sobre os travesseiros, onde as irmãs a encontravam sem sentidos.

O "Espírito das Trevas", recebendo através das incomensuráveis distâncias as suas evocações, sofria infinitamente, pelo forte motivo de lhe não poder dar alívio. Acudia ao chamamento, vinha ao seu encontro, falava-lhe, estendia-lhe as mãos, mas oh angústia inenarrável! ela o não via, não o escutava, não lhe prestava atenção, por privada das faculdades supranormais da vidência, da audição, do sonambulismo, do êxtase espiritual.

Entretanto, nessa noite, Leony viu o fantasma confabular com Bianca, ouviu-o dizer-lhe, com mestas expressões:

— Coragem, espera; quando as rosas de Maio desabrocharem, estarás liberta.

— Não, Dupont, respondia ela pelo pensamento; não quero a liberdade.

— Não falo da tua condenação; falo-te apenas da tua liberdade de Espírito. O teu corpo é a prisão; a morte é a liberdade e o Espaço infinito é o mundo.

Pasmou Leony de ver falar filosòficamente o "Espírito das Trevas".

— Não creio na sobrevivência, respondeu Bianca; a morte é o eterno descanso, sono que não tem sonhos, nem pavores, nem melodias. Infinito sono, sem intervalo, é o sono da morte. Antes assim.

— Louca, não vês que a morte não é isso?

— Tu morreste. Dupont; não me podes falar assim, a terra inexorável destruiu-te. Agora, vives apenas na minha imaginação. Desvairo, tenho febre. Dêem-me água.

— Porque dizes que morri, Bianca, se continuo a pensar, e penso e sofro e me dilacero em torturas sem nome?

— Mas, ouço alguém chorar e tenho tanto frio e é tão escura a noite... Ó Dupont, meu amor, atormentas alguém?

— Bianca, o meu algoz está comigo; aqui o tenho acorrentado à minha vontade. Quisera que o visses.

— Leony?... Não faças isso. Ele já sofreu muito, sim, muito; vinguei-me dele... raptei-lhe a filha.

— Duas existências deixei — a mocidade e a vida — por suas mãos. Antes, arruinara-me. Desonrou minha irmã; seduziu, depois, minha noiva; arrojou-a na lama da prostituição; tu e eu fomos suas vítimas indefesas. Agora, vingar-me-ei de uma vez para sempre.

— Espírito vingador, dá-me liberdade; tenho deveres a cumprir na Terra, tenho minha filha a quem adoro; esquece, por Deus, essas ofensas.

— Sofro; deliro. Dê-me água, boa irmã... chame o medico depressa...

A enfermeira acercara-se do leito de Bianca.

— Paciência, coragem; pense em Deus. Vou buscar-lhe o remédio e volto já.

— Quando as rosas de Maio florescerem, num dia de sol, ó Bianca; quando os rouxinóis gorjearem nos castanheiros, saudando a alvorada ainda tinta da cor violeta do ocaso, vestida de rosicler e névoas, virás para este mundo, Bianca... Espero-te; não tenhas medo, nem faças ruído; não tenhas medo, sim, é a morte e a morte é a continuação da vida — murmurou o apaixonado Espírito do mancebo.

— Trinta e nove e três décimos, disse a enfermeira, verificando o termômetro que tirara da axila de Bianca; a febre é alta. Dói-lhe alguma coisa?

— A cabeça e o peito. Tenho uma bruma presa aos meus olhos; insetos zumbem aqui. A irmã não viu ninguém?

— De quem fala?

— Dois homens entraram aqui agora mesmo e um me falou de rosas. Era tão estranho o seu falar...

— Engano, minha senhora, aqui não entrou ninguém. São quatro horas da madrugada e os médicos só vêm das oito em diante. A mais ninguém é permitido entrar na enfermaria da penitenciária.

— Foi um delírio, talvez... Porém, seres tão perfeitos assim... Se a irmã me fizesse um grande favor, eu lho pagaria generosamente, acrescentou a enferma, depois de breve pausa.

— Estou à sua disposição.

— Venha cá; a irmã figurará como legatária no meu testamento. O tabelião Mabillion, amanhã, virá aqui, acompanhado das respectivas testemunhas; vou expor-lhe as minhas disposições derradeiras. Dê-me um poucochito de morfina... E' só, entendeu?

— E' impossível; o médico proibiu; isso a está envenenando.

— Mas, se hei-de morrer mais hoje, mais amanhã? Esta doença é incurável. Porque não me faz a vontade? Compadeça-se de mim; não vê como sofro?

— Não posso: o médico conhece os efeitos do anestésico e não me perdoará.

— Ora, que lhe importa isso? Tenha pena de mim, sim, minha santa! Hei-de morrer... Aplaque por umas horas estas dores, e será bem gratificada; a irmã sabe que morrerei...

Bianca apertava-lhe as mãos entre as suas, abrasadas.

— Espere, disse ela, baixinho, enxugando as lágrimas no avental; já volto.

Entrou num pequeno compartimento e pouco depois voltou trazendo, numa das mãos, a "pravaz" e na outra um pedaço de algodão embebido em álcool. Acercando-se da enferma, descobriu-lhe o braço e injetou-lhe o líquido na flácida carnação.

— Obrigada, disse Bianca, esboçando um merencório sorriso.

Fechou os olhos e ficou tranquila.

Nesse momento, Leony, dentro das emanações de seu sinistro companheiro, desaparecia no infinito.

LIV

Quando, pela manhã, o enfermeiro incumbido de tratar do ilustre alienado, penetrou na cela número nove, condoeu-se de o encontrar estendido no chão, com as faces encostadas no frio lajedo. Chegou-se a ele, bateu-lhe de leve na espádua.

— Vamos, levante-se, que é isso?

Leony, forçado a retomar o corpo, extremunhou. Só então conseguiu livrar-se de seu obsessor, que durante a noite tão fortes emoções lhe havia proporcionado.

Atônito, envolto ainda no fumo espesso da cólera do fantasma, custou a levantar-se.

— Até que finalmente estou aqui.

— Sim, senhor, está em lugar seguro, respondeu, maquinalmente, o homem.

— Que lugar é este?

— O hospital de "Notre Dame des Souffrances".

— Como? Então estou no hospício? De que modo vim parar aqui; você quer dizer-me? Dar-lhe-ei uma boa gorgeta?

— Isso é com o diretor, respondeu o guarda da cela, arregalando os olhos de cobiça.

— Queres levar-me onde está o diretor?

— Isso... isso é com o doutor, respondeu o homem, olhando de soslaio para a porta, como se o inquietasse o olhar desmaiado do moço que fôra encerrado como louco.

— Pois vai chamar o doutor; toma esta nota de vinte francos e traze-mo aqui, ouviste? Vai depressa.

O guarda meteu na algibeira a nota e saiu apressadamente.

— Com que então estou no hospício, neste horrível antro de pesadelos e de horrores? Quem me faria esta traição? pensava o engenheiro. Como minha filha permitiu? E os meus amigos Paulo e Artur, meus médicos? Miseráveis!

Mas, em vão ficou esperando; as horas passaram: deu sete, deu oito, nove, dez e nada, e a zoeira infernal continuava assustadoramente. Gargalhadas, gritos, injúrias, assobios lhe vinham de todos os lados.

Agora, não era sonho, nem ficção; era a realidade fria, a realidade dolorosa e inenarrável dos maiores infortúnios, patenteada a seus olhos.

Era de crer que Leony, irremediàvelmente perdido, vítima de sua vítima, rolaria para sempre no insondável abismo da loucura.

Encaminharia o espectro as coisas para esse rumo, enquanto do seu coração prenhe do desejo de vingança transbordasse o fel do ódio.

Às onze e quinze volveu o guarda, trazendo uma bandeja com algum alimento.

— E o médico? interrogou o engenheiro, impaciente, agitado. Você não voltou a dar-me resposta!

— E' que o diretor telefonou para a residência do médico e ele respondeu que às tres horas aqui estará, retorquiu o guarda, arrumando os pratos numa mesa portátil! Está pronta a refeição.

— Não quero nada! Tire isso daqui, impôs Leony, irritado, e o guarda obedeceu, fechando a cela.

— Deixe-me sair.

— Não posso; tenho ordens da diretoria, sou empregado.

— Deixe-me sair, por favor; não sou nenhum doido. Porque me prendem aqui?

— Paciência, espere o doutor; ele lhe dará alta.

Foi com pesar infindo que o engenheiro teve de se resignar e esperar.

Pelas três horas apareceu-lhe o Dr. Artur L'Waite.

Mas, o "Espírito das Trevas", que vinha com ele,

lhe tomou a dianteira e começou a atuar vigorosamente no cérebro de Leony, antes que o médico assistente lhe dirigisse a palavra.

— Eis o teu maior inimigo: é o teu médico. Traiu-te; quis livrar-se da tua presença; injuria-o, lança-te contra ele; foi ele quem te encerrou aqui como louco varrido.

E Leony obedeceu. Era uma engenhosa insídia que o "Espírito das Trevas" urdia para efetivar os seus planos sinistros.

— Traidor, farsista, hipócrita... Com que então conseguiste levar a efeito uma criminosa ação e ainda me vens falar com esse aspecto?! Para trás infame. Não quero as tuas injeções, nem os teus remédios. Eles me envenenaram.

O médico, desorientado, tentou ainda fazer-lhe o tratamento; mas Leony ergueu os punhos cerrados e lançou-se furiosamente contra o facultativo. Estava possesso.

O Dr. Artur, que se achava prevenido, afastando-se, ordenou: "Ponham-lhe a camisa de força e dêem-lhe o remédio de hora em hora. Tenham-no encerrado até que esses acessos declinem". Prescreveu ainda duchas frias e dieta rigorosa. Depois, voltou-lhe as costas.

Leony acompanhou-o com olhar sombrio. Logo ouviu a petrificante gargalhada, a gargalhada tétrica do "Espírito das Trevas", confundindo-se com o alarido infernal dos loucos do "Hospício Notre Dame des Souffrances".

Teve, então, forte delíquio. Quando recobrou os sentidos, estava noutra cela, mais ampla, deitado numa cama muito melhor e mais higiênica.

— Ivone, minha filha, porque me abandonaste? Porque consentiste que me prendessem aqui, neste medonho cárcere? exclamava o inditoso moço.

Mas, se ele padecia e chamava pela filha, único ser a quem idolatrava na terra, Ivone compartilhava da sua desdita e andava por toda a casa, agitada, exclamando:

— Meu Deus! porque sofremos tanto?

Entardecia, quando ela própria, depois de receber a tenebrosa notícia que Artur lhe trouxera, de que seu pai piorara a noite passada e nesse dia, permanecendo agudo o seu estado, resolveu ir a casa do Dr. Paulo de Sália. Nele, ùnicamente nele, depois de Deus, suprema sabedoria, inconcebível poder, repousava a sua esperança.

Paulo conhecia bem a natureza espiritual dos seres que no éter, através de grandes mistérios, embalados por celestiais melodias, apresentam a harmonia das formas divinais. Ele, que tinha o dom de confabular com os mortos, de ver e escutar ao longe, com exclusão dos sentidos corporais, poderia minorar esses horríveis padecimentos. Fazendo-se acompanhar de Glória, que se regenerara e que agora lhe dedicava afeição maternal, chegou à residência do clínico.

Este, que sofrera a traição de seu desafeto, ainda se conservava no leito. Dotado, porém, de organização sadia e de um sangue puro, convencido de que o espírito, com suficiente desenvolvimento moral, pode reagir contra a influência da matéria, esperava o seu restabelecimento pronto e pensava no amigo mal-aventurado, vítima do feroz "Espírito das Trevas", quando Lac o foi avisar de que duas senhoras desejavam falar-lhe.

— Diga que não as posso atender.

Lac obedeceu: mas, pouco depois voltou, trazendo ao médico um cartão de visitas. Depois de o examinar, Paulo mandou introduzir as damas na sala de espera.

Apesar do seu estado de fraqueza, reanimou-se quando soube que Ivone de Anfreyt o procurava. Vestiu-se à pressa e foi ao encontro das recém-chegadas.

— Ivone! exclamou ele, com um misto de doce alegria e de pesar, do pesar que o pungia desde a revelação que lhe fizera Leony de Anfreyt, com respeito ao futuro consórcio da filha. Tu, aqui?

— E' verdade; um assunto muito grave me traz à tua presença. Mas, que fizeste? Estás tão pálido, tão desfigurado, acrescentou Ivone, notando a fisionomia do moço. Artur me referiu o ato de abnegação que praticaste, expondo a tua vida para salvar uma agonizante.

— Não foi nada de maior. Apenas, um descuido do Dr. Artur L'Waite, ao fazer a transfusão do sangue, descuido que me ocasionou ligeiro enfraquecimento; mas, já estou melhor.

— Creio que não sabes a desgraça que acaba de passar em nossa casa.

— Mandei telefonar duas vezes, para saber notícias de Leony, porém, não deram a ligação.

— Pois meu pobre pai piorou consideràvelmente, a ponto de perder a razão.

— Que dizes? Teu pai perdeu a razão?

— Desgraçadamente tanto que atentou contra a vida do Dr. L'Waite, de Xisto e de outras pessoas.

— Mas, ficara tão bem na noite que lá estive...

— E' verdade e o mais doloroso é que foi internado no hospital "Notre Dame des Souffrances", porque o Dr. L'Waite assim o deliberou!

— Hospital "Notre Dame des Souffrances"? retorquiu Paulo, surpreendido, mordendo os lábios e acariciando a barba que lhe apontava levemente no queixo, enquanto meditava: Hospital... hospício... manicômio... E perguntou: porque deixaste, minha querida, que internassem teu pai no hospital?

— Nem podes imaginar o que se passou; só fui sabedora do sucedido depois que ele já não estava em casa; seu estado agravou-se, repentinamente; teve acessos violentos, bradava, injuriava, investia contra todos, rasgando as vestes, seviciando o corpo. Xisto, assustado, me fechou no quarto, temendo que o papai me desconhecesse e me agredisse. Quando o Dr. L'Waite lá chegou, encontrou-o armado de punhal. Quis, como era natural, desarmá-lo, mas foi impossível. Ele reagia furiosamente. Pobre pai!

— Tem paciência; que se há-de fazer?

— Vendo a desgraça e adivinhando o crime, o médico achou prudente removê-lo para o hospital. Chamou em seu auxílio a Assistência Pública; os enfermeiros então conseguiram, não sem custo, dominar o meu desventurado pai. O Dr. Artur prometeu-me que vai ter hoje uma conferência com o Dr. Simes Lyon.

— E hoje o foram visitar?

— Não, porque o médico veio dizer-me que ele piorou sensivelmente; perdeu a memória! não reconhece ninguém.

Quando Ivone terminou, uma torrente de lágrimas lhe irrompia dos olhos.

— Pobre amigo! Pobre Ivone, disse Paulo, penalizado, tomando as mãos da moça e apertando-as docemente. Tem coragem, minha querida, coragem. E' uma provação para ambos; não recues no caminho da luta. Tem fé em Deus, que este transe difícil há-de passar.

— Depois de tudo isso, não tenho mais confiança na medicina. Vi-o piorar sempre, cada vez mais, até chegar ao ponto em que está; só uma esperança me resta e esta reside na tua vontade.

— Que é, Ivone, que queres dizer?

— Conheço as forças ocultas; sei que se podem fazer milagres, que tudo se pode obter, quando se possui, como tu, virtude e conhecimentos do mundo invisível. Teu pai me dizia "que os Espíritos do abismo erram entre nós; que, por vezes, nos prejudicam; porém, que com a brandura e com o amor podemos dominá-los".

— Tens razão; somos senhores do nosso destino.

— Paulo, és o único que podes curá-lo pela magia branca que circula em teu formoso espírito... Lembro-me que Ilca, o teu santo pai, dispunha de um poder extraordinário; seguramente hás-de ter herdado dele esse poder. Muitos sofredores tiveram minorados os seus padecimentos, muitos torturados pelo mal do pensamento foram aliviados com o seu suave magnetismo.

— Pelo magnetismo psíquico se fazem milagres; mas, para isso, é necessário ter mérito e, sobretudo, entranhada fé em Deus, muita abnegação e uma espécie de renúncia da Terra pelas coisas do Céu. Se não fôsse este acidente, ter-se-ia evitado isso. Tenho plena certeza de que Leony, conquanto não estivesse completamente curado, estaria melhor, mais calmo. Agora, ainda não posso trabalhar; espero, entretanto, que dentro de uns três ou quatro dias estarei em condições.

— Sim, vejo que estás da cor do linho; vai deitar-te, estás a tremer. Tens frio? inquiriu ela, tomando-lhe as mãos. Sentes-te mal?

— Não é nada, tenho sofrido muito estes dois dias, querida Ivone, mais do que nunca.

— Fôste vítima do teu nobre coração; mas, devias ter pensado primeiramente em ti e na tua missão. Ontem, quando o Dr. Artur me disse, fiquei muito aflita. Já não bastava a doença de meu inditoso pai para me desesperar... Não podes imaginar como tenho passado. Não sei o que é dormir há mais de uma semana. Ora a tua imagem, ora a de papai; pensando e pensando nos teus padecimentos e nos dele, tinha vontade de duplicar a minha individualidade para poder estar à cabeceira de um e de outro.

— Obrigado, respondeu o moço, osculando respeitosamente as mãos de Ivone. Mas, não foi isso o que me fêz sofrer.

— Que foi então?

— Sabê-lo-ás mais tarde.

Paulo comovera-se com as frases sinceras, saídas daquela alma cândida, votada aos ideais sublimes da espiritualidade, tão invulgar, que se lhe notava a suave auréola de um espírito adiantado. Tinha a convicção de que ela lhe correspondia aos puros afetos, que se iam cada vez mais solidificando, tornando fortes, indestrutíveis, que dominam a vontade e triunfam dos preconceitos senis.

Num prolongado silêncio, Paulo pensava em seu amor, em sua missão espiritual, em sua fraqueza de homem relativamente às coisas que lhe surgiam como obstáculo à realização de seus desejos, fraqueza essa que aos olhos de Deus merecia perdão, porque a sinceridade e a perseverança a santificavam.

— Vou orar e fazer abluções hoje e amanhã, para que te restabeleças quanto antes e possas tratar de papai. Iremos visitá-lo, não é assim? Tu me levarás ao hospital, não é verdade?

— Sim, iremos buscá-lo. E' indiscutível que em sua casa estará melhor do que em qualquer outro lugar. Quanto há-de ter sofrido sem a nossa presença. Ah! Ivone, como é triste o futuro daqueles que se desviam do caminho da espiritualidade e se ocupam com as puerilidades da matéria, dos preconceitos vazios, que se deixam obumbrar pela relâmpago sangrento da cólera, que abandonam a piedade e o perdão, para se deixarem levar pela violência, pelas injunções do meio.

— O papai então deve estar no número desses. Ocultas-me alguma coisa... Será ele porventura delinquente?

— Perdoa-me, Ivone; não é a Leony que me refiro; externo conceitos de ordem geral.

— São conceitos gerais, compreendo; mas, o que tenho visto é que muitas almas, que não ousam praticar o mal porque amam o bem, pela delicadeza dos sentimentos de que são dotadas, sofrem e sofrem muitas vezes mais do que aquelas que se submetem aos instintos, aos vícios e praticam iniquidades.

— E' verdade; mas não crês, meu amor, na Lei da reencarnação! E' nesta lei superior que se baseia a Justiça, é aí que reside a mais transcendente verdade que Moisés, o iluminado do monte Sinai, proclamou parabòlicamente, referindo-se às sangrentas orgias dos monarcas de Israel e dizendo: "Dente por dente, olho por olho", sentença que Jesus, o mais sublime, o mais doce dos profetas, esclareceu por esta outra: "Quem com ferro fere com ferro será ferido". A doutrina das reencarnações, codificada pelo gênio apostólico de Allan Kardec, a quem o mundo coroou de lauréis e cuja memória imortalizou, aclarou este ponto obscuro, pela forma mais racional, mais consentânea com a razão.

— A propósito disso, esquecera-me de dizer-te que me foi dedicada uma obra literária, que papai mandou traduzir para o francês, intitulada: "A reencarnação de Ibis em Ivone". Disse-me ele ser uma fantasia de um tio meu, que era poeta, que me queria muito e que faleceu há alguns anos, em viagem para a Índia.

— Não leste ainda esse livro? Não deve ser uma fantasia. Quem sabe se esse cérebro pensador foi iluminado por uma réstea da luz divina e em vez de se inspirar numa quimera foi buscar nas fontes da verdade, ocultas no subconsciente, o motivo para a sua obra.

— A desgraça que aconteceu ao papai me perturbou

muito; mas, dizes bem, vou começar a ler esse livro; talvez venha ele solidificar a minha fé.

Levantaram-se.

— E' tarde! estimo que melhores depressa; não penses muito, Paulo; dorme e alimenta-te bem, sim?

— Ivone, como é triste a separação, quando amamos o ser que se despede. Por mais breve que ela seja, figura-se-nos que vai perpetuar-se por tempos eternos...

Desvanecida, a moça respondeu com um sorriso de ternura. Foi um demorado adeus.

Detrás dos vidros da janela, Paulo a viu subir para a carruagem e, sorrindo, acenou-lhe com a mão, envolvendo-a sempre no seu olhar apaixonado.

— Cuida-te bem, ouves? foram as últimas palavras da donzela.

LV

O pensamento é uma força criadora, murmurava Paulo, presa de sincera piedade pelo amigo. Se estivesse bom, repetia, reclinando-se na cama, fazia hoje uma sessão, a fim de esclarecer a individualidade incorpórea, que sofre e faz sofrer o pobre Leony.

Tão depressa Paulo exprimiu essas palavras, ouviu o estalar indiscreto de uma gargalhada. Surpreendeu-se. Na verdade, tão descabida e tão singular era aquela manifestação bizarra, que não pôde deixá-la passar despercebida.

— Lac.

— Senhor?

— Você é que está rindo assim?

— Não, meu senhor.

— Não viu quem foi que soltou uma estridente risada?

— Aqui não está ninguém; o cozinheiro e o auxiliar pediram licença e saíram há mais de uma hora.

— Está bem; traga-me uma chávena de chá e torradas.

Enquanto o criado fôra cumprir a ordem, o médico pensava: "Estou muito fraco, nem me posso ter de pé.

O pensamento, porém, é uma força criadora. O corpo, para o espírito fortalecido, nada vale. Não posso trabalhar pelo Magnetismo, mas o meu pensamento não descansará, enquanto repousar este envoltório desfalecido, parco de vitalidade, indigente de sangue. Por-me-ei em ação pelo espírito.

— De que ação falas, ó pálido mancebo?

— No Infinito, no Espaço, pelo pensamento entra-se em comunhão com aqueles que morreram; vê-se o que não se pode ver com os olhos do corpo; ouve-se sem ter ouvidos. Sem asas, o pensamento voa mais célere que o vento, respondeu, no mesmo tom, pois percebera que um visitante de além-túmulo ondulava o seu manto negro, no crepúsculo esverdeado da lâmpada acesa sob um abajur de seda verde-mate, que alumiava suave e simultâneamente os três aposentos.

Paulo concentrou-se para reconhecer o invisível visitante.

— Como sabes dessas coisas, sem pertenceres a este mundo?

— E' que estudo a Doutrina dos Espíritos, amo os mortos e gosto mais de lhes falar do que aos vivos, porque neles vislumbro mais sinceridade do que nos homens, escravos do egoísmo e dos interesses mundanos.

— Extraordinário gosto!... pensou o "Espírito das Trevas". E sabes o que se passa com os mortos? perguntou, começando desde logo a temer as emanações luminosas, os raios, de tonalidades várias, entre a cor do ouro e um verde-mar suave, que nimbavam a fronte alva do moço como radiações magnéticas.

— Sei!...

— Sabes sempre, sempre?

— Quando o Pai Celestial e os guias espirituais que nos inspiram na trilha do bem o permitem. Isso não é sempre.

— Está pronto. Não precisa de mais nada? interrogou o pagem, pondo no velador a bandeja com o serviço de chá.

— Não. Podes retirar-te.

Em vão Paulo tentou reatar o fio da palestra. O

Espírito, aproveitando a entrada do criado, volveu, desabalado, ao Infinito.

Havia um homem de singular poder contra quem lhe não era dado triunfar.

Quisera, porém, tentar turbá-lo com a sua presença, anunciando-se pelo costumeiro gargalhar, meio de que usava para assombrar os que pretendiam impedir a realização de seus planos. A princípio, falara irônico, porém, descambara para o tom grave... Temendo ficar presa das forças coercitivas: o perdão, a bondade e a brandura de que o moço usava como atalaias em seus trabalhos psíquicos, fugiu.

Ao penetrar no ambiente semiterreno, ouvira magoado lamento. Uma voz dorida andava no ar, multiplicava-se, ia, vinha, voltava novamente e soluçava em torno dele, como cigarra fascinada por ofuscante raio de Sol.

Dupont, do espaço, falou:

— Porque choras, Bianca? Esquece tudo. Tua vida se extingue num tormento sem tréguas.

— Vendi a minha alma ao demônio do prazer. Agora estou no Tártaro...

— Cala-te, Bianca, não sejas tola. O inferno não existe; é simbólico. O que há é sofrimento, é solidão e noite sempre escura para as nossas almas.

— E Belzebu... o anjo das trevas?...

— Desvairas em consequência da febre; já não te disse que não há inferno? Volta para o teu corpo; ele ainda não deixou de existir. Quando fores como eu, saberás tudo isto e muito mais.

— A noite escura me assoberba! Tenho medo! A morte é porventura mais tétrica?

— Não temas, meu amor; nessa hora, estarei contigo.

Mas, uma ideia fixa se apoderara do "Espírito das Trevas", trespassado pelos lampejos da cólera que o tornava irredutível, obstinado nos seus propósitos. Ninguém o demoveria de seu intento.

Apaixonado pela sua existência física, vendo-se de tudo privado e lançado nas sombras do mundo que não tem fulgores para as almas que se engolfam nas más paixões, nada mais via senão o causador de sua ruína; era a ele, pois, só a ele, que queria atormentar, transmitir à sua alma o fel que o amargurava.

Assim, quando encontrou o Espírito de Bianca, que errava no Espaço sob a ação do narcótico, tinha em mente volver a apossar-se do alucinado engenheiro que encerrara no manicômio.

Entretanto, depois que mantivera aquele efêmero colóquio com o médico enfermo, mais perturbado ficara; nutria maiores desejos de vingar-se. Parecia que a consciência estava a dizer-lhe: "Vê uma alma que é feliz". E ele, o desventurado Espírito, tinha saudades dos tempos remotíssimos em que não sofria e em que não era mau, quando, tranquilo, vivia amando a Bianca, casta adolescente, linda e pura como as visões com que os poetas sonham em êxtases, e que o demônio, o anjo sedutor de negras entranhas e bestiais instintos, arrebatou do leito virginal para entregá-la aos prostíbulos, arrastando-a pelo lodoso caminho da desonra! E não fôra só isso: após a covardia e a saciedade de seus torpes instintos, chasqueou da sua vítima, desdenhou-a, cobriu-a de humilhações. Lembrava-se Dupont dessa existência passada, na qual, em vão, tentara salvar Bianca, esquecendo a sua vergonha, oferecendo-lhe as doçuras da regeneração. Mas, de que modo? Encarcerado, nada pudera fazer. Era tarde, tarde de mais. Ela estava perdida no caos tenebroso, contaminada a alma de negra vermina. Aquela alma, esplendente de castidade, se corrompera. Recordava-se, ainda, que durante uma existência inteira essa ignomínia o mortificou. A decepção, o opróbrio, a amarugem dos fatos causados por Leony o conduziram prematuramente à morte.

Foi o ponto inicial das tremendas e secretas revoltas, das vinditas implacáveis.

Como os cardos cheios de nervuras bronzeadas se eriçam de espinhos, as forças do mal, convergindo e combinando-se de mil formas, ensombraram os revérberos opalinos das virtudes que cintilavam, como florescências estelares, na alma do mancebo apaixonado, que se aureolara de nobres feitos e revelava primorosa educação.

Dupont, vítima, em épocas varridas pelo furacão dos séculos e das gerações sucessivas, se transformara em vingador. Nascera daí a confusão, envolvendo nas suas fúnebres dobras o mérito de boas ações. Tornara-se-lhe de sabor acume a vida vazia de estímulo. Em vez das visões de primorosos contornos, de telas diáfanas, surgia-lhe face a face o espectro de sua ruína. No desejo de vingar-se, abraçava horríveis concepções, precipitando-se para um ignorado destino, dominado por pensamentos anti-fraternos, de tremendas desforras.

Atraído pela voragem do mal, Dupont desceu até ao leito onde o engenheiro, revolvendo-se continuamente, avaliava a enormidade de sua desgraça.

Adejou sobre a sua vítima, como ave negra de horripilante plumagem e de faiscante olhar, que a tempestade arremessasse de ignota região. Leony, que já de longe sentira a ação do seu trágico antagonista, teve singular impressão: uma espécie de terror inconsciente se manifestou nele pelo bater acelerado do coração, pelo palpar inquieto com as mãos tudo o que o rodeava, qual náufrago que, ao lutar com a morte, procura agarrar-se à plantinha que debrua a parede escura do cais.

A isso respondia com escárnio o tredo inimigo, que por ali arrastava seu manto de fúnebres dobras. Em meio do casquinar de vozes que sussurravam confusamente entre abafados gemidos, de alarmantes gritos, de lamúrias inconscientes, cuidou Leony perceber uma voz que lhe era bastante conhecida e um gargalhar crudelíssimo, que diferia do vozerio dos insanos revoltados contra as potências superiores.

Pressentindo o ataque do seu irremediável mal, que sempre se manifestava dessa singular maneira, cerrou as pálpebras para não ver quem ousava dele escarnecer tão sarcàsticamente.

Baldado intento! Mal fechara os olhos, a figura sombria lhe aparecia mais nítida, com o seu riso alvar.

Diabólico poder exercia o obsessor sobre a sua indefesa vítima; zombava de tudo e mostrava-se-lhe através das pálpebras fechadas. Ante a sua dolorosa visão interna, reproduziram-se para Leony as cenas anteriores. Enchendo-se de coragem, ele abriu os olhos e dirigiu a palavra à sombra que flutuava, à meia distância, em estado tangível.

— Demônio, fantasma, criação do pensamento, o que quer que sejas, afasta-te da minha vista, não te quero ver...

— Fantasma, demônio? Não!... Dize antes: "Espírito das Trevas", que o tormento inflamou de sentimentos malditos, porque me vens arrancar a alma de dentro do peito?

— Queres dizer que o meu suplício ainda não te saciou a vingança? Porque te causa riso o que sòmente assombro e piedade pode inspirar?

— Piedade? Esplêndido argumento para a nossa palestra... Porventura, tiveste piedade, quando encerraste dentro das quatro tábuas de um caixão, que a terra do túmulo escondeu piedosamente, para ocultar aos olhares dos homens, que recuariam de espanto diante do pavoroso cenário da decomposição, um homem que estava no viço da mocidade, um coração onde só moravam firmes afeições e onde os sentimentos do mal não tinham desabrochado? Porventura, tiveste piedade, quando lançaste uma pobre anciã na solidão da miséria e no abandono? Porventura, tiveste piedade, quando viste essa pobre mãe grisalha, que só tinha por arrimo e esperança o filho amantíssimo, caminhar, com a santa cabeça envolta em crepe, para a morte, sem lenitivo para a dor infinda que lhe fazia correr incessantemente o pranto e que mais depressa a arrastou para a cova?

— Ó Espírito sem honra! Houve para isso uma causa justificada. Se te matei, se lancei tua mãe na miséria, foi legalmente. Não podes dizer que te assassinei. Estão aí a ata, as testemunhas, que provam ter havido um duelo legítimo. Como queres, depois do teu delito, reclamar misericórdia?

— Convenho em que houvesse um motivo a que

chamas de honra; convenho, ainda, em que não tenha havido assassínio, visto como fui escolhido pela sorte para atirar primeiro, de modo que poderias ter sido o que morresse. Lembra-te, porém, maldito, dos teus ignominiosos feitos, em existências anteriores, dos violentos atentados que praticaste contra a honradez de venerando ancião, do qual raptaste a filha adolescente, tímida flor de candura; lembra-te de que, por cúmulo das infâmias, arremeçaste, dentro das muralhas do presídio, um homem em cujo coração a confiança e a bondade, desprestigiadas, se transformaram pouco a pouco em crueldade! E me vens falar de honra!... Lembra-te de que uma dessas criaturas, que serviu de pasto às tuas infâmias, era Bianca, e esse homem a quem traíste era eu.

— Que poder tens para me atormentar assim? De fato, vejo o que dizes. E' sugestão? Possuis então um poder satânico? Porque tenho, pergunto-te, a minha vida nas tuas mãos? Meu cérebro se desdobra, a minha memória se dilata, ultrapassa os limites das leis naturais. Surgem-me à vista pavorosos quadros. Demônio, fantasma, estanca a tua cólera, deixa que eu beba, com o néctar do esquecimento, a regeneração, como os plátanos fanados haurem frescura nas gotículas do orvalho... Numa vida mais suave, serei teu servo.

— O torturado do Espaço, dentro das rebeliões dos seres como ele, apaixonados que se entregam à perdição, que repudiaram a luz do empíreo e que, vencidos na luta, descem à expiação no Oreb dos planetas inferiores, onde a alma se depura de todas as misérias, não ouve o teu apelo; convida-te a assistir com ele aos tenebrosos conclaves dos Espíritos do eterno abismo, a blasfemarem contra Deus, contra a virtude, numa perpétua vertigem de revolta e angústia, e que, de quando em quando, atraídos pelos eflúvios corporais, erram na crassidão da Terra e vão deleitar-se nos sangrentos combates, nos gozos profanos, em contínuas lutas contra as potências do bem.

E, dizendo isto, o fantasma vingador ergue a destra; escapavam-se-lhe dos dedos teias fulgurantes, fugidias. Dir-se-ia que inúmeros raios, por sucessivas descargas elétricas, atingiam o engenheiro. Um suor frio lhe escorria pelo corpo; seus olhos já não viam, senão espesso fumo. Num esforço sobre-humano, procurou lutar contra o poder formidável que o esmagava; mas, o seu cérebro foi vencido, a sua vontade subjugada.

Então, sentiu-se tomado de pavor e de sensação idênticas às de um afogado, cujas convulsões terminam nas trevas da grande inconsciência, do desconhecido onde flutua.

LVI

Leony viu-se arrastado, pelo seu antagonista, através do espaço. Em baixo, a Terra afigurava-se-lhe um sorvedouro imenso, um inferno, do qual sòmente subiam vozes lancinantes de seres disformes, mutilados pela perversidade humana. Agitavam-se multidões de criaturas imperfeitas, disseminadas por todo o globo, lançando maldições que repercutiam na esfera negra e esta parecia afastar-se deles, que fugiam céleres, arrebatados pelo vento e envoltos numa atmosfera insuportável, asfixiante, que a muito custo venciam.

Ao subirem, as estrelas pareciam imensos braseiros a despedir chamas cujo calor ameaçava destruir todo corpo estranho que lhes penetrasse na esfera de rotação.

À medida que subiam, através da noite lôbrega, transpondo infindas distâncias, maior se tornava o clamor dos elementos, que os sóis e os satélites como que vomitavam numa voragem consumidora.

Viram-se, de um mómento para outro, impossibilitados de prosseguir. Houve, até, breve hesitação da parte do sinistro fantasma que trazia sujeito à sua vontade o objeto do seu ódio: precipitar-se-iam nos mundos inferiores que flamejavam, ou desceriam ao âmbito terráqueo para sondar-lhe as entranhas?

Talvez aí se deparasse ao Espírito perseguidor algum panorama de palpitante atualidade, apropriado aos fins que ele colimava. Optou, pois, pela segunda hipótese e começou a descer novamente das alturas. O cheiro do ozone, do carbono, em composição com outros elementos químicos da Natureza, lhes deu a percepção nítida de que se engolfavam nas entranhas do globo terrestre. Um vapor sulfuroso lhes impregnava o envoltório espiritual, ao mesmo tempo que uma grande densidade os atraía vertiginosamente, qual ímã, para as profundezas do báratro.

Repelindo as forças fluídicas daquele ambiente impuro, Leony sofria, via-se premido, ligado a uma potência invencível; fazia esforços, lutava inùtilmente, para libertar-se da canga do sinistro companheiro.

De súbito, estacaram. Estavam num vasto campo solitário e ermo, varrido por uma brisa arrepiante, que voluptuosamente os fustigava.

O "Espírito das Trevas" sondou a paisagem. Era nua, completamente imóvel, como vasto lago adormecido num berço de arbustos mirrados e eretos na escuridão. Hesitava. Que pretenderia fazer? De repente, avistou os muros alvacentos de uma antiga necrópole. Iluminou-se-lhe, então, a mente atribulada por desígnios abomináveis e resolveu penetrar no recinto sagrado, que branquejava na obscuridade como muralhas de lendária cidade morta e esquecida. E ei-los no cemitério. Os nichos, os mausoléus, as campas singelas e suntuosas, alcatifadas de boninas e violetas atestavam mudamente as saudades dos que ficam na Terra, dos que choram os resíduos do ente querido que se evolou para o mistério do Além.

— Que vens fazer aqui? perguntou Leony. Que pretendes entre as campas dos finados.

— Já te direi, espera. Deixa-me, porém, descansar a cabeça sobre estes túmulos. Vais presenciar cenas tocantes; mas, recomendo-te coragem, muita coragem...

Era frio o falar do "Espírito das Trevas".

Assombrado, Leony esperava, esperava em crescente dúvida, como o condenado espera a sentença suprema. E o Espírito ria, ria novamente, escarnecendo do irreprimível terror que se apoderava cada vez mais da sua vítima, vindo-lhe da intuição das terríveis coisas que se avizinhavam. Afigurou-se-lhe que o vento era mais forte, a noite mais profunda e mais nítido o rumor dos ciprestes esguios, que pareciam confabular num misterioso ritmo.

Em torno dos monumentos, sob as estátuas de mármore artìsticamente esculpidas, pareciam meditar sombras plácidas de mulheres e homens embiocados em longos e impenetráveis mantos.

Dir-se-ia um outro mundo, original, fantástico, encantado por qualquer sortilégio, numa imobilidade perene, que só os videntes poderiam observar. Estátuas simbólicas ornamentando as tumbas luxuosas, que a saudade de seres amados levantara, pareciam anjos de asas estendidas, protegendo as sombras que cismavam, encostadas aos monumentos.

Mas, o "Espírito das Trevas" corria, corria vertiginosamente pelos carreiros ermos, onde só o hálito da morte vibrava. Viam-se na areia rangedora do chão recortarem-se as formas dos ciprestes, ourelando canteiros floridos de goivos e de papoulas de alvas corolas.

Que quereria? Que buscava ele ansiosamente?

Súbito, parou. Num quadro singelo, havia um mausoléu, com pilastras de argila ligadas por uma corrente metálica, presa por uma argola a uma loisa de mármore. Sobre esta, em relevo, lia-se piedosa inscrição. À cabeceira, grande pedra de grês, artìsticamente trabalhada e embutida entre duas colunas de mais de dez palmos de altura. Por cima da arquitrave pairava um pequeno anjo de asas abertas, esculturado na mesma cantaria, parecendo meditar sobre uma fotogravura de mancebo, cujos traços fisionômicos a escuridão ocultava. Firmou as mãos na férrea cadeia, como se grande angústia se houvesse apoderado dele.

O vento era menos forte e a bruma, atenuando-se lentamente, cedia o passo a uma claridade suavíssima de plenilúnio.

Alumiavam-se simultâneamente, como por encanto, de um lado inteiro do cemitério, as tumbas, as catacumbas. Os nichos que guardavam os esquifes luxuosos apareciam esmaltados pelo luar à visão dos Espíritos.

Leony o acompanhava com a vista. A poucos passos, porém, viu que o "Espírito das Trevas" o chamava, dizendo-lhe:

— Vês? Aqui repousa o meu corpo, o corpo onde o meu Espírito habitou o mundo da matéria.

Designara-lhe uma campa que o luar voluptuosamente beijava.

Leony examinou-a atentamente, leu a inscrição posta por algum amigo sincero. Palavras de dor, de eterna saudade de uma mãe extremosa; mas, pouco a pouco, sem mesmo saber como, seu olhar penetrou no âmago desse sepulcro e o quadro repulsivo de um cadáver decomposto lhe surgiu, a despeito das náuseas que lhe causava o esquife, com os vermes entremeados à ossatura esbranquiçada, as larvas viscosas, todo um antro de sordidez, de imundície.

— Que repugnante espetáculo, comentou, recuando.

O Espírito, porém, o tomou pelo braço e forçou a parar.

A esse tempo, ele recebia um choque fortíssimo, como se uma granada tivesse explodido aos seus ouvidos. Seguiu-se uma algazarra ensurdecedora, ruidosa, verdadeiramente infernal: milhares de bocas gritavam, assobiavam, injuriavam. De todos os lados vinham gargalhadas sarcásticas, apupos, acusações: "Assassino! covarde! vilão! sedutor... Tirem-lhe a trunfa! Vem para cá; vais pagar... Fora, assassino! malfeitor..."

Leony se debatia num terror indescritível.

As vozes berrantes e loucas se multiplicavam; de todas as partes, dos monumentos, das campas, dos túmulos, surgiam silhuetas que o luar iluminava. Desmantelavam-se aos seus olhos esqueletos humanos, andantes, fosforescentes. E todos esses esqueletos falavam, erguiam-se de seus fúnebres estojos e caminhavam, giravam, ràpidamente, nas suas ossadas esguias; tinham meneios singulares, acusavam-no com as suas bocas hiantes e riam, gargalhavam em torno dele. Era um quadro dantesco.

Além de tudo, permanecia a seu lado o tenebroso,

o maldito que, em má hora, ele derrubara no lodo da cova?

A terrível gargalhada ressoou de novo. Desta vez, a vítima como que se esvaecia num tremor formidável, parecendo-lhe que uma a uma suas faculdades se rompiam, arremessando-o numa espécie de torpor inconsciente. A um aceno do "Espírito das Trevas", as vozes se calaram como por encanto. Houve um ruído vibrante, como de ossos que se chocam e tampas de bronze que se levantam e caem novamente sobre túmulos de mármore.

Quando voltou a si, a noite e o silêncio reinavam ao seu derredor, uma noite atravessada por um crepúsculo rastejante, sangrento e lodoso. Olhou por longo tempo sem nada ver. De quando em quando, afigurava-se-lhe que subia, que o arrastavam, que flutuava muito longe, no infinito e que lhe roçavam a cabeça invisíveis, fantásticos morcegos. Por fim, vagamente, julgou ver, agitando-se nas sombras, figuras monstruosas de centauros, de harpias, de hidras, e que à sua volta se moviam, como negras aves agoureiras, grandes massas de sombras humanas que lhe gritavam ao ouvido em voz sibilante: "Bebeste o licor da vingança, agora gemes nas trevas!" Mas, ele e o seu perseguidor fugiam. Tinham medo de si próprios; embrenhavam-se nas nuvens distantes e viam-se ràpidamente transportados a um novo plano do Espaço.

À medida que voavam como condores fantásticos, aproximavam-se de um ponto ígneo, que flamejava como grande foco a girar sobre imensas colunas de fumo.

Com a rapidez do relâmpago, precipitaram-se no rubro centro animado, como dois morcegos tontos. Quando despertaram daquela confusão, estavam numa clareira alumiada por forte luz purpúrea, cortada por descargas elétricas.

Divisaram, então, no âmago dessa caverna fluídica, uma multidão de seres incorpóreos que soltavam gritos de cólera. Uns blasfemavam, gemiam, vociferavam; outros arquitetavam planos maléficos contra os homens.

Era um núcleo de almas réprobas.

— Eis o inferno, o simbólico inferno: são os Espíritos perversos, os que odeiam o bem e que conspiram contra a virtude. São os assassinos, os malfeitores da Terra, os sedutores, os hipócritas, os viciosos, enfim, as falanges iníquas que semeiam a vergonha, o luto, a dor, a miséria na Terra e que vêm refugiar-se aqui. Pertences ao número deles.

— "Espírito das Trevas"! Quem és tu para me condenar a este antro que me avilta a consciência? Sondaste acaso os meus sentimentos?

— Quando eu te arrancar a vida humana, homem destruidor que tanto mal me fizeste, dar-te-ei esse viver, em troca da existência que me ceifaste. Eles te esperam.

E Dupont, sem dar tempo a que Leony respondesse ao insulto, soltou um silvo estridente e toda aquela multidão de almas criminosas, que conspiravam entre remorsos, ficou atenta.

Então Leony viu espectros macerados, cobertos de chagas e úlceras arrastarem-se entre lamúrias e blasfêmias sem nome. Mulheres de olhos injetados de sangue, cabeças coroadas de espinhos, braços e dorsos lúridos rastejarem como serpentes. Homens de aspecto patibular corriam como alienados soltando gritos formidáveis. Numerosos vultos agigantados, mefistofélicos, bailavam, numa orgia macabra, uma dança obscena e tão repugnante que fazia recuar o próprio fantasma a quem a audácia e o rancor haviam conduzido a tais antros. E as mulheres falavam desvairadamente: "Torcei-vos nas nossas tentações, enrolai-vos nas serpentes da luxúria, do ódio, da vingança, do remorso..." E precipitavam-se sobre um rebanho de almas pecaminosas que esvoaçavam como aves ao contacto delas, dispersando-se na escuridão do abismo!

Estavam absorvidos, aterrados com essas medonhas visões, quando lhes perpassou um fluido desconhecido no estado de semi-inconsciência em que haviam mergulhado. Recuaram; uma força irresistível os atraía para a amplidão e começaram a descer, arrebatados por uma melodia suave, etérea, longínqua, que os afagava simultâneamente, fazendo-os esquecer ràpidamente aquelas dolorosas sensações.

Em meio da jornada, divisaram uma entidade que se balançava numa aura azulada. Apareceu-lhes, como anjo bom, o Espírito de Paulo, cujo corpo ficara em repouso e que se lançara em auxílio do seu infeliz amigo e do próprio "Espírito das Trevas", que lhe inspirava piedade. Preocupado com a sorte de ambos, Paulo desprendera-se durante o sono e entrara em ação.

Conduzido, nas célicas vibrações de uma prece fervorosa, elevada a Deus e aos gênios tutelares da humanidade, lograra atingir o alvo, graças à sua sinceridade.

Quando Leony percebeu que era ele, já estava livre do Espírito obsessor. As correntes benéficas, triunfando, romperam as estrias fluídicas congregadas pelo "Espírito das Trevas" para ligar a si o seu desafeto.

Para evitar os efeitos desses fluidos, Dupont fugira, antes de enfrentar o pensamento do iluminado moço.

De logo, a visão serena do amigo virtuoso, de sentimentos delicados, incapaz de praticar uma ação indigna, apareceu ao engenheiro sob o nimbo da bondade, a sorrir-lhe vitoriosamente. Envolvendo-o nos seus fluidos, retemperando-o, dizia-lhe:

— Estás livre. Foi a prece que te salvou. Agora, penitencia-te, eleva teu pensamento a Deus, agradece.

— Salva-me, Paulo, não me abandones.

Estas foram as palavras que o enfermeiro ouviu do engenheiro mal desperto, esfregando os olhos, estremunhado, quando, às seis horas da manhã, entrou no seu compartimento para o despertar e conduzir ao banho, às duchas frias, prescritas na véspera pelo médico assistente.

LVII

Chegara o mês de Maio, mês do renascimento das flores, da alacridade e da poesia da Natureza. As alvoradas rompiam envoltas sempre numa bruma delicada e branca. Os prados, amortalhados na monotonia do outono, readquiriam os seus encantos. Os perfumes dos nardos e dos miosótis se casavam à beleza das clematites, das eglantinas, das açucenas e dos lírios e impregnavam os campos de um olor vivo, enquanto as resinas dos plátanos aromaticos eram queimadas, ao tombar do crepúsculo, nas salas nobres das ricas habitações da cidade.

A orquestra dos cantores alados a gorjearem nas avelozes, nos castanheiros, nos laranjais, nas romãzeiras, enchendo o pomar do palácio de Leony de uma alacridade esfuziante, retemperava a alma e punha em alvoroço os corações poéticos.

Paulo, completamente restabelecido, recebeu num dia lindo de Sol a visita da enferma por quem ele se sacrificara e que, também curada, lhe fôra manifestar o seu profundo reconhecimento pelo ato de generosidade que lhe merecera. Ele se sentia feliz por haver praticado uma ação meritória; mas, pesava-lhe saber que Leony ainda continuava no hospício.

Artur perdera a esperança de o salvar e Ivone lhe suplicara que não desamparasse o pai. Sabendo de que espécie era o mal que arrebatava a vida ao engenheiro, resolvera fazer uma sessão naquele dia, para, com o auxílio dos Espíritos adiantados, poder exortar o obsessor, esclarecê-lo, fazê-lo, enfim, abandonar a sua presa.

Preparou tudo da melhor forma possível. Mandara, na véspera, avisar os médiuns e concentrara-se desde cedo, solicitando a assistência do seu anjo de guarda, a fim de que a sessão produzisse o efeito desejado.

Assim, pelas oito horas de uma segunda-feira, dia quatro de Maio, o Sr. de Agny, senhorita Morquet, Sra. Daudet, convertida ao Espiritismo por uma aparição de seu filho Osvaldo, que falecera aos vinte e cinco anos de idade, todos médiuns bem desenvolvidos, reuniram-se com o caridoso fito de minorar os padecimentos de Leony de Anfreyt.

Após a prece inicial, proferida por Paulo em favor dos Espíritos errantes, pelos perturbados, pelos sofredores em trevas e malfazejos do Espaço, os médiuns, formando uma corrente espiritual homogênea, concentraram-se para receber as mensagens faladas ou escritas das entidades incorpóreas, cuja vinda o Espírito do luminoso guia dos trabalhos permitisse.

Além do Espírito invocado, haviam de manifestar-se

outros, que o desejo de amenizar as torturas morais atrairia àquele centro de benéficas irradiações.

A senhorita Morquet, caindo em transe, foi logo tomada pelo "Espírito das Trevas", forçado pela evocação a comparecer aos trabalhos. E ela se pôs a rir com o mesmo riso com que ele costumava anunciar a sua presença.

Foi, porém, um riso convulso, que durou pouco, pois, ao ouvir a voz afável de Paulo, que presidia aos trabalhos, tomou um ar sombrio.

— Caro irmão, fôste trazido aqui para um piedoso fim. Porque, então, rir desse modo? Não te agrada que os nossos corações unidos palpitem de comoção, quando adivinhamos o sofrimento que crucia a tua alma? Não te agrada que lancemos um pouco de bálsamo nas tuas chagas íntimas? Porque zombas da sinceridade dos nossos sentimentos? Se tens olhos perspicazes, que tudo percebem no estado incorpóreo em que vives, ó Espírito sofredor, penetra em nossas almas, sonda-lhes o íntimo e vê se não é verdade o que te digo!

— Ignorais, almas delicadas, que nada podeis fazer em prol deste infeliz que se tornou maldito entre os malditos?

— Cala-te, irmão. Há no céu um doce refrigério para os teus padecimentos.

— Como falas de céu ao precito? Reneguei o bem, o perdão e a consciência, para engolfar-me na cólera e reacendi um fogo que estava abafado no recôndito deste peito. Agora, enlouqueço de ódio; perco-me na vertigem sanguinária das vinganças! E tremo e me dilacero e sofro e tenho ciúmes e tenho piedade e amo, e amo loucamente, e, todavia, sou um tirano. Ó corações imaculados, eu agradeço a vossa augusta intenção, o vosso nobre gesto; porém, deixai-me partir. A luz me obumbra, as trevas a que fui condenado me atraem.

— Permite, irmão, que prolonguemos por um minuto mais a nossa palestra. Deus me concedeu esta graça. Desejava aliviar de coração os teus padecimentos, pois os conheço de há muito. Infunde-me piedade, comove-me profundamente o que me dizes. Quisera sinceramente dar-te a bem-aventurança que todos almejamos. Escuta-me: acaso, numa dessas jornadas tenebrosas em que, arrebatado nas asas negras da vingança, levavas contigo o desgraçado louco do hospício "Notre Dame des Souffrances" através de uma noite alumiada sòmente pelo raio, em que os elementos revoltos da Natureza te fizeram tremer — não ouviste uma voz súplice que te chamava? Não viste uma alma que perdeu há muitos anos um ente amado? Não te chegou uma prece que os Espíritos bem-aventurados acolhiam? Não ouviste uma melodia em surdina, maviosa e tocante, que vinha das esferas superiores e rolava através das constelações, dos mundos ditosos? Ó Espírito amigo, dize-me se não existe outra coisa, senão isso que lança tanta confusão na tua mente? Enquanto, na volúpia dos ódios secretos que te atormentam, submergias no caos horrendo dos Espíritos falidos, a sorver os funestos miasmas do mal, outros seres bem-aventurados se alavam para a poesia dos céus, ouvindo as sinfonias dos anjos, músicas dulcíssimas, embevecidos nas harmonias eternas dos mundos e das coisas que cantam, ao Supremo Criador do belo, o cântico inefável da graça, da perene beleza, da ventura que a psique emancipada das lutas, pura e majestosa, envolta nas gazes róseas das auroras e dos fulgores dos sóis, eternamente entoa?

— Quando era feliz, aspirava a estes encantos que sòmente têm o dom de fascinar as almas puras. Parecia-me, até, considerando os acanhados sistemas religiosos, que o divino alvo que todos eles colimam é que os amplia, que os unifica, que os engrandece e que os torna fontes copiosas de estímulos para a comunhão social, para a solidariedade das consciências e, consequentemente, para a perfeição da humanidade. Tinha eu nessa época a alma mais perto da natureza celeste. Certamente, uma vida sem mancha que enchia dessa nostalgia que desperta em nós, tantas vezes, o anseio de regressarmos às plagas longínquas onde já vivemos, onde fomos ditosos e que não é senão a saudade de Deus que nos vem da partícula divina que jaz latente nas profundezas da alma e a que chamamos — pureza. Não conheces, entretanto, as artimanhas do demônio? O demônio do mal, da inveja me apareceu certo dia. Esse demônio, que se ocultava no corpo de um homem a quem as multidões tinham feito mercês e outorgado direitos que lhe não cabiam, que regia os destinos de uma nação e guiava os passos do povo, abriu luta contra mim. Desde logo, senti que ele passara uma negra esponja na minha crença e apagara em mim para sempre a imagem de Deus. Revoltavam-me o ânimo as iniquidades do tirano. Isso já vai além de oitocentos anos. Enquanto ele, perdido nas suas orgias, praticava arbitrariedades, eu escrevia, conspirando contra o seu despotismo. Inspiravam os meus melancólicos poemas, escritos no sigilo do tugúrio em que vivia, o clamor das misérias do povo, os lamentos das donzelas ultrajadas no seu pudor pelos desejos abjetos do Czar, o aviltamento dos anciães, o proletariado oprimido pelo rigor de leis que os condenavam a trabalhos forçados, a sucumbir na maior penúria, ao mesmo tempo que, premida de impostos, agonizava a indústria, esfacelada pelos abusos dos próceres, que desafiavam as massas à rebelião.

Apenas meus pobres versos foram dados à publicidade, tive de pagar com a vida tamanha audácia. Certo dia, em que o tirano se deleitava nas suas orgias e libava capitosos vinhos ao som do quinor e da mandora, enlaçado nos braços nus de sedutoras escravas, meu corpo executado descia à cripta mortuária dos condenados. Sucumbira na flor da existência, ao rude golpe do carrasco. Nos anos subsequentes, entrou a aparecer nos jardins do palácio uma luz misteriosa... Alta noite, uma viola tentadora soluçava à luz das estrelas as odes do condenado. Quando o grão-senhor, o terrível Ivan, ouvia do seu leito macio de plumas o tanger da viola e o soluçar do verso, ficava enervado, vociferava, esperneava, lançava injúrias, abria as janelas, ordenava à guarda a ronda. E os lanceiros esquadrinhavam todos os cantos do jardim, sem nada verem, nem ouvirem. Retumbava no ar uma estridente gargalhada e a guarda, como chicoteada por invisível demônio, se precipitava nas criptas, fechava as portas e punha-se a comentar em segredo que tinham visto a sombra do moço executado escalar as muralhas do palácio. O tempo é nada na Eternidade. Um século dura menos que um minuto. Adormecido, de súbito despertei, em novo corpo. O monarca passara por horríveis provações: fôra destronado e lançado numa masmorra, onde encontrou a morte e a condenação, no meio dos espectros de suas vítimas. Passou o tempo. Fui feliz, mas de uma felicidade apaixonada, frenética. Também nessa existência conspurquei a minha alma e o Ser inefável me abandonou, deixando-me entregue aos impulsos das minhas paixões. Quando a vida se me extinguiu, vi que não tivera mérito de possuir qualidades morais e sofri por isso. Na liberdade do Astral, reconheci o inimigo que me fizera morrer noutra época. Eu apenas voltava da Terra. Ele, o absoluto Senhor da Rússia tumultuosa, renascia para, numa vida de provações, em condições paupérrimas, ser um desprezível corcunda, sem fortuna, obrigado a trabalhar noite e dia no ofício de sapateiro para ganhar a subsistência. Poucos séculos após essas grandes provas, teve a graça de renascer em ótimas condições. Tinha riqueza, inteligência e foi muito valido cavalheiro do rei Fernando da Espanha. Nessa existência, a meu turno, o esforço constante do pensamento, o sacrifício e a audácia me permitiram adquirir relevo na corte real. Mas, para atender aos interesses da pátria, que reclamava os meus serviços, deixei meu pai, já idoso e minha irmã de dezessete anos, que se chamava Iara, em René, pequena vila da Espanha, onde nascêramos e vivíamos na serenidade das nossas consciências.

Demorei-me certo tempo na expedição imperial. Quando regressei, com fortuna, título de nobreza e favores de morgado, a estreitar nos braços meu pai e minha irmã, não os encontrei. Soube que esta fôra raptada por um forasteiro desconhecido, que captara a confiança do honrado velho, o qual, ao morrer de vergonha e de desgosto, pedia que eu o vingasse.

Como podia vingar-me de quem não conhecia?

Iara desaparecera de todas as vistas. Quem fôra o seu sedutor? Um forasteiro que se hospedara em casa de meu pai. Era tudo.

Voltando a Madrid, rico, nobre e coberto de glórias, tinha, todavia, o sentimento da vergonha a me pungir. Mais tarde, um grande amor teria apagado a desgraça de minha família. A voz da minha meiga noiva, a quem eu amava de toda a minha alma e com quem contratara casamento havia mais de quatro anos, me fazia esquecer o que ficara para trás. Nos braços dessa virgem, linda como os rosicleres e clara como as nevadas dos Pireneus, esqueceria todas as lutas da vida, as sombras, os desgostos, as tristezas; enfim, faria tudo por amor desse anjo a quem ficava, horas inteiras, a contemplar em adoração. Que pensais, piedosas criaturas, que aconteceu?

Os médiuns enxugavam as lágrimas mudamente e o próprio Paulo se sentia comovido e deplorava a sorte do mal-aventurado Espírito.

— Eu vo-lo direi: um dia, o demônio, encarnado num nobre cavalheiro que não me via com bons olhos na corte, para me fazer cair no desagrado do Rei, urdiu uma intriga com tanta astúcia e tão bem arquitetada, que encontrou franca acolhida no espírito de Dom Fernando. Ordenou o monarca um processo contra mim e mandou encarcerar-me. Vim a saber depois, no presídio, por pessoas amigas, que o ferino e pérfido cavalheiro havia seduzido minha noiva, lançando-a na prostituição e abandonando-a, como o fizera à minha inocente irmã Iara! Não podeis avaliar o que sofri. Não há palavras que narrem com fidelidade, que exprimam os sentimentos da alma. Toda uma torrente de lágrimas me irrompeu dos olhos enevoados, cegados pelo tormento inominável, e me caía em cheio dentro do coração, mas caía tão forte, tão dolorosa, tão profundamente, que não parecia de lágrimas cristalinas e sim de gotas de metal candente. Como vencer essa dor? Porventura a alma não é um ser sensível, que chora com o pranto, que ri com o sorriso, que canta com a alacridade da Natureza nos dias claros em que os poentes apresentam sedutoras tonalidades? Porventura já seria de rija têmpera a minha, para se mostrar inflexível ante tamanho infortúnio? Não e não pode o corpo resistir a tantos abalos. Vencido no degredo sombrio, vislumbrei a morte, depois de meses de angústia.

Arfava o peito do médium e da sua fronte gélida escorriam grossas bagas de suor. Em seguida, mergulhou num longo silêncio.

Paulo orava intimamente, suplicava às potências superiores paz para aquele Espírito inditoso.

— Perdoa, meu filho, disse o Sr. Agny, erguendo-se, ao mesmo tempo que a Sra. Daudet se levantava também e repetia: "Perdoa, meu filho, amor da minha alma, filho querido que animei nas minhas entranhas, que adormeci no meu seio; perdoa as injustiças do mundo. Vê como, após a noite da procela rugidora, surge maravilhosamente a bonança. Vê como o firmamento e a natureza são deslumbrantes, nos dias serenos, e exercem benéfica influência na alma humana. Acalma-te, filho; estás exaltado; raciocina e reconhece o caminho errado que palmilhas."

Dupont recebeu violento choque ao ouvir essas palavras. Aquelas vozes lhe eram tão conhecidas e tão caras...

Prestou atenção e, oh doce surpresa! seu pai, sua mãe, sua adorada mãe, ali estavam e lhe falavam carinhosamente, pela boca dos médiuns. Surgiam-lhe tão claros, tão perfeitos, tão serenos, depois da solidão da morte, da separação eterna, da perturbação em que vivia!

— Mãe! ó santa mãe! perdoa-me, sim? Se ainda o pranto e a desventura que te arrastaram ao túmulo não abalaram o meu espírito endurecido, perdoa, agora, os maus propósitos que me envilecem e que são indignos da tua indulgência. E tu, pai, não condenes o teu filho sofredor, a quem as injustiças tornaram inexorável e ímpio! Mas... não os posso atender! Sou um condenado!

Porém, as vozes dos Espíritos que haviam guiado

os passos do apaixonado mancebo na senda humana fizeram-se ouvir de novo:

— E' tão mesquinho o sentimento da vingança, tão indigno de uma alma grande e generosa, como a tua! Esquece todas essas ofensas e desde este momento verás renascer a felicidade para a tua alma. Verás, em vez de brumas impenetráveis e de imagens pavorosas, seres deslumbrantes a te acenarem. Mundos de suprema ventura abrir-se-ão diante de ti. A vida é a Eternidade. Apenas abriste o grande reposteiro, vislumbraste as trevas e nelas mergulhaste. Vives numa noite sem estrelas; não viste o que o nevoeiro do pensamento encobre, nem podes imaginar as glórias que aguardam os Espíritos de Deus nos mundos superiores. Não vês, amor dos nossos amores, filhinho amado, que encantaste os nossos dias, que encheste de vibrações os nossos seres, que nos deste a conhecer as primícias da ventura suprema no teu garrular inocente durante os anos que o Senhor nos permitiu viver juntos no mundo físico? não percebes que, vendo-te sofrer assim, sofremos contigo? Não ouves com que ansiedade te chamamos através das longínquas distâncias, como te buscamos na amplidão do Universo? Porque nos foges, nos foges sempre, quando antes vinhas ao nosso seio e nele adormecias docemente, sem sonhos maus? Não basta toda essa tortura que transmites às nossas almas, nesse existir erradio, furtivo, hesitante, de espírito sem luz? Não te comovem os exemplos daqueles que são as virtudes do céu, que hauriram forças nas profundezas da dor, que expiraram embriagados de fel, mas sublimados de amor, perdoando, perdoando sempre, no auge do martírio, aos algozes que os supliciaram? Ó Ângel, filho, volve ao caminho do bem. Dize que sim e de dentro das sombras que desapiedadamente te acicatam verás uma réstea luminosa e o teu Anjo guardião te estenderá a mão diáfana, para um renascimento na luz e na graça.

Dupont comoveu-se. Tremia, vacilava, entre o sim e o não.

Paulo, fazendo um novo esforço espiritual, reatou o fio da palestra:

— Caro irmão, consternou-me a tua amarga história; mas, quero crer que a presença de teus amados pais te tenha feito esquecer esses atos de loucura que o espírito de um homem, obliterado pelo delírio dos prazeres lascivos, pelos impulsos rudes da matéria e pelo deleite de mesquinhas vanglórias, te causou. Se sofremos, bom irmão, as crueldades humanas, não é, como muitas vezes julgamos, por parcialidade de Deus. Nota que não há injustiça nas leis divinas. São todas de uma harmonia infinita e tão transcendentes, que, ao primeiro exame, o pensamento circunscrito às possibilidades humanas perde não raro a legítima interpretação e nos coloca num ponto de vista falso, quando procuramos a misericórdia divina nas iniquidades e nos infortúnios da vida. A virtude, a pureza em todo o seu esplendor são a força ascensional, que eleva as almas às supremas culminâncias espirituais. Nenhum pensamento, nenhum impulso, nenhuma insídia humana, é capaz de desmanchar essa teia diáfana — o perispírito, que envolve como uma carícia aquele que cumpriu os deveres sagrados e as leis cristãs na trajetória terrestre.

Se o demônio, como lhe chamam, encarnou no Czar arbitrário e no cavalheiro da corte de Dom Fernando Afonso e se, ainda, esse mesmo demônio habitou o corpo do engenheiro Leony de Anfreyt, houve, querido irmão, uma causa anterior, que justificou, na sua índole incipiente, rude e atrasada, um grande ódio. Deus quis que, vindo até nós, teus irmãos e amigos, luz se fizesse na tua mente. Se remontares pelo pensamento a épocas mais distantes ainda, talvez possas ver que o carrasco que executou a sentença do rei tirano e o próprio rei foram vítimas das ofensas que, num estado de maior ignorância e inconsciência, praticaste.

Isso calou fundo no espírito apaixonado de Dupont, que se tornou sombrio, quedo, parecendo escutar a voz da própria consciência.

— Ó! guias luminosos, espíritos do bem e do amor, que viveis na liberdade da consciência e no sublime sacerdócio da caridade, envolvei este irmão nos vossos eflúvios santos. Perdoa-lhe as faltas, Senhor dos mundos e das almas, deixa-o beber na fonte da verdade, fecunda e inesgotável, e as suas dores e as suas torturas se acalmarão para sempre. Permite-lhe conhecer os efeitos do perdão e o perdão será o estímulo para o seu reerguimento espiritual, o porto de sua salvação e o começo da bem-aventurança eterna, suplicou Paulo concentrado.

— Vem para a luz, filho, vem escutar conosco as sinfonias celestiais, fruir das maravilhas indescritíveis do Céu.

Dupont murmurou: "Obrigado, obrigado".

— Prometes, irmão, afastar-te do teu inimigo e perdoar-lhe as ofensas?

— Vem, meu filho, vem para a luz, que o perdão será a tua almenara.

Dupont, escutando a voz de sua mãe, que lhe vinha já de muito longe e que o atraía misteriosamente, como uma força sobrenatural, respondeu: — "Sim".

E desprendeu-se do médium.

— Graças, meu Deus, murmurou o Dr. Paulo.

Os médiuns recobraram os sentidos e a sessão foi encerrada com uma prece às almas felizes e às almas sofredoras da Erraticidade.

LVIII

Tendo prometido afastar-se de sua vítima, o "Espírito das Trevas" cumpriu a palavra e, assim, no dia seguinte, Leony de Anfreyt, no uso perfeito da razão, regressou à sua residência.

Aos olhos de muitos, a glória da cura cabia ao hábil facultativo Artur L'Waite e o próprio Leony, que ignorava de que maneira ela se operara, pois nada sabia dos trabalhos espiríticos, de formidáveis resultados, do ilustre psiquista, agradecia a Artur o ter-lhe dado alívio. Este, por sua vez, se regozijava com o grande êxito, ufano de seus conhecimentos, de seu golpe de vista, quanto à infalibilidade e acerto no modo de formular o seu diagnóstico.

Davam-lhe ainda maior satisfação os resultados obtidos, pela forma decisiva e enérgica que sempre adotara no tratamento de moléstias mentais, a psico-neurose, a psicose aguda, a ataxia, a loucura circular, a paranóia...

Paulo e Ivone sorriam ìntimamente, vendo-o capacitado dos infalíveis resultados da sua terapêutica.

Ele não acreditava noutra coisa a não ser na ação e reação dos medicamentos. O fato de um doente, como Leony, anoitecer mal e amanhecer bom, aumentava o seu fanatismo, lisonjeava o seu amor-próprio.

Entretanto, na sua simplicidade, longe de todas as vaidades, despido de qualquer pensamento de orgulho, Paulo ocultava o segredo de seus trabalhos; sabia que só os podia revelar a quem estivesse na altura de os compreender. Guardava, pois, silêncio. Porém, a influência da entidade incorpórea causara não pequenos estragos na saúde de Leony e no seu próprio sistema nervoso uma espécie de fobia geral.

Liberto do seu obsessor, o engenheiro se sentia como se houvesse estado muitos dias soterrado e experimentava lassidão dos membros, desânimo, falta de apetite e enfraquecimento geral.

Isso, entretanto, era coisa que a medicina repararia sem tardança.

Passeando pelos seus jardins, haurindo oxigênio das árvores que reverdeciam e se cobriam das flores da estação, meditava ele sobre o destino de sua filha.

Artur reitera o seu pedido e ele, preocupado ainda com os acontecimentos trágicos de que fôra vítima, resolvera tratar do casamento de Ivone o mais breve possível, depois do que esperaria, resignadamente, os golpes que o destino lhe reservasse para o futuro.

Como já tivemos ocasião de dizer, não via nenhum inconveniente nessa união. As condições do médico, a sua linhagem, mesmo a sua linha de conduta, a seu ver, eram impecáveis; portanto, estava resolvido a conceder-lhe a mão da filha com todo o gosto.

Era necessário prevenir Ivone e logo tratar dos preparativos e fixar a data do matrimônio. Assim, chamando a filha em particular, comunicou-lhe a decisiva resolução.

Ivone ficou perplexa ao ouvir o pai dizer-lhe que concedera sua mão ao moço clínico.

— Quererás desobedecer-me, querida filha? Não tenho sido tão desventurado na minha vida?... Não vês como estou doente? Vejo a morte acenar-me de quando em quando. Fôste testemunha das últimas crises que me arrastaram ao hospício. Devias ter pensado na solidão, que se abriria para ti, se eu tivesse morrido.

— E' verdade; mas, isso já passou, graças a Deus, creio que estás bom; mais um mês ou dois, e volverás à tua saúde normal.

— Não é certo, minha filha, são conclusões que podem não ter fundamento. Quem nos diz que eu não venha a piorar e que um desenlace fatal se dê? És tão cordata, estás em idade de pensar, percebes as razões das coisas com muita clareza, és criteriosa, deves compreender que é para o teu bem o que proponho. Artur é um moço distinto, ama-te muito, será um esposo ideal...

— Mas, eu não o amo, meu pai. Como poderei casar sem esse estímulo, que nos conduz do altar ao caminho da ventura?

— A sua solicitude, a sua dedicação de esposo amante convencer-te-ão, com o tempo, e acabarás por lhe retribuir esse amor, tanto quanto for necessário. Artur é um excelente amigo. Conheço-o bem e já de muitos anos... Tem uma profissão e, independente disso, é nobre e possui fortuna avultada. Não será nenhum caça-dotes, sem eira nem beira, capaz de esbanjar a herança que receberás por minha morte.

Ivone sofria por não poder contrariar aquele ente a quem devia respeito. Sentia que, quanto mais ele lhe falava, mais aumentava o seu desespero íntimo e as lágrimas estavam prestes a saltar-lhe dos olhos; entretanto, curvou a fronte sem nada responder.

— Falarei hoje com o Artur, dar-lhe-ei a boa notícia e no dia quinze, que é o do teu aniversário natalício, festejaremos o contrato de núpcias com uma digna recepção, com um banquete aos nossos amigos. Será uma festa íntima, porém completa, que marcará a data do teu primeiro passo para a felicidade! Vou comunicar isso ao nosso fiel amigo Paulo, que considero como irmão. Ele vai ficar satisfeito, pois vejo que te consagra verdadeira afeição.

— Mas... espere, meu pai, espere... não desejo casar, é tão cedo, disse Ivone, torcendo as mãos, com voz suplicante.

— Que dizes? Queres, então causar-me um desgosto? Não tens mãe, não tens parentes, minha filha. Quem poderá amparar-te na vida, se eu fechar os olhos de um momento para outro, ou se, por infelicidade, ainda se renovarem os horríveis males que me cegaram a razão e eu tiver de ser encarcerado para sempre no manicômio?

— Meu pai!... exclamou Ivone repassada de angústia, não diga isso.

— Nunca é cedo para ser-se feliz...

— Como sabe que serei feliz!... ousou retrucar com os olhos marejados de lágrimas.

Leony não avaliou a gravidade dessa interrogação, ou pareceu não ligar importância ao fundamento em que ela se apoiava e replicou:

— Um marido que ama e tem bons costumes, nome ilustre e fortuna, só pode fazer feliz a donzela que escolher para esposa.

E, sem esperar resposta, levantou-se e foi telefonar para a casa do Dr. Paulo de Sália, pedindo-lhe que viesse à tardinha, que muitas boas notícias tinha para lhe dar.

Ivone correra para o seu quarto, fechara a porta. Uma vez ali, atirou-se na cama, meteu a cabeça entre os travesseiros e desatou a chorar convulsamente. Como a sorte lhe continuava a ser adversa! Seu próprio pai, o ente que ela tanto venerava, era quem agora lhe atribulava a existência. Destruía-lhe a ventura com aquela repentina resolução e lhe obscurecia a vida de um momento para outro. Apontava-lhe a ampla porta do desengano: o casamento com Artur. Um "sim", uma assinatura e a sua maior aspiração, toda a sua felicidade estariam dissipadas. Nunca mais seria feliz. Mesmo renunciando ao seu eleito, como poderia unir-se a um homem que lhe era indiferente?! Como poderia casar-se amando a outro, a quem jurara fidelidade? Paulo era o esposo que o seu coração elegera. Entretanto, seu pai, que devia votar pela sua felicidade, "queria entregá-la a Artur". Porque não reagia? Porque não confessava que se unira, por aliança de almas, desde outras vidas, ao nobre filho do indu, que tão excelsas afinidades tinha com ela? Se Artur aparecia aos olhos de Leony com excelentes vantagens, pelas suas condições pecuniárias, se aparecia preferível pela sua linhagem, pela sua fortuna, Paulo possuía os tesouros da virtude, a par de uma simplicidade de vida que sòmente relevo lhe dava. Isso não o diminuía em nada, ao contrário; se ainda a fortuna não lhe sorrira, a sua habilidade, a sua carreira definida e os seus esforços honrados lhe permitiam uma vida modesta e lhe prometiam brilhante futuro.

Era na própria humildade do seu eleito que Ivone via a felicidade, que nem por todo o ouro do mundo trocaria. Por que razão seu pai não pensava assim? Ignoraria ele os sentimentos do moço indu com referência à sua filha, ou a vaidade de uma posição de destaque é que o levava a obscurecer os carinhos de Paulo, difíceis de serem dissimulados?

Eis uma interrogação difícil de responder-se.

O que sabemos é que Ivone sentia, dentro de sua alma, tão casta e tão inocente, uma grande amargura. Se pensava em insurgir-se contra os desígnios paternos, a consciência a acusava. Não seria uma imprudência, que viria a lamentar irreparàvelmente, em vista do estado melindroso de seu pai? Não seria a sua desobediência causa de que a moléstia lhe voltasse? Tinham-lhe avisado os médicos que era mister fazer todas as vontades ao enfermo, não o contrariar em nada, absolutamente, nem lhe dar motivos de exasperação, para que o seu sistema nervoso se retemperasse. Revoltar-se, pois, contra a vontade do pai, seria um passo grave; entretanto, a sua felicidade estava em jogo. Obedecer, aceitar a proposta de casamento, concordar com o homem que lhe dera o ser, que a amava com cego carinho, era renunciar ao caminho da verdadeira felicidade, destruir o mais encantador sonho de sua vida, amortalhar as suas esperanças no sudário da hipocrisia, fingir verdade e amor onde só secura e indiferença existiam. Ao demais, a imagem de Paulo iria sempre visitar ocultamente o seu pensamento e a sua alma de esposa honesta estaria dia e noite atribulada pela lembrança de outro homem, seu único ideal, que não aquele que teria sempre a seu lado e em cujos braços o dever a lançaria e que, por certo, havia de protestar, com justa razão, contra a frieza que a ausência da verdadeira afeição cria nas esposas que casam sem amor.

Difícil conjuntura!! E Ivone chorava, chorava, debruçada nas sedas brancas do seu leito de virgem.

Paulo atendera ao chamamento do engenheiro.

— Chamei-te, caro amigo, para te pedir mais um favor, além dos inúmeros que me tens prestado, disse Leony ao médico, depois de o receber com a máxima afabilidade.

— Estou pronto a satisfazer ao teu pedido, desde que esteja ao meu alcance.

— O caso é simples: vejo que tens muita ascendência sobre Ivone e dela é que se trata.

O moço mordeu imperceptìvelmente os lábios, mas não respondeu, visto estar ansioso por saber do que se tratava, receando os acontecimentos que parecia adivinhar. Como nada replicasse, Leony começou, com a mesma habitual confiança, a transmitir-lhe as suas ideias.

— E' da felicidade de Ivone que precisamos cuidar. Como te comuniquei há dias, preciso casá-la. Tenho uma intuição bem clara de que a minha hora final se vem aproximando; não está longe o dia de entregar à química subterrânea esta vida. Eu mesmo almejo o descanso eterno. Tenho sofrido bastante... Nestes dias, porém, sòmente me preocupa o destino de minha filha, essa meiga criança que ficaria neste mundo abandonada, se eu não providenciasse ampará-la quanto antes. Artur, que é um moço independente, que tem posição e fortuna, suplicou-me novamente, hoje, a mão de Ivone. Falei-lhe ainda há pouco, sobre isso. Ela, porém, mostrou-se esquiva, foge de aceitar, não sei porque, a mão do moço, que tanto bem a quer. Disse-me que não o ama. Ora, ela é muito nova. O amor virá mais tarde, depois, com a solicitude do marido... Ela tem que aceitar a proposta de casamento, tão digno é o pretendente de sua mão; ademais, é uma necessidade. Não achas? Tu, como amigo sincero, podes avaliar as conveniências deste himeneu e farás ver a Ivone as razões que a obrigam a concordar com esse casamento, inadiável, sob qualquer ponto de vista. Não quero crer, Paulo, que Ivone me desobedeça, meiga e ponderada como é, salvo se algum desses gamenhos presunçosos, desses janotas de "pose" já lhe tem feito a corte ousadamente. Mas, isso é impossível. Não acredito que ela fôsse entreter um namoro, sem que eu o soubesse.

Quanto mais Leony falava, menos Paulo ouvia. Como era atroz o sentido dessas palavras, que lhe calavam no ânimo quais setas venenosas; tanto que, comovido, mudando sucessivamente de cor, não achava o que responder.

Como era possível que, depois de todos os esforços para se tornar um homem digno, a ingratidão humana lhe solapasse a felicidade! O orgulho, a vaidade, a própria hipocrisia, existente naquele gesto interesseiro, vinham destruir as suas aspirações desinteressadas e nobres e, como por ironia do destino, ainda era ele quem, numa contingência que o dever da fidelidade lhe impunha, teria de dizer a Ivone as terríveis verdades que o esmagavam!...

Artur era rico, disputava a mão de sua amada com os direitos da riqueza. E ele? Ele era pobre, nada tinha além de sua profissão, de sua grande alma, dos seus livros, porque até as economias que lograva reunir eram consumidas mensalmente em dádivas generosas aos mendigos e enfermos desvalidos. Nunca, por mais que fizesse, conseguia ter em caixa além daquilo de que necessitava para as suas despesas de solteiro. Eis a grande, a penosa verdade, a barreira, a intransponível barreira, que nunca chegaria a vencer e que o separava de Ivone e lhe impunha, com toda a energia, ocultar seus afetos, escondê-los e afastar-se dela para sempre. Nunca confessaria ao amigo esse sublime amor. A sua dignidade, o seu critério lhe diziam: "Renuncia. Vê a distância que te separa dela; as tuas condições precárias de fortuna, a humildade do teu nascimento. Recolhe-te na tua dor e sofre. No limitado âmbito em que atuas, não podes disputar a mão da mulher que amas. O grande obstáculo que se levanta entre o pobre e o rico te obriga a recuar".

— E o amor? A que fica reduzido esse sentimento, maior do que a existência? — "A sociedade condena as uniões que as desigualdades das posições de fortuna desvirtuam."

E Paulo, como um sonâmbulo, perdido na desesperança, no impossível, já não ouvia o que o amigo lhe dizia. Concentrava-se na sua própria razão e a razão o condenava.

Foi preciso que Leony lhe batesse no ombro e perguntasse:

— Que tens? não me queres escutar?

— Desculpa, estava distraído, o pensamento às vezes nos foge.

— A tua dedicação inequívoca me tem dado provas sobejas de profunda sinceridade e desinteresse, meu amigo. Estimas Ivone, tenho notado essa afeição excepcional, que te agradeço de coração. Ninguém melhor do que tu poderá convencê-la de casar-se. Nada me faz pensar tanto como a expectativa de vê-la na orfandade. Se a estimas, conforme creio, ficarás tão satisfeito, como eu, de vê-la bem casada.

E, como se a inteligência oculta, que segredava ao engenheiro, sentisse o prazer demoníaco de ver cheia de fel a alma de Paulo, Leony continuava.

— Ele, tenho a certeza, há-de fazer feliz a minha filha; a fortuna que possui e a que Ivone herdará quando eu morrer, dar-lhe-ão todas as alegrias, todos os caprichos, a que uma mulher moça possa aspirar.

Meio abespinhado, Paulo ergueu-se e entremurmurou:

— Tens razão... tens razão.

Depois, muito pálido, estendeu-lhe a mão.

— Farei todo o possível para convencer Ivone, já que assim o queres.

Tomou o chapéu e saiu.

LIX

Domingo, treze de Maio. Tarde cálida e formosa, sob um céu garrido, pontilhado de alvas nuvenzinhas, que flutuavam como retalhos de tules vaporosas e ondulantes, de espaço a espaço. O Sol, semelhante a um disco de fogo, purpureava no ocaso. As lindas montanhas que se descortinavam do segundo andar do castelo de Leony resplandeciam entre o esmeraldino da verdura e o anilino do céu. Eram de matizes cambiantes as ondulações das piscinas do castelo, levemente eriçadas pela brisa.

Sobre o asfalto, o movimento dos veículos nos bulevardes da metrópole francesa era intenso, ao som das buzinas que faziam incessante rumor; e o povo, gozando as delícias do dia festivo, fugia da cidade para haurir os ares retemperantes do mar, ou dos campos. Os risos do prado, os jasmins, casando-se à brancura das camélias nos jardins, os murmúrios das fontes elevavam à natureza a égloga da abundância, do viço, do perfume e da beleza.

Ivone, melancólica, porém resignada, no segundo pavimento, atrás de uma janela angular, sentada junto das modistas que, moças também, alegres, de mãos caprichosas, teciam as suas galas de noivado, adornando-lhe de flores de laranjeira o véu e a coroa simbólica que lhe ornaria a fronte de virgem, no dia de seu consórcio com Artur L'Waite, deixava-se levar pela nostalgia da alma àquelas paisagens longínquas, que o colorido dos sítios e os matizes do horizonte impregnavam de uma poesia expressiva, sensível e falante. Aquelas montanhas azulejantes, pintalgadas de esferas cor de ouro e cujos flancos os traços das estradas cortavam, lhe traziam saudades de Ischia, do santo sacerdote que lhe ensinara a ter resignação, a amar a Deus e a depositar fé nas potências invisíveis. Lembrava-se de Paulo quando o vira pela primeira vez, quando sentira os seus corações baterem juntos, quando, inanimada nos seus braços, sentira como num sonho os seus lábios lhe beijarem as faces e a boca. Lembrava-se do retrato do filho querido do mestre, em quem ele nunca falava sem que nos seus olhos as lágrimas desvendassem a grande saudade que carpia. Lembrava-se, também, das palavras do ancião: "Conhecerás meu filho, encantar-te-ão os ouvidos as suas belas narrativas, admirarás os seus dotes de espírito e a sua formosura máscula, a sua atitude marcial. Seus olhos meigos te falarão de todas as venturas visíveis e invisíveis". E tudo se havia realizado como ele profetizara. Agora, porém, depois de amar o filho de Ilca, de ser correspondida, o destino a arrebatava para outros braços que não eram aqueles em que docemente ela queria descansar até a morte! Todavia, fôra ele próprio, de viva voz, que lhe pedira o esquecesse, que lhe implorara o banisse de seu coração, dizendo-lhe ser impossível acalentar em berços floridos de ilusões um sonho imaculado. Um abismo se abria entre ambos: — a desigualdade das posições.

Fôra através de cristalino cendal de lágrimas que ele dissera: "Jamais, Ivone, jamais poderemos transformar em realidade o impossível. O nosso amor, as nossas esperanças, os nossos projetos foram como um castelo diáfano construído nas asas do vento; desvaneceu-se ao contacto da razão. Fulminaram-no o egoísmo, as veleidades da matéria. Como o nosso amor é legítimo, espiritual e puro, existirá por toda a Eternidade, como vive a luz nas estrelas e como as estrelas vivem na noite. Apenas lhe vislumbrou as irradiações, o mundo, com seus preconceitos e leis caducas, se sentiu ofuscado e ele se recolheu ao mistério de sua origem, onde se alenta e vive e viverá através das nossas existências, além do túmulo. O mundo reclama seus direitos e forçados somos a atendê-lo, queiramos ou não. As condições em que tu nasceste e as em que eu nasci são as vozes que se levantam para sufocar as súplicas dos nossos corações. O berço de ouro em que, coberta de arminhos, tu nasceste é o que mais alto fala, para repelir a quem, como eu, teve por teto a natureza, por berço as redes de verdes arbustos que o amoroso pai teceu em noites de luar com as mãos calosas, mas com o coração repleno de carinhos pelo filho varão, que a doce mãe amamentava no seio pojado. Certamente, eu não merecia esta dita. E' forçoso me esqueças. O destino está consumado. Na minha pobreza, fôra uma ousadia intolerável pretender casar-me com uma moça nas tuas condições. Vieste ao mundo para pertencer a outro, a quem a fortuna favoreceu e deu um título de nobreza. E' justo. Nasci para viver no sacrifício, esquecendo as minhas decepções na prática do dever. Alimentarei até à morte a visão seráfica de um amor platônico e a tua lembrança, minha querida, será a noiva etérea dos meus sonhos, a caminhar a meu lado noite e dia, sempre junto de mim, no meu leito, na minha mesa de trabalho, no recanto insulado da Calpa de Ischia, onde penso repousar, quando a velhice nevar a minha cabeça".

— A não ser contigo, renuncio à ideia de casamento respondeu Ivone, com os olhos turvos de lágrimas.

— Não podes; há um dever sagrado que te impõe — o da obediência. Como, na tua ventura, encararias as consequências, quiçá funestas, que podem resultar de um ato teu impensado? Repara o estado de saude de teu pai; além de tudo, ele tem uma lesão cardíaca, que ignora; qualquer emoção pode ser-lhe fatal.

— Pois bem, Paulo. Se nos amamos, que importa o mundo, a sociedade e esses preconceitos vãos, que expões, se podemos santificar a nossa união perante o altar? Casar-nos-emos, sim. Renuncio à minha herança, pelo teu amor. Direi a papai que nos amamos, que tu és o esposo que elegi, que, a não ser tua, não serei de mais ninguém.

— Não!... isso é impossível, afrontaria a minha dignidade e a tua. Não pode ser. Esquece-me, partirei, nunca mais me verás e poderás, então, ser feliz.

— Paulo, escuta, não me tortures: o papai não suspeita dos nossos amores. Certamente que não se oporia, se os conhecesse. És o seu maior amigo, ele te estima como irmão. Sei que se lhe dissesses ficaria satisfeito, faria muito gosto, talvez até mais do que com Artur.

— Enganas-te, querida, a ternura que me consagras, bem o vejo, te oculta a verdade. Agradeço-te. Leony adivinhou o nosso amor, há muito tempo; perspicaz, como é, não poderia deixar de ter visto o que estava patente a todos. Mas, temendo, sem dúvida, a nossa ligação, incompatível com o que o orgulho inspira às almas flébeis, ele abrevia o teu casamento com Artur. Este pode disputar a tua mão, porque é rico e nobre; eu, não. Não tenho esse direito; foi uma ousadia; perdoa-me, o amor me turbou a razão, não percebi isso. Perdoa e esquece-me. Deixa-me beijar-te as mãos pela última vez, pois que vou partir. Adeus! Até à Eternidade.

E saiu, como fora de si, apressadamente, alucinadamente, sem querer ouvir, nem ver mais nada, deixando-a entre soluços.

Ivone chorava silenciosamente, enquanto as modistas, alegres, lhe enfeitavam o vestido de noiva com as flores de laranjeiras, invejando-lhe a sorte.

A tarde esmorecia, e, amargurada, ela esperava o dia do seu casamento, como quem espera a confirmação de uma sentença imutável.

O tempo corria veloz. O consórcio fôra marcado para o dia vinte e seis de Maio; estavam a treze e a quinze deviam realizar-se o banquete e os festejos do natalício de Ivone. O sorriso e a alegria haviam murchado em sua alma, desde o dia em que Paulo lhe dissera que não voltaria, que lhe declarara nunca mais volver a vê-la, depois de oscular-lhe as mãos repetidamente, apaixonadamente, como quem vai partir para longe, separar-se para sempre de um ente amado.

Era, de fato, propósito de Paulo, depois da conversa íntima que tivera com Ivone, voltar para a sua cidade natal; lá, onde ficaram as memórias de seus pais, viveria o resto de sua vida.

O nobre moço, tão mal compreendido pelo amigo, ocultaria o seu infortúnio na solidão das montanhas de Ischia, esculpidas pelos raios, alvejadas pelas rajadas do nordeste e amortalhadas pela neve do setentrião.

Quando os esponsais de Ivone estivessem a celebrar-se, ele, segundo resolvera, estaria de viagem para a Índia.

Na vida, porém, o homem nem sempre é senhor de si. Há mesmo um antigo prolóquio que diz: "O homem põe e Deus dispõe".

Estavam as coisas neste ponto, quando o "Espírito das Trevas", caindo de novo no caos da perturbação, pelas evocações de uma agonizante e, principalmente, pela fraqueza, voltou a visitar o seu inimigo.

Reincidiu no seu tétrico intento, quebrando a promessa que fizera na noite da sessão. Desta vez, porém, agia como um autômato.

Alta noite, nos aposentos do palácio, as lâmpadas dos lustres se acendiam e apagavam sem que mão humana as tocasse.

Os criados, entregues aos preparativos do banquete, são assaltados do plano invisível, discutem, exacerbam-se, entreolham-se com desconfiança, sem haver para isso causa justificada. A própria Ivone, enquanto orvalhava de pranto a grinalda de virgem, escutou, certa noite, uma risada e logo uma voz, que não sabia donde provinha, soturna, estranha, dizer-lhe: "Não chores, criança. A vida é um palco onde cada um representa o seu papel. O epílogo é a eterna tragédia, tragédia de todos os fins..."

Ivone abriu os olhos espantada e viu deslizar rápida, através dos reposteiros, uma visão altiva, de perfil marmóreo, de ombros rijos, cobrindo a sua luridez de estátua um manto escuro, fino e transparente. Ficou atônita com aquela manifestação, que nìtidamente as suas faculdades mediúnicas lhe permitiram ver. Pensou, então, em Ilca, o mestre que sempre lhe interpretava essas simbólicas manifestações. Que quereria dizer, com essa tragédia de todos os dias, aquela sombra que, acompanhada de outras sombras, quebrava o silêncio e a gravidade da casa, influenciava os ânimos, fugia, se esquivava e desaparecia? Pensou nos entes a quem mais amava — Paulo e seu pai — sim, seu pai, e no coração lhe surgiu um mau pressentimento. Alguma desgraça estava para acontecer. Levada por justa curiosidade, correu atrás do fantasma para lhe pedir uma explicação, para lhe perguntar o que queria dizer e o que fazia ali.

Percorreu os corredores, desceu ao dormitório de seu pai, ao quarto de vestir, ao "fumoir", à sala de visitas, ao salão de recepções, à biblioteca, e nada. Correu, ainda, à sala de música, ao "hall". Estava tudo ermo. Lembrou-se então de tocar alguma coisa. Talvez atraída pela música que executava outrora no culto de Ievé, para a evocação dos finados, a individualidade voltasse e esclarecesse a frase misteriosa.

Tomou da harpa e principiou com extrema doçura a tocar e a cantar uma sinfonia sacra. Sua voz, admiràvelmente lírica, encheu de maviosos sons a casa toda; mas, efeito contrário produziu isso no fantasma. Apenas ouviu as primeiras estrofes da salmodia, ele fremiu, se comoveu e, como aquela música magistralmente executada lhe avivava os afetos perdidos e exacerbava a dor, fugiu espavorido, para não ouvir o que Ivone cantava ao som melancólico da harpa.

LX

Nessa noite, o engenheiro foi acometido de horríveis pesadelos. Sonhou que havia assassinado a filha e despertou aos gritos; ficou enervado, sentou-se no leito a tremer, a bramar. Xisto logo o atendeu.

— Depressa, abre a janela, falta-me o ar, enlouqueço, que maus sonhos me atormentam.

Depois, experimentando a sensação de estranho letargo, que lhe cerrava as pálpebras, adormeceu novamente. Mas, fatalidade: novamente divisou, como nunca, o seu trágico inimigo. Tinha agora a feição transtornada e sinistra: fulguravam-lhe os olhos na penumbra com o brilho metálico do punhal prestes a embeber-se no seio tépido da vítima.

E o fantasma inexorável o enfrentava, dele escarnecia outra vez. Possuía o dom da ubiquidade: materializava-se quando lhe aprazia e mostrava-se sob aspectos diferentes.

Ao mesmo tempo, por inexplicável mistério, Leony presenciava uma cena mortuária. Sem saber como, achou-se, na mesma sala do hospital onde o seu inimigo já o arrastara, defronte de uma cama branca sobre a qual um semi-cadáver chegara à hora suprema. Privilegiada se lhe tornara, entretanto, a memória e, assim, sem saber de que modo, nem como explicar, via e ouvia Bianca falar, lutar e desagregar-se da matéria. Que desagregação dolorosa!...

Revia as cenas do seu passado, o desenrolar das suas vidas remotas, desde o funesto reinado do Egito, em que, fascinada pela "Magia negra", entregue às suas aviltantes práticas, fôra a terrível sacerdotisa, o gênio mau do rei Ormusd, a quem insinuava suas tirânicas vontades, contando-lhe as horas de vida para arrebatar-lhe a coroa. E o rei — por um desnorteio do pensamento, por um delírio de febre, como talvez supusesse — era o mesmo sandeu, o mendigo desmemoriado que, certa manhã, quando ela visitava um antigo templo, lhe lançou nas faces uma das suas desprezíveis sandices. Depois, lembrava-se de Dupont. Como o amava através do pavor da morte! E o chamava no seu delírio e voltava a cabeça e abria os olhos húmidos e lânguidos, ouvindo-o dizer: "Não tenhas medo, não faças ruído. Os lírios brancos, Bianca, como as tuas faces macilentas, estão crispados de frio. Espera um momento, uns minutos mais e estarás nos meus braços".

— Irmã, implorou a enferma, acalme a minha agonia, faça com que a morte apague esta candeia e toda a minha fortuna será sua.

— Coragem, estou a seu lado.

— Vi o luar envolver-se num crepe de nuvens e, agora, a noite é frígida e obscura. Diga-me uma coisa, irmã, é verdade o que me disseram?...

— O quê, minha senhora?

— Que as flores estão a chorar com as lágrimas do orvalho?

— Sim, são essas lágrimas benditas que lhes dão perfume e matiz.

— Bianca! Bianca, escuta, não ouves a minha voz? Estou a teu lado, prometi que vinha buscar-te hoje... e cumpro a minha promessa.

— Dupont, ainda tu?

A enfermeira, que fôra chamar o médico e voltava trazendo nas mãos um crucifixo de marfim, aproximou-

-se da enferma, cruzou-lhe os braços sobre o peito e disse: "E' o símbolo do martírio, que salva as almas; ele lhe dará coragem".

Bianca não escutava, a respiração se lhe tornava cada vez mais dificultosa e seus olhos, muito abertos, fixavam um ponto determinado, sem pestanejarem.

— Eu, que tão desvairada fui, como posso ter o Cristo nas minhas mãos maculadas?

— Ele lhe perdoará.

— Talvez, pelo muito que sofro; mas, sinto uma frieza petrificar-me o corpo.

— Bianca, Bianca! o rouxinol não tarda a cantar, as flores do jardim entreabrem as suas corolas, são todas mais belas do que nunca. Não esperes pela alvorada. Vem, vem depressa, desprende-te desse corpo que eu amei loucamente e que não é mais do que um pouco de argila.

— Tenho medo, não quero abandonar o corpo...

— Porque tens medo? Virás comigo.

— Sou uma desprezível pecadora. Quando me faltou o teu amor, tão desesperada fiquei, que me arrojei no abismo da prostituição, para esquecer o meu desgosto...

— Desgraçada! Que dizes?!...

— Sou uma pecadora...

— Ah... Eras então uma perdida? E me confessas agora essa traição?! E eu, ai de mim! cego, não vi isso. Maldita sejas entre as malditas! Afasta-te! Não te quero ver! Esconde a tua vergonha no inferno, consome-te no remorso!...

— Piedade, perdão, foi o teu amor que me perdeu. Piedade... Ó Dupont! vem, não me amaldiçoes. Foi o teu amor que me perdeu..

Mas, o "Espírito das Trevas", dilacerado, confundido com a atroz confissão, já não a ouvia.

Uma tempestade bramidora o envolvia na noite escuríssima da perturbação, da sua dor infinita.

— Piedade! Ouve-me... Sinto o vento arrebatar-te. Não me deixes. A noite é profunda, povoada de espectros. Onde estás?... Eu... não... te... ve... jo...

A voz se lhe extinguiu num estertor inarticulado. A cabeça oscilou três vezes. Quis soerguer-se, mas caiu, pesadamente, sobre o travesseiro. O médico chegara.

— Que é isso?

— Uma convulsão, respondeu a enfermeira. Ela está assim desde meia noite.

O médico inclinou-se, abriu-lhe a camisa, auscultou-lhe o coração.

— Que é doutor?

— O que eu havia previsto: — a morte.

— Está morta? inquiriu a enfermeira.

— Está.

A enfermeira, soltando profundo suspiro, cobriu o cadáver com o lençol.

*

— Depressa, acode, morro...

— Que é isso, meu amo? Acalme-se, não é nada.

— Abre a janela.

Xisto obedeceu e o engenheiro saltou da cama, pálido, arquejante.

— Queriam assassinar-me, estrangulavam-me.

— Pobre menino! como está nervoso! Não foi nada, senão um pesadelo. Meu amo fêz a refeição muito tarde e daí...

Abriu a janela de par em par. Alvorecia. O vento da manhã era forte e entrava às lufadas no quarto do engenheiro. Metido na sua pijama, Leony respirava as rajadas que a Natureza lhe transmitia às narinas e aos pulmões, por todos os vasos respiratórios.

— Quer alguma coisa, chá, cacau?...

— Traze-me um café simples.

Que tortura, exclamou ele, ao ficar só. E' demais, não posso. Isso tem que acabar quanto antes; não resisto mais. Da neurastenia passa à psicose, depois à loucura. Irei de novo para o hospício. Para lá me conduzirão apenas der o primeiro sinal, como fizeram da outra vez. Ah! mas, saberei pôr um ponto final nestas coisas. Não serei encarcerado como louco varrido, não me perseguirão mais estes vultos cerebrinos. Quando eu adormecer o sono da morte, não terei esta nevrose mal combatida, estes tormentos, esta fobia da memória, este inferno, enfim. Será de maneira segura, infalível. Está resolvido: amanhã, confirmar-se-á o contrato de casamento de Ivone. O que eu queria era isso, única coisa que me prende à vida. Depois que houver dado a sua palavra, não a retirará. E' do que necessito.

Tão depressa proferiu a última sílaba, repercutiu aos seus ouvidos estrepitosa gargalhada, aquela gargalhada terrificante que lhe crispava o coração.

Ele se levantou rápido, como se movido por uma corrente elétrica.

— Isto é demais! bradou furioso. Agora não estou dormindo, estou desperto e no gozo das minhas faculdades. Espera um momento, vou fazer-te rir à vontade.

Passou ao quarto contíguo, abriu um armário, tirou do interior um "bugão" com o punho cravejado de pedras preciosas, que pertencera, bem como a cota de malha que o acompanhava, a Lord Anfreyt, seu genitor. Desembainhou a arma acerada. Tinha nos olhos uma flama sinistra. Que iria fazer?

— Imbecil! exclamaram-lhe ao ouvido. Para que serve isso?

— Basta, gritou Leony enceguecido; afasta-te, ou cravar-te-ei este "bugão"...

— Ah! ah! ah! ah!...

Leony brandiu a arma, procurou enterrá-la no peito do seu antagonista e, quando julgou tê-lo assassinado, o viu embrumar-se, desdobrar-se como fumo, aparecer-lhe maior, mais gigantesco, tomar depois a forma de espiral e enovelar-se no ambiente. E quando o engenheiro, atônito, correu à janela, procurando vê-lo no espaço, eis que, de novo, o espectro lhe surge frente a frente.

— Foi uma cena extravagante, não achas? E não queres depois que eu ria, que me causem hilaridade os teus gestos burlescos! Como és imbecil, como és néscio! Não aprendeste nada em todas as tuas existências. Querias assassinar uma projeção de luz e não queres que me ria... Ah! ah! ah!

— Estou aqui com o cafézinho, meu amo.

Mas, o criado estarreceu, ao ver o moço, pálido como um cadáver, com os cabelos hirsutos, os olhos esbugalhados e o "bugão" precioso na mão crispada.

— Xisto, tem pena de mim, meu bom servo, escuta, disse ele, a tremer. O demônio está nesta casa. — Salva-me dele, protege-me, meu amigo!... e terás grande recompensa.

— Que foi meu senhor?

— Vou contar-te, contar tudo o que se tem passado comigo.

Tomou do braço do servo dedicado, arrastou-o para um ângulo do aposento e, baixando a voz:

— Não digas nada a ninguém, senão vão pensar que estou louco; mas, não é assim.

— Por Deus, meu menino, o senhor está em estado sonambúlico. Viu alguém?

— Cala-te, não fales alto, que vão ouvir. Não quero que Ivone saiba; mas, vou contar-te toda a verdade. Satanás tomou posse de mim.

— Não, não creia, isso é tolice. Satanás é mito, não existe.

— Existe, sim; não me desmintas.

— Sim, senhorzinho.

— Vejo-o aparecer-me a toda hora, sem tréguas. Atormentou-me toda a noite, fêz-me ver coisas impossíveis e estava a rir quando aqui entraste. Quis assassiná-lo, lutei com ele, enterrei-lhe no peito esta arma; quando o julguei morto, continuou a escarnecer de mim, como se nada tivesse sentido.

— Deixe esta arma, meu menino, vou guardá-la, é perigosa; o senhor está muito excitado hoje, ponderou o criado, abanando a cabeça em sinal de compaixão.

— Não, Xisto, deixa o "bugão", não vou matar ninguém; mas, é sempre melhor estar armado.

— E' perigoso, meu amo. O senhor não está bem.

Xisto, visìvelmente impressionado, sentia o coração

compungido, por nada poder fazer em benefício do seu inditoso amo.

— Tome o café, Sr. Leony. Quer que chame o médico?

— Não. Perdi a esperança de melhorar, tenho padecido demasiado. Um homem não pode suportar semelhante estado de vida, nem eu me resignarei a esta contínua humilhação. Prefiro acabar com isto, de uma vez para sempre.

— Que quer dizer, senhor?

— Que vou matar-me.

— Que vai matar-se?!... Santo Pai, pelos milagres de Jesus, meu menino, não faça isso, por favor. O senhor desvaira.

— Não desvairo. Estou resolvido.

O mordomo, comovido diante daquele ser a quem se dedicara desde a infância e a quem amava paternalmente, caíra de joelhos, com os olhos baços, sob a brancura dos cílios e dos cabelos, a suplicar aflitivamente:

— Não faça isso, por Deus, tenha coragem, reaja, não desanime, é uma crise nervosa que logo passará.

A atitude do ancião infundiu piedade ao engenheiro.

— Acalma-te, levanta-te; eu estava gracejando; o meu intento era ver se me queres bem, respondeu Leony, esboçando a custo um sorriso.

— Ah! eu logo vi! mas, foi uma brincadeira pesada.

A essa hora, os gazeteiros anunciavam as folhas do dia.

— Vou buscar-lhe os jornais de hoje.

— Quanta dedicação, pensou Leony, vendo sair o mordomo.

E Xisto lá se foi, pensando na doença do amo, no estado em que o vira! Ele não brincava, não fingia. Seu amo sofria, perfeitamente o compreendera e uma voz íntima lhe dizia que aquilo não acabaria bem.

Quando voltou, encontrou Leony na macia poltrona, alheado da vida.

— Aqui estão os jornais.

— Depois, telefona ao Dr. Artur, dize-lhe que venha já, sem demora.

Tomou os jornais com indiferença e os abriu. Lia as epígrafes dos acontecimentos, do noticiário e deixava-os cair novamente sobre o tapete. Fêz isso três ou quatro vezes. De repente, fixou a atenção no cabeçalho de uma notícia:

Última hora — Morte de uma sentenciada — Faleceu, esta noite, na enfermaria da prisão La Santé, Bianca de Chambrol, condenada na sessão do júri de doze de Julho do ano próximo passado, por haver assassinado o marido.

— E dizem que estou louco, que é nervosismo! exclamou Leony, após longos minutos de estupefação. Como pode ser fantasia o que vejo, se assisti esta noite à cena fúnebre do hospital da correção?

E começou, então, a lembrar-se de tudo o que presenciara, nos mínimos detalhes já descritos.

LXI

Ao entrar, Artur notou a súbita transformação do engenheiro.

— Bons dias, Leony. Há alguma novidade?

A saudação e a presença do recém-chegado arrancaram o enfermo às suas tétricas lucubrações.

Leony estendeu-lhe com indiferença a mão álgida; o médico, retendo-a, tomou-lhe o pulso, que marcava quase cem pulsações por minuto.

— Que é isto? você passou mal a noite? perguntou, ao verificar a alteração do enfermo.

— Piorei. Só eu posso avaliar o que se tem passado comigo. Nem tu, com a tua sapiência, toda a tua terapêutica e todos os soros que se acham em via de reabsorção no meu organismo, podem debelar o mal de que padeço.

— Um dos maiores entraves à curabilidade das doenças é o desânimo do paciente. Você não tem fé nos medicamentos, destrói-lhe os efeitos, embaraça-lhes a ação curativa: eis a razão por que a moléstia lhe volta, apresentando nova fase de um momento para outro.

— Qual, não creio mais na medicina. Desisto dela,

vejo-lhe o fracasso contínuo e a verdade é que se morre todos os dias com ou sem assistência médica.

— Deixa de pessimismo. Isso é outra coisa. Vamos fazer a injeção. Não quero que estejas assim amanhã, senão temos que transferir a nossa festa.

— Não te mandei chamar para me fazer injeções; em todo caso, já que assim queres, vá lá. Mas, o que me fêz mandar chamar-te é o seguinte: quero abreviar o casamento de minha filha. Vê se estás de acordo.

— Para quando?

— O mais breve possível.

— Se é do teu agrado. Já estou pronto. Aluguei um bangalô em Montmartre. O mobiliário está encomendado, como combináramos, para o dia vinte e seis; estamos a catorze... Não tinha, pois, razão de apressar-me; mas, isto é, como te disse, coisa de dois ou três dias.

— Pois bem, Artur, Ivone está pronta; casar-te-ás amanhã e ficarás morando aqui. Este prédio é de Ivone, o mobiliário, como sabes, é novo, comprei-o há poucos meses; só o que preciso comprar é a alcova, o resto está em ótimas condições... Ivone tem a sua legítima materna, de que lhe fiz entrega logo em seguida ao seu reaparecimento; além disso, ùltimamente transferi para o seu nome todos os meus bens imóveis. O que ela possui, independente da herança que lhe caberá por minha morte, é quanto basta para uma vida confortável. Ao demais, tenho um milhão e setecentos mil francos no "Banco Nacional", duzentos mil dólares no "City Bank of New-York" e um seguro de vida que fiz há dois anos em favor de minha filha, no valor de cinquenta mil dolares na "New-York Insurance Company". Todos os meus documentos e negócios se acham entregues ao meu tabelião, Gaston Meyer, rua Tacherie, número mil e dezoito.

— Mas, a que vem tudo isto? Não te entendo. Falas-me em legítima materna, em depósitos bancários, seguros de vida e cada vez menos compreendo onde queres chegar.

— E' que o meu estado de saúde agravou-se; agora não tenho esperanças de melhoras. Quero ver Ivone casada antes de morrer. E, como creio que se vão casar com comunhão de bens, justo é que saibas o que a tua esposa leva.

— O que possuo, meu amigo, é quanto basta. Quero uma esposa e não uma herança.

— Eu sei; contudo, não tens o direito de obrigá-la a renunciar ao que lhe cabe por lei.

— Sim, estou de acordo; mas, não estás em estado de precisar fazer testamento; ao contrário, vejo-te em condições de durar muitos anos, talvez mais do que eu.

— Isso pode ou não acontecer; entretanto, só eu sei o que sinto. Mas, voltemos ao nosso assunto. Fica, pois, combinado o casamento. Será amanhã às onze horas.

— E Ivone consentirá?

— Tem que consentir.

— Tanto melhor. Faremos, então, uma festa íntima.

— Naturalmente. Número reduzido de amigos, as testemunhas... O Dr. Duval Simes, o Dr. Paulo de Sália, o Senador Pierre Alvim, o Prefeito Alphonse Luce, que é muito meu amigo, e mais alguns íntimos, as amiguinhas de Ivone e só. Depois, sejam felizes. Ivone, orgulho-me de o dizer, é um anjo e terás de fazê-la feliz. A sua meiguice é capaz de cativar os temperamentos mais ásperos.

— Tens certeza de que Ivone me aceita por marido espontâneamente? Achas que ela poderá amar-me? Não será coagida a isso por submissão?

— Ivone ainda é criança. O amor nas mulheres nasce com a emancipação da adolescência; quando, senhora de si, vir a tua solicitude, o teu afeto dedicado dominando-a, o hábito, a convivência... Enfim, Ivone terá que te amar.

Havia-se levantado e tocara a campainha, dizendo ao servo que o atendeu: "Avise a Ivone que desejo falar-lhe."

Tratavam ainda do consórcio, quando a donzela entrou no quarto, beijando a testa do pai e estendendo a mão ao noivo, que a osculou respeitosamente.

— Mandei chamar-te, porque resolvemos abreviar o teu casamento.

— Abreviar, pai, para quando?

— Para amanhã.

— Para amanhã?! tartamudeou, procurando baldadamente dissimular o pesar que lhe produzia essa resolução imprevista.

— Precisamos saber se a senhora está de acordo, aditou Artur. Leony está muito nervoso, quer ver-nos casados quanto antes.

— Não há motivos para tardanças; você está pronta, seu noivo também o está; vão ficar morando aqui, como combinamos... Não desejo separar-me de minha filha enquanto viver. Foi com essa condição que acedi ao pedido de Artur e consenti no teu casamento. O ato revestir-se-á da maior intimidade. Agora, Artur vai escolher o mobiliário da alcova; tenho aqui catálogos das melhores casas de Paris, últimos modelos. Vai examinando e vê se te agrada algum destes...

A moça recebeu das mãos do pai o catálogo, maquinalmente e, em silêncio, principiou a folheá-lo; mas, tinha os olhos turvos e o pensamento tão longe daquilo para que olhava... que nada via! Em dado momento, Artur chamou-lhe a atenção para um dos modelos: "Veja que conjunto artístico!"

Ivone concordou. De que servia recusar, opor objeções? O fato estava consumado...

Leony saíra, para dar ordens.

Aproveitando a ausência do pai, Ivone, para repelir o contacto do noivo, esquivou-se às suas interrogações com grande nobreza de sentimentos. Por fim, pediu licença e retirou-se.

Artur compreendeu, mais uma vez, a indiferença da moça. Sabia que ela não o amava, mas esboçou um sorriso singular: "Quando estiveres nas minhas mãos, saberei dominar-te", pensou ele, acompanhando-a com o olhar.

Ergueu-se e, depois de mirar-se ao espelho, dando um ar jovial ao semblante, tomou o chapéu e desceu a escadaria.

LVII

A noite da véspera das bodas se tornou memorável para os nossos protagonistas.

O "Espírito das Trevas", incendido ainda na chama da vingança, penetrou nos afetos, nas dores íntimas, nas doces lembranças, nas tristes saudades, nos suspiros, nos secretos sentimentos dos apaixonados e doridos ânimos dos que lobrigavam a sorte por sombrio prisma; nos corações de onde a ventura fôra banida; nos daqueles cujos ideais jaziam como flores crestadas por maléfico vento; daqueles que vislumbravam a morte, como meio de libertar-se de suas provas.

Só ele, na sua estrutura etérea, sem lindes corpóreas, lépido, flexível, denodado na sua condição de sombra fugitiva, invisível, imponderável quando lhe aprazia ou pujante, destemido e audaz, envolto numa substância cosmogônica palpável, nos momentos que lhe pareciam azados a manifestar-se, o podia fazer. Visível ou invisível, materializado na sua natureza de ser imaterial, intangível, leve como um sopro, frágil, como um raio de luz, podia penetrar no recesso dos pensamentos, sondar em todas as entranhas, observar-lhes as consciências, conhecer-lhes os destinos. Como alma errante, vagando a esmo, acercara-se maquinalmente dos leitos, onde, insones, repousavam aquelas criaturas. Desvendava os segredos que as afligia, descobria o que as torturava, bem como surpreendia a origem dos cálculos daquele em cujo caráter o cinismo solapava a franqueza e vencia os escrúpulos da dignidade, que encaminhava a vida, acidentado conflito de baixos interesses, para a mesquinha conquista das impuras delícias do meio corrompido onde vivia.

A noite é a eterna confidente dos corações ternos, dos que sofrem dos males do pensamento.

E o "Espírito das Trevas", que de muitas coisas sabia antecipadamente, com essa clarividência que o cérebro, as glândulas e os instintos não permitem à criatura humana, ria, ria gostosamente das tribulações de uns e do antegozar de sórdidos triunfos, a cujo encontro outro menos escrupuloso se lançava como cego.

Ver Paulo e Ivone, cujas almas se haviam consorciado, padecer a mesma desventura; ver Ivone, encarando o futuro, a soluçar em silêncio, com o rosto escondido entre as almofadas; ver Paulo invejar a posição de Artur e desfalecer à ideia de perder Ivone, de vê-la casada com outro, enlaçada pelos braços de outro, dono este da flor purpurina de seus beijos, a palmilhar com ele sendas venturosas, tudo isso causava riso ao espectro, que atravessava qual meteoro o tempestuoso céu daquelas almas.

Se, todavia, lhe inspiravam compaixão os transes da alma que nada mais esperava do mundo, que se sentia privada das primícias do amor, porque ria ele, porque lhe causava riso o pranto sincero que a inocência vertia? Porque contemplava irônico o regozijo de alguém, ante a perspectiva que se lhe rasgava aos olhos, de uma ventura que viria dissipar, com seus fulgores diamantinos, uma situação perturbadora, embaraçosa?

Se os excessos e as loucuras da mocidade; se a lisonja, as veleidades, o delírio de certas paixões, a que se apegam as almas inexperientes e incautas, ocasionam complicados problemas e são, as mais das vezes, precursores de irremediáveis males; também a ousadia, a astúcia e a audácia são os meios de que lançam mão essas criaturas vencidas, que a sorte, à primeira vista, parece favorecer. E tudo é mais ou menos encarado com a maior naturalidade.

Por outro lado, as almas sinceras, que a virtude perfuma, são comumente as que a ventura repele. Entretanto, quase sempre, ao caráter das almas que as potências inferiores seduzem, afivelam-se a hipocrisia, a obstinação nos propósitos desonestos, disfarçados numa circunspecção aparente e a isso a tolerância do meio e a própria sociedade cerram as pálpebras, para lhes não ver as faltas.

Porém, o "Espírito das Trevas", que via e ouvia, que tinha ódios violentos, inestancáveis e, ao mesmo tempo, compaixões que nasciam do bem latente nele, desse gérmen divino que todas as almas possuem, cônscio dos poderes ocultos de que dispunha, pensava tudo poder resolver.

Analisando as exigências do meio, Paulo se revoltava contra si próprio e perquiria por que razão a nobre filha do engenheiro milionário não nascera como ele nas montanhas de Ischia?

Na mudez das suas lucubrações noturnas, em dolorosas vigílias, reiteradamente interrogava o silêncio, as próprias sombras que de leve se agitavam ao seu derredor e lhe avivavam reminiscências dela. Porque, em vez de subir as escadarias de principesco palácio, não se havia Ivone insinuado numa dessas habitações humildes, que o luar e o sol beijam e onde o amor espontâneo medra? Se assim fôra, ditosos, sem oposições, sem as incompatibilidades da fortuna, sem preconceitos, ter-se-iam casado e, felizes, viveriam juntos eternamente, sorrindo sob o teto das ramas entrelaçadas de jasmins e rosas. E, quando a Lua andasse despetalando a sua alvura de noiva imaculada, na florescência radiosa do Espaço, bordando o chão, rendando as ramarias, esmaltando os bosques, clareando as espumas dos mares, insinuando-se nos lares pelas frestas dos telhados, os dois, juntinhos, no seu leito de flores, guardados por querubins, seriam venturosos, unidos pelo amor para todo o sempre, numa perpétua lua de mel.

Lamentando a impossibilidade da realização desse sonho ardente, Paulo se sentava na cama, deitava-se novamente, mudava de posição a todo instante.

Na sua mente, o mundo, oh! sempre o mundo traidor, eivado de perfídias, o esmagava com o seu formidável peso... arrebatando-lhe as coisas mais caras à existência.

Arfava-lhe o peito e a imagem de Ivone, conduzida nos braços de outro, porfiadamente lhe aparecia, ora casta como um lírio, no seu leito modesto de virgem, ora infinitamente sedutora no seu leito voluptuoso de noivado. Via os seus olhos lindos, os contornos do seu busto alabastrino, o seu sorriso gracioso, o seu perfil estético, os seus cabelos louros, caindo-lhe em cachos nas têmporas! Ela lhe surgia sempre no seu conjunto harmonioso de perfeições!

Como a achava bela, incomparável! Quanto a amava! Como tinha ciúmes, ciúmes infinitos desse outro que a sorte favorecia.

Lembrava-se, depois, de que em Ischia, vagando à beira dos abismos, sobre as massas graníticas, em torno das cordilheiras, nos ermos caminhos, fustigadas pelo vento as negras vestes de asceta, humedecidos os cabelos pelas pulverizações cristalinas da neve, esqueceria Ivone, a doce e risonha alvorada das suas ilusões de mancebo, dos seus primeiros e únicos sonhos de poeta e de filósofo, e, num santo sacerdócio, seguiria o ritual a que Ilca viria presidir, no equinócio da primavera.

E ao mesmo tempo que, assim pensando, duas lágrimas lhe resvalavam pelas faces, ouviu ele uma risada estridente cortar o fio das suas meditações. Voltou-se na cama. O quarto estava iluminado por um feixe fluídico e, num mágico alvor de crescente, a figura ereta de incorpóreo mancebo lhe dirigiu esta frase cheia de elegância e finura:

— Dizem que há estátuas que choram; dizem, também, que há dores que riem.

— Ó testemunha invisível das minhas desventuras, se amaste um dia, se sabes o que é sofrer, porque zombas da minha paixão?

— Mas, não acreditas que há estátuas que choram? Eu, que tudo vejo, que penetro nos pensamentos, que sondo os recônditos das almas, que diviso luz onde existem sombras em reflexos de sóis, transformo as minhas lágrimas em flores luminosas e as minhas emoções amarguradas em risos. Quem as pode compreender?

— Ó espírito, eu te estimo pela tua franqueza e pela dor que te tortura. Dize-me, entretanto, uma coisa: voltaste ao caminho do mal? Percebo no meu magnetismo, na minha sensibilidade, as tuas forças ocultas e a tua aura. Sei que um pensamento tétrico, em que não posso penetrar, te domina. Não és senhor de ti? Não tentes ocultar-me; dize-me a verdade.

— Perdoa-me; não te posso confessar o que sinto.

A minha luz se obscureceu, o meu ídolo ruiu aos meus pés. Vi-o despedaçar-se em poeira... Agora, estou só. Só, entendes? Repeli as luzes e arrojei-me ao inferno, onde me vou consumir.

— Que dizes?! Retrocede, ainda é tempo. Não dilaceres a tua alma. Recua. Todos os seres que vão evolver contigo, teus avós, teus pais, teus amigos, clamam por ti. Escuta-os.

— Desculpa-me; não os quero atender.

E as mãos lânguidas e alvas do fantasma lhe cobriram os ouvidos, num gesto rápido, para confirmar a sua relutância.

Paulo suspirou, profundamnte, abanando a cabeça.

— Obrigado. Admiro a tua magnanimidade; és indulgente, por isso te estimo. Vou dizer-te algo de verdade: Em dado momento, vítima que eras dos meus impulsos, causando-me compaixão as tuas desventuras, colaborei para a tua felicidade. Enxuga as lágrimas e espera pelo dia de amanhã. Adeus para sempre; nada mais te posso adiantar. Espera pelo dia de amanhã; porém, lembra-te sempre, piedosamente, do "Espírito das Trevas".

— Assustas-me. Que queres dizer com isto? Não te entendo; tu me confundes.

A luz alvacenta extinguiu-se. As trevas envolveram o ambiente e Paulo ficou de novo só.

Simultâneamente, o fantasma apareceu a Ivone e a Artur. A este, disse de viva voz, perfeitamente audível:

— Quem não cuida senão dos seus interesses e vícios nenhum bem pode esperar dos outros. Terás tempo para refletir e emendar-te, se quiseres.

O moço voltou-se abespinhado, mas, nada vendo, sacudiu os ombros e continuou a arquitetar os seus planos para o dia seguinte: uma mulher, nova, formosa e milionária, lhe caía como do céu, no báratro da sua falência.

Só por esse meio conseguiria livrar-se da ação criminal que forçosamente lhe seria intentada por causa dos ardis que, ùltimamente, pusera em prática, para conseguir dinheiro. Só o "Espírito das Trevas" e os que conviviam intimamente na vida noturna de Artur L'Waite é que podiam saber a verdade, disfarçada com a máxima perícia.

Naquela conjuntura, a sua salvação era o consórcio. Arruinado, vítima do nefasto jogo, Artur dissipara nas mesas de bacará de Monte Carlo, em poucos meses, mais de três milhões de francos, que lhe couberam em herança por morte de Lord Staff L'Waite, seu genitor. E não fôra só isso: num momento de cegueira e de desvario, sem medir a responsabilidade do que fazia, assinara cheques sem ter fundos bancários!

Perdera tudo! Essa a verdade, que Leony de Anfreyt e o Dr. Paulo de Sália ignoravam. Essa a razão por que o Espírito ria e por que dissera ao moço vidente que havia colaborado para a sua felicidade. Efetivamente, na noite em que Artur jogava perdidamente, como alucinado, apostando sempre avultadas somas, que o azar arrebatava, fôra ele que, com outras entidades errantes, se insinuara no ânimo do moço, induzindo a assinar compromissos de honra, para os quais a Justiça não tem indulgência.

Depois de consumada a sua ruína, Artur votou-se à hipocrisia, vencendo por essa forma os escrúpulos do engenheiro Leony de Anfreyt, que ignorava tão graves coisas.

Não fôra por afeição que fizera o pedido de casamento, como se há podido ver desde o primeiro momento; isso era assunto secundário. O que ele visava era o dote de Ivone, único meio, sob todos os pontos de vista, absoluto, eficaz, para sua salvação, para evitar fôsse descoberto o estelionato que praticara com diversas pessoas.

Quando o Espírito lhe falou, abespinhou-se; não lhe deu a devida importância; porém, não pôde esquecer, nem dissimular a lógica profunda que reconhecera naquela ponderação.

Depois, o "Espírito das Trevas" visitou Ivone e lhe disse:

— Não fôssem os vis ultrajes que me consumiram a

ventura, eu não te teria feito tanto mal, meiga criança; não te aflijas, porém, e espera pelo dia de amanhã.

Ivone levantou-se e viu o que Paulo havia visto: uma atmosfera de glacial alvura e a silhueta agitada do fantasma mover-se, deslizar, desaparecer misteriosamente, deixando-a alarmada e confundida.

LXIII

Durante todo o dia o trágico espectro acompanhou a sua vítima com atroz pontualidade.

À noite, fizera-lhe sucessivas visitas, atormentando-o, perseguindo-o, forçando-o a sofrer as maiores humilhações, escarnecendo-o, hostilizando-o, injuriando-o, pungindo-o com as suas sarcásticas risadas. E com que elementos o infeliz engenheiro poderia afrontar esse prélio titânico, ele, o delinquente, que arrastava passados delitos, de tempos que se lhe haviam apagado da memória humana?

Mortalmente pálido pelas comoções contínuas que experimentava, ferido profundamente no seu amor próprio, física e moralmente desfalecido, Leony começara a delinear terrível projeto: abandonar a existência, fugindo à luta pela porta do suicídio. E essa covarde concepção prontamente tomou vulto e se corporificou em seu íntimo.

Na sua condição de homem sem religião, sem fé em Deus, sem confiança nos poderes divinos, Leony pouco a pouco se afeiçoou a essa ideia, a animou, acariciou, achou lógica, aceitável; enfim, reconheceu nela bom meio de pôr ponto final às suas provas! Fascinadora e imperiosa, empolgante, a ideia avançava, dominadora, apossando-se-lhe da vontade.

Encerrado no seu quarto, taciturno, imóvel, sentado numa poltrona, a ideia fixa do suicídio o absorvia. Como um conjuro, ela lhe falava secretamente ao ouvido, blandiciosamente, convidando-o, de modo sugestivo, ao descanso eterno, seduzindo-o, atraindo-o para os mistérios da morte. E Leony começou a sofismar consigo mesmo, recriminando a vida, repudiando-a, desdenhando-a sob a funesta inspiração. Na sua lúgubre quietação, aquele pensamento lhe aparecia radioso, dentro das trevas em que se engolfara. Não podia volver ao passado, à paz da consciência; não mais podia ser feliz. Adoecera de horrendo mal, que lhe eletrizava o sistema nervoso e impedia a normalidade das funções cerebrais, tornando--lhe a mente, a memória, um contínuo flagelo.

Quadros burlescos, sardônicos, sinistros, aterradores, nasciam, viviam, agitavam-se, desapareciam e voltavam, numa inconstância, numa volubilidade estranha, a povoar-lhe o espírito.

Sentia torturante dor esmagar-lhe a cabeça, zumbiam-lhe os ouvidos. Se por momentos as dores físicas, as perturbações do grande simpático e a falta de ar diminuíam, recomeçava o tormento da audição de vozes que o acusavam com tremendos epítetos, recomeçava a crítica mordaz, o atroz libelo formulado com terrível clareza pelo acusador invisível. E as gargalhadas, o sarcasmo, o anátema, afronta pungente, capaz de revoltar os ânimos mais dóceis, a se reproduzirem.

Se, acaso, tentando fugir à perseguição implacável, procurava o lenitivo do narcótico, sorvendo o ópio ou a morfina a grandes haustos, nem ainda por esse meio descansava: o espírito, sempre alerta, desprendendo-se, vivia a mesma vida, conservava o mesmo princípio, a origem dos seus males. Visões, cenas horríveis, prosseguindo o seu funesto curso, o atormentavam.

E o fantasma vingador, espiando-lhe os movimentos, estava sempre a seu lado, quer no ruído, quer no silêncio, quer na Terra, quer no Espaço, quer na sombra, quer na luz, tanto dormindo como desperto, através dos sonhos ou na imaginação vigilante.

A existência tornara-se-lhe por isso insuportável! Sempre que despertava, com os membros doloridos, o peito arfante, os olhos muito abertos, murmurava: "sou um desgraçado!"

Vigiado de perto pelo fiel servo, durante as horas que passava em letargo, Xisto, ao entardecer, veio encontrá-lo inanimado, estatelado no solo, cadavérico, com a fronte banhada de suor.

— Ah! meu pobre amo, que lhe sucedeu? interrogou e, erguendo-o, fê-lo sentar-se.

— Como sofro! Falta-me o ar, sinto o coração constringido, dói-me a cabeça: os meus olhos só enxergam coisas indescritíveis.

— Então, é melhor adiar-se o casamento da menina, o senhor doente assim...

— Não sabes o que dizes. Anseio por ver Ivone casada. Como tarda o tempo! E o meu sofrimento, a cada hora que passa, centuplica.

— O banquete está preparado, meu amo. O mobiliário e o precioso "gobelin" imprimem suntuoso aspecto à alcova nupcial. As modistas estão dando os últimos retoques na "toilette" da menina. As salas já estão ornadas; por todos os cantos superabundam flores, corbelhas de esplêndidas rosas de raras espécies. Mandei queimar benjoim, mirra e sândalo nas câmaras; os pagens irão postar-se nos seus lugares, metidos nas librés flamantes que lhes mandei fazer, pois o dia declina e será, breve, Sol posto.

Mas, enquanto o mordomo falava, o amo parecia extático, com os olhos parados, como se estivesse olhando para dentro de si próprio.

Demoradamente Xisto se pôs a observá-lo, sem cortar a mudez daquela atitude sombria, daquela imobilidade estatuária. Por fim, os olhos se lhe marejaram. Que desdita, quanta piedade sentia ao contemplar o querido amo naquele estado. Que diferença! Nos últimos tempos, grande metamorfose se operara no pobre do seu amo.

Ele testemunhara a felicidade quase imaterial de que desfrutava o seu senhor, nas horas deliciosas daqueles intensos e longos dias de júbilo, quando Iara, a loura e radiosa Iara, vivia como uma fada encantadora na vida de Leony; testemunhara o amor que os fazia cantar incessantemente o hino da ventura, que os unia como dois anjos num paraíso. Depois, depois que ela desaparecera dentro do féretro, vestida de santa e coberta de violetas e de saudades, orvalhada das lágrimas de Leony, ele percebera que a fada levara consigo o seu condão mágico.

E sem querer, sem saber porque, vinha assistindo ao seu declínio, às traições, ao insulamento, a inúmeras desditas.

Agora, ali estava, numa atitude sinistra, tão diferente, tão demudado, enfermo, magro, dorido, pálido, trêmulo, sorumbático, vítima de estranho mal, que a medicina desconhecia e não podia curar.

Longo tempo passou em que ambos, perdidos nas suas conjecturas, meditavam por diferentes rumos; sentados defronte um do outro, olhavam-se, contemplavam-se, e não se viam, tão absortos, tão esquecidos de si próprios, que semelhavam duas estátuas curvadas na penumbra, onde um raio de sol, peneirado das persianas, caindo-lhes sobre as cabeças, cintilando nos lustres e espelhos facetados dos móveis, lhes enchia as fisionomias de uma claridade mística.

Ambos, em dado momento, foram despertados por um toque de campainha. Xisto acudiu.

— Está bem, declarou, e, voltando-se para Leony, disse: Meu amo, seu banho está pronto.

Maquinalmente, o engenheiro se deixou levar pelos corredores até ao banheiro.

Quando saiu do banho, tinha uma espécie de lividez mortal nas faces e nos lábios. Fundas olheiras lhe circundavam as órbitas; os olhos brilhantes apresentavam um fulgor febril, estranho, denunciando a vitória de uma ideia implacável. Um sorriso de desdém lhe pairava no semblante. Estava aparentemente calmo, dessa calma, porém, que precede os grandes e graves acontecimentos, a execução de resoluções muito premeditadas.

*

— Ivone, minha filha, perdoa-me, se porventura não foi do teu agrado este meu alvitre, disse ele à moça, iluminada pela luz suave da resignação que a fé irradia, essa fé que mão generosa cultivara em seu íntimo, essa fé que conduz as almas cândidas e submissas pelas aras do sacrifício à bem-aventurança.

Chegara à hora determinada para o casamento. Ela já estava vestida, pronta, esperando o momento em que o pai a iria buscar, para entregá-la ao noivo.

Na sala, já se achavam o juiz, as testemunhas, os amigos, e a orquestra executando a "Marcha Nupcial" de Schubert. Ivone com a coroa de flores de laranjeira na fronte, sobre o véu transparente, imaculado, parecia um anjo descido do céu.

Ao vê-la assim, ataviada com as galas do noivado, Leony se comoveu visìvelmente; não pôde conter uma exclamação e lembrou de Iara, sua esposa, a mãe de Ivone, na noite em que, delirante de júbilo, ele a conduziu ao altar.

Ivone fitou-o, sopitando sua íntima angústia.

— Pai, tu o quiseste; basta isso, para ser também a minha vontade...

— Compreendo, minha filha, és uma santa; caiam sobre ti todas as venturas da Terra e que os anjos bendigam esta hora.

— Obrigada, suspirou Ivone, beijando a mão do pai.

— Não desejava deixar-te sòzinha neste mundo; queria a tua felicidade, esforcei-me, pensei longamente, fiz tudo o que pude para encontrá-la. Queira o Onipotente que este consórcio seja essa perene felicidade que te almejei.

— Pai, vou casar-me para ver-te contente e feliz. Mas, parece-me que estás pior; sinto geladas as tuas mãos.

— Descansa, não é nada. Esqueces de ti, para cuidares de mim. Como és boa! Lembro-me de tua mãe.

Ivone, sobressaltada, vendo o estado nervoso do pai, que se alterava, o seu falar estranho, soltou profundo suspiro.

— Perdoa-me, querida Ivone, se te causei mágoa com esta súbita deliberação. Disseste-me, certo dia, não ser do teu agrado casar tão cedo. Eu mesmo desejava conservar o aroma da tua inocência, serias a minha eterna relíquia. Mas, tenho sido tão infeliz... Vivo expiando os meus dias como um condenado! Vejo a morte chamar-me. Minha obrigação de pai me fêz pensar em ti antes de tudo.

E, curvando-se para lhe beijar a fímbria do vestido de noiva, Leony deixou rolar aos pés da filha a lágrima que lhe aflorara aos olhos.

Ivone fremia e, a muito custo, com sobre-humano esforço, reprimia o pranto que a estrangulava; entretanto, uma intensa ternura lhe avivava a piedade filial e ela se revestia de coragem, dissimulando a sua desdita.

— Não me fales desse modo, pai... Era teu desejo ver-me bem casada... Eu também o desejava. Vemos, enfim, satisfeitos os nossos anelos; a minha dedicação mal corresponde à tua. Porque estás tão triste? Pesa-me ver-te acometido dessa melancolia, justamente na hora do meu casamento. Dá-me o braço, papai. Deus me guiará no caminho do dever. Vamos!

Tomou o braço de Leony e dirigiu-se à sala.

O noivo, ladeado por suas testemunhas, ansiosamente a esperava.

Ao verem-na, um sussurro de admiração perpassou na sala literalmente cheia.

Formalizaram-se todos. A um sinal do Juiz, o escrivão leu, em voz alta, o termo de casamento. Os noivos responderam às perguntas referentes ao ato. Assinaram as testemunhas, depois os nubentes. Ivone e Artur estavam legìtimamente unidos pela lei civil do país.

"Paulo, onde estará o meu Paulo?" bradava interiormente o coração de Ivone. "Adeus! para sempre, noivo amado!"

Quase teve um delíquio, quando os lábios do esposo lhe oscularam a fronte. Sentiu-lhe o hálito confundir-se com o seu e cerrou as pálpebras, num frêmito involuntário. Mas, nesse mesmo instante, bradou-lhe ao ouvido a voz misteriosa, já tão sua conhecida, desta vez, porém, imperativa e forte como nunca:

— Não bebas da champanha, houve um engano!

Muito assustada, a moça voltou-se para o lado direito e viu o fantasma, sobranceiro, esgueirar-se por entre os convidados. Ao mesmo tempo, os amplexos, as felicitações, os parabens, os votos de perene felicidade se confundiam com a sinfonia clara, alada, suave que a orquestra executava.

O momento, porém, era de transição para a pobre noiva. Extática, a sua visão interna acompanhava o fantasma e, por um desdobramento rápido do seu espírito, viu Paulo desalentado, preparado para a partida, com as malas abertas na sua frente. Ele, a seu turno e pelo mesmo fenômeno, via Ivone sentada ao lado do noivo.

E quando, quase a desmaiar, apertava a cabeça entre as mãos, ouviu também o fantasma, muito aflito, dizer-lhe:

— Corre!! Ivone está em perigo, salva-a da morte! Ninguém me ouve! Estou cansado de falar, os pagens estão ébrios, os convivas alheados, a própria Ivone é indiferente; salva-a! Ela é tua!

— Que é? Não compreendo. Ivone está em perigo! De que modo? Não compreendo. Confundes-me.

E Paulo olhava e caminhava de um lado para outro, pedindo uma explicação; mas, era mudo o ambiente que o cercava.

A voz lhe murmurou ainda ao ouvido:

— Houve um engano fatal, a taça de Ivone contém veneno, não percas tempo; se ela beber o champanha, morrerá. Anda depressa!

Mas, ele perdia tempo, à procura do chapéu, andando de um lado para outro, sem dali sair. Finalmente, uma força irresistível o arrastou para a rua.

No castelo do rico engenheiro, a festa se celebrava com entusiasmo. Os convidados brindavam os nubentes. As taças de cristal, onde reluzia o precioso líquido, tocavam umas nas outras, e todos riam e bebiam, alegres e satisfeitos, em torno da mesa suntuosa.

Chegara a vez do brinde de honra. Leony, lívido, convulsivamente agitado, segurava com as mãos crispadas a taça fatal que continha o "bálsamo" depositado por ele para aplacar o ardor das chagas acerbas que o torturavam.

O momento era decisivo. O inditoso engenheiro, sempre com os olhos cravados na filha, agitava a taça, rindo de um riso convulso e irreprimível, sem se resolver a beber. Por fim, em dado momento, cintilaram os cristais nas mãos dos paraninfos, que faziam votos pela ventura perpétua dos recém-casados. Uma saraivada de flores caiu sobre as cabeças do jovem par e, imitando os demais, Leony esgotou a sua taça, esgotou-a frenèticamente, como se quisesse beber de um só trago o esquecimento, a felicidade perdida. O Dr. L'Waite imitou-o. Ivone por sua vez meio fora de si, sorveu a sua em longos tragos; mas, imediatamente, soltou um grito, grito de dor e a taça retiniu na mesa e rolou pelo chão em estilhaços.

— Que foi? perguntaram todos unânimemente, dirigindo olhares curiosos para a noiva.

Sentindo um ardor cauśticante devorar-lhe o epigastro e atingir-lhe o coração, Ivone levantou as mãos, abriu a boca, fazendo esforços para vomitar; depois, com grande esforço para manter-se de pé, vacilou e caiu pesadamente ao solo, contorcendo-se em lancinantes dores.

— Envenenada!!! exclamaram todos.

— Fatalidade! horror! Matei minha filha sem o querer, bradou Leony, cheio de angústia. Desgraçado! maldito! ainda me estava reservada esta horrível prova.

E, soltando um doloroso, um profundo oh!!! caiu morto aos pés da filha.

*

Ouviram-se por momentos exclamações de piedade, de amargura, de espanto; tilintava o telefone, era geral a confusão. Por fim, a fatalidade do fato fêz que emudecessem os lábios, se retraíssem os gestos, empalidecessem os semblantes.

Era indescritível a estupefação de todos. Uma noite de festa e de boda, terminando num epílogo de tragédia.

No silêncio dramático do ambiente, houve um ai profundamente sentido. Real, uma lágrima, radiosa como diamante, gota de cristal, pérola de rocio, fragmento de estrela rolou por entre a melodia dolente dos gemidos, dos derradeiros sons das notas da música sustada por um estremecimento de espanto e comoção. Mas, ninguém viu, nem ouviu aquele lamento desdobrar-se pelo infinito, ondular, evolar-se por sobre as nuvens e perder-se ao longe, nas esferas invisíveis.

Fôra o "Espírito das Trevas" que chorara por Ivone. Presa do remorso, espavorido diante de si próprio, apiedado daquela inocente a quem, sem querer e sem mesmo poder explicar como, fizera sua vítima, vítima da sua funesta influência, ele fugiu para as trevas de uma noite profunda, procurando esconder a sua vergonha, sepultar-se na sua grande dor.

Abandonava, finalmente, o objetivo da sua vingança, sem pretender volver sobre os passos, deixando para sempre Leony no carrascal da perturbação das suas ideias materialistas, do qual só o tempo e as luzes do seu Anjo de guarda e dos Espíritos protetores o libertariam.

LXV

Muitas noites um facultativo, com solicitude inigualável e inexcedível dedicação, empregando todos os recursos da Ciência para salvar uma enferma, passou curvado à sua cabeceira, observando-lhe o sono, o estado febril. Por vezes, o seu andar impaciente de um lado para outro da alcova, o apertar a cabeça entre as mãos, o crispar dos punhos revelavam a sua grande angústia.

As alternativas da febre, a vida quase artificial da doente, superexcitavam o sistema nervoso do médico. Conhecendo a gravidade e a marcha da doença e tendo esgotado os recursos terapêuticos para combatê-la, desanimava, perdia a esperança.

Contando os dias dolorosos e as reincidências da moléstia, Paulo como o leitor já terá adivinhado, viu Ivone perdida.

Combalida a sua fé espiritual, atingido o seu amor-próprio, recordando e lamentando o fracasso dos seus trabalhos espiríticos com referência ao malogrado engenheiro Leony de Anfreyt e à sua inocente filha, ele se sentia desamparado, a flutuar nas vagas da descrença. Ganhara-o a dúvida; sua fé, antes tão ardente, tão clara, parecia, agora, velada, amortecida e duas ideias opostas travavam luta no seu íntimo: a do grandioso princípio inteligente norteando as almas, através da pluralidade da existência, manifestação da sabedoria divina na harmonia universal; e a das secreções glandulares, das funções dos centros motores do pensamento a criar a inteligência. Se o espírito sobrevive a isso que se chama vida, porque não fôra ouvido o apelo que de seu coração formulara? Porque não lhe vinha a inspiração dos meios de salvar Ivone? Se não era ficção, se era verdade que os Espíritos desmaterializados presidem aos grandes acontecimentos e a todas as contingências e transições do pensamento humano, Ivone, que era também uma alma exorável, que nascera defrontando um fado penoso, devia receber as graças do Céu e, então, vê-la-ia sorrir novamente. Se, ao contrário, nada existisse de imortal e sobrevivente na criatura; se só à natureza material eram devidas as formações corpóreas, se as formas divinas provinham, pela sua ação, das moneras que o mar acalenta em seu seio, porque a Ciência não solucionava o formidável problema da morte e da vida? Se assim fôsse, lutaria contra ela, contra a Natureza, com os conhecimentos que possuía, com a Ciência, a servir-lhe de alavanca. Professor de anatomia, conhecia o corpo humano em todos os seus elementos, conhecia os efeitos da terapêutica, conhecia a fundo todas as moléstias; estava a par dos surpreendentes resultados dos séruns inventados ùltimamente e empregados para prolongar a vida, em suma, de todas as descobertas que provam o esforço do homem para vencer as etapas do progresso, eliminando os padecimentos físicos.

Desfalecia, porém, quando encarava os fatos por esse prisma e grossas bagas de suor lhe banhavam a fronte.

Procurando dominar instintivos receios que o faziam estremecer, internava-se na biblioteca e compulsava algum tratado de medicina. Como, entretanto, não achava para o caso a solução que buscava ardorosamente, quer pelo esforço contínuo do pensamento, quer pelo estudo, fechava de novo o livro e voltava a observar Ivone, tomava-lhe o pulso, sempre débil, a respiração suspirosa, o coração descompassado perturbando as funções dos outros órgãos, e a febre, às vezes violenta, ardentíssima, ou, então, álgida.

Desanimava, ajoelhava-se junto do leito da enferma, tomava-lhe as mãos descoradas e as beijava repetidas vezes, dizendo: "Ivone, não estás melhor? Será possível que eu te vá perder?"

Poucas vezes ela lhe respondia. Quase sempre, desprendido da matéria, seu espírito vagava no Espaço, seguido de outras sombras luminosas, lindas, como que envoltas apenas em gazes diáfanas e que lhe falavam com voz dulcíssima: "Ivone, queres vir conosco? Somos virgens e puras como tu. Iremos juntas gozar as venturas celestiais, banhar-nos nas luzes maravilhosas dos mundos superiores; as estrelas e os astros rutilantes inclinar-se-ão à nossa passagem." Ivone, arrebatada por essas seduções, fascinada pela poesia das luzes e das modulações daquelas deusas, flutuando no azul pálido do céu, não sabia o que fazer: vacilava entre o sim e o não. Logo, porém, parecia escutar o som de uma lira tangida dentro de si mesma, que lhe despertava, com suas doces e suaves melodias, os afetos latentes.

— Um ímã me atrai para a Terra, respondia.

E as delicadas fulgurações desapareciam como penugem aérea e ela volvia ao corpo. Era, então, que Paulo lhe notava os estremecimentos, a elevação da febre, os vômitos sanguíneos, as convulsões, a respiração entrecortada. Acudia-lhe, tomava-a nos braços com extrema ternura; fazia-a beber os medicamentos, falava-lhe, animava-a; mas, o terrível tóxico, que a causticara interiormente, produzia as suas consequências, zombando da medicina, mau grado aos soros, às substâncias emolientes que lhe eram ministradas com pontualidade.

Tentando conservá-la na vida terrena, Paulo lhe falava com meiguice: "Ivone, vem, não me fujas. Agora seremos felizes..."

Nesses momentos, via, não raro, que os lábios da donzela sorriam, que seus olhos amortecidos, lânguidamente ocultos pelas pálpebras, o envolviam com suprema doçura, como se ela o visse sem o ver, como se o escutasse sem o ouvir.

E' que no Espaço, recordando as páginas fulgurantes de Otávio de Valence, Ivone, desprendida do invólucro perecível, verificava que, em tempos longínquos, fôra noiva de Paulo. Fôra Iby, a maga, a loura princesa que os vassalos veneravam pela arte mágica que possuía de predizer o futuro, de sondar os segredos e adivinhar as coisas ocultas.

Concentrada, envolta nas gazes do luar, no terraço do templo, os olhos fixos no misterioso além, a maga princesa vislumbrou, certa vez, um príncipe, formoso e audaz, que dominava um reino oriental. Temido, arrogante, invejado, o príncipe, que tinha o dom singular de compreender a linguagem dos astros, das flores, das brisas, dos ocasos, das selvas, dos pássaros, dos bosques e das alvoradas, habitava um castelo de granito, no coração de uma floresta esmeraldina na Índia Oriental.

E a princesa loura o amou delirantemente. Desejou-o e logo mandou conquistá-lo por seus vassalos.

Quando iam celebrar as bodas principescas, a irmã do rei Ormuzd, de sedutora beleza, que depois fôra Bianca e que também se apaixonara pelo príncipe, lhe ofereceu o filtro do seu amor, um tesouro e um reino pela renúncia à luminosa Iby. Mas, o príncipe, apaixonado pela princesa que o conquistara com seus olhos de esmeralda e com seus cabelos cor de sol, recusou a oferta. Nizumba, ferida no seu orgulho, como uma serpente a destilar o veneno do seu ódio vingador e inexorável, mandou envenenar o príncipe que recusara os deleites de seu amor. Então Iby, a luminosa pitonisa, conhecendo a traição da terrível sacerdotisa, desesperada por vê-lo morto ao cintilar das estrelas, impassível no esquife de nácar enfeitado de narcisos, perfumado de essências finíssimas, querendo vingar a morte do seu amado, pôs uma noite veneno na taça em que Nizumba bebia os néctares sagrados do templo. E a Iby sedutora, desde esse dia, se obscureceu e transformou e nunca mais encantou a multidão com o seu mágico poder.

Eis porque a fatalidade ou o destino levara o velho

servo a trocar inconscientemente as taças, a pôr no lugar de Ivone a em que Leony, na sua alucinação, por fugir à perseguição do "Espírito das Trevas", deitara veneno, com o intuito de suicidar-se, e no lugar dessa colocara a que se destinava a Ivone.

Desse fato ressalta a misericórdia divina, evitando à consciência de Leony o peso de um novo crime, tendo em conta os seus sofrimentos e sincero arrependimento. Sua morte foi ocasionada por uma síncope cardíaca, consequente à grande emoção que experimentou.

Também para o "Espírito das Trevas" soara a hora de reconhecer o seu erro, o que só se poderia dar por um fato que o abalasse fortemente e profundamente o comovesse.

Deplorando haver feito aquela vítima, que seria dali em diante, pela viva compaixão que lhe inspirou, o toque de despertar de sua alma arrependida para tomar o caminho da regeneração a que têm de chegar todos os seres, Dupont se regeneraria, penitenciar-se-ia e retomaria finalmente o rumo abandonado de sua ascensão.

Paulo de Sália, porém, atordoado pelo acontecimento lamentável, lobrigando desatinadamente os derradeiros momentos de Ivone, já não percebia a lógica dos desígnios supremos e desesperava. Amando-a com esse amor santificado, que só ao senso espiritual é dado compreender, ele se conturbava. Agora que a polícia efetuara a prisão do Dr. Artur L'Waite, justamente na noite do seu consórcio, por haver assinado cheques bancários sem possuir fundos, além de praticar outras escroquerias, que tinham sido denunciadas; agora, que poderiam, por esse fato, anular o casamento e ser felizes, o destino inexorável os separava!

Ivone, seu primeiro amor, seu único ideal, a sua Iby diáfana, há tantos séculos perdida e finalmente encontrada, fenecia como um lírio, presa apenas por débil fio à existência. Se ela morresse, como ficaria deserta a sua vida!

Nunca mais uma estrela como Ivone viria iluminar-lhe o caminho, clarear a sombria noite das suas desesperanças! Nunca mais um orvalho ameno faria reviver o roseiral perfumoso de suas quimeras! Viveria sòmente para recordá-la. Sua eloquência, sua inspiração, seu estímulo apagar-se-iam para sempre! Veria o mundo agitar-se e a ventura em torno de si, sem que coisa alguma o atraísse e, na sua perpétua viuvez, jamais o pranto da saudade deixaria de correr dos seus olhos.

Absorvido por esses pensamentos, ele se inclinava e observava atentamente.

Se Ivone se salvasse, se os medicamentos produzissem o desejado efeito, oh! não mais a deixaria por coisa alguma deste mundo; daria o céu, o paraíso, todos os tesouros da terra para vê-la voltar à existência. Então, casar-se-iam. Leony morrera, não volveria do além-túmulo para se lhes opor à união, Artur não seria posto em liberdade; ao contrário, seria condenado à prisão por muitos anos e Ivone, que fora coagida, forçada àquele casamento por devoção filial, solicitaria à Justiça o anulamento do ato. Bastava para isso justificar o maú comportamento, a incompatibilidade moral do esposo, os vícios inveterados que o dominavam.

E eles, como tinham desejado do íntimo d'alma, se uniriam, livres de vãos preconceitos, almas e corpos, por esse laço indissolúvel que liga os seres puros para a Eternidade, que impulsiona a ascensão espiritual, que é o diadema que os nimba e que se chama Amor.

A essa ideia, Paulo se sentia tomado de um frêmito de ventura e de uma vertigem de íntimo gozo. Debruçava-se sobre a enferma até confundir o seu hálito com o dela; pousava-lhe a mão sobre a fronte, escutava-lhe a respiração. Ela abria os grandes olhos e dizia-lhe:

— Estava a dormir, para que me despertaste?

Ele abanava a cabeça, já sem esperanças, e murmurava: "Está tão mal, para que estas quimeras?..."

Mau grado a todo o esforço da sua vontade, do seu pensamento, a Ciência demonstrava que aquela vida se extinguia lentamente.

No dia vinte e três de Maio, Paulo solicitou uma conferência com dois abalizados clínicos, Gustave Loret e Charles Alvim, na esperança de debelar o grande mal.

Ambos concordaram com o tratamento iniciado,

prognosticando gravíssimo o caso, em vista das complicações internas que se tinham verificado, além do envenenamento pela estricnina. Usando, como lhes cumpria, de absoluta franqueza, declararam que, pelos sintomas principais, a doente não teria mais do que dois ou três dias de vida.

— Eu já o sabia, respondeu-lhes Paulo amargamente.

— Não se deve, porém, desesperar, enquanto a doente tenha alento de vida; esperemos uma reação do organismo, ponderou o Dr. Alvim.

Quando os viu sair, ele correu à biblioteca. Ali folheou, apressadamente, um livro; leu algumas páginas; em seguida, fechou-o e voltou ao quarto de Ivone, para fazer uma injeção de óleo canforado.

No dia seguinte, o estado da doente se agravara visìvelmente: a febre era altíssima e os sintomas inquietantes, desesperadores.

Glória e Xisto choravam em silêncio, amparando a enferma.

Paulo ouvia o seu próprio coração bater mais forte do que nunca; a sua angústia, a sua impaciência não tinham limites. Mantinha-se, entretanto calado.

Os serviçais notaram que recusara o almoço e que as lágrimas lhe resvalavam pelas faces quase contìnuamente.

Pelas vinte horas do dia vinte e cinco de Maio, a febre diminuiu, a respiração tornou-se menos extertorosa, os olhos mais brilhantes. Continuavam, porém, as alternativas do pulso, entre cem a cento e quinze pulsações por minuto.

Pelas vinte e tres horas, os criados e as amiguinhas de Ivone, que enchiam a casa e que o médico mandara se retirassem da habitação, ficaram alarmados. A doente respirava a muito custo, falava com grande dificuldade, parecia já não reconhecer ninguém; a cor de suas faces se tornara de uma lividez cadavérica. Paulo deixou o seu lugar ao lado da enferma e entrou num aposento que Leony ocupara. Aí, a sós, no escuro, no grande silêncio que o cercava, numa atmosfera que parecia prenhe da gravidade do momento final que todos esperavam com os corações opressos, atirou-se numa poltrona, desabotoou a camisa, com gesto nervoso, tirou a gravata, o colarinho, como se lhe faltasse o ar, enterrou as mãos nos cabelos e entregou-se livremente à sua dor. Os medicamentos, a medicina, as injeções, tudo havia fracassado: a vida de Ivone, ele o testemunhava, fugia-lhe com a respiração; só lhe restavam algumas horas. Quando o dia rompesse, ela teria deixado a existência humana, ter-se-ia evolado para o céu, alva, pura e diáfana, intangível, serena e luminosa, como um fragmento de Sol, e nunca mais voltaria a sorrir-lhe, a falar-lhe, a estar junto dele.

Que havia de fazer para impedir-lhe a morte? Para salvá-la, havia esgotado tudo; todos os esforços foram baldados.

Desventurado é o homem, precária a Ciência com as suas restrições, circunscrita no seu âmbito, limitada, fictícia, sempre a tatear, sem jamais lograr agir com absoluta eficácia.

Desventurado é o homem, porque se obumbra ante o poder divino; ele nada vale, nada pode e, embora centuplique seus esforços, se sacrifique e lute, é sempre o escravo de si mesmo, acorrentado aos grilhões do destino.

Se o governam poderes subjetivos, uma inteligência incognoscível, onipotente, grandiosa, porque lhe não concedia misericórdia? Onde estava a caridade dos Espíritos adiantados, pensava Paulo, desses a quem amava com entranhada devoção filial? Porque o haviam desamparado naquele doloroso transe?

Lentamente se deixou escorregar da poltrona e caiu de joelhos, com o corpo inteiramente curvado, até roçar com a fronte o chão. Concentrou todas as suas forças mediúnicas, momentâneamente veladas pelo transcorrer dos acontecimentos, e dirigiu o pensamento aos mistérios de Ievé, em que fôra iniciado na vida espiritual, na luz dos mestres, com todo o esforço e, na maior submissão, cheia a alma da mais pura humildade, elevou a Deus uma prece fervorosa, arrancada das profundezas do coração, pedindo ao Senhor dos mundos um raio de sua divina luz, uma partícula da sua infinita misericórdia, para que se realizasse o milagre que ele desejava.

Tão intenso, tão profundo, tão sincero e tão justo foi esse apelo, que o milagre não se fêz esperar.

Ainda Paulo não erguera do chão a fronte, ainda se conservava prosternado, banhado em pranto, e já sentia a aproximação dos Espíritos adiantados. Uma beatitude serena e reconfortante dimanava da aura daqueles seres que, atraídos por santas afeições, desciam à Terra.

Silhuetas maravilhosas, flexíveis, etéreas, de célicos resplendores, começaram a deslizar pelas câmaras severas que a catástrofe iminente já havia enlutado. Ilca, o venerando sacerdote, transparente, luminoso, baixara das altas regiões do Espaço; à sua direita, flutuava Lívia, sua esposa, formosa e modelar, com o seu corpo de estátua grega envolto em gaze azul-etéreo; acompanhava-os Iara, a leda e meiga Iara, de faces nitentes e angelicais. Otávio, os tios e os avós de Ivone, desmaterializados e esclarecidos, também acudiam pressurosos à invocação do moço que a virtude absolvia de pequeninas fraquezas de homem.

Vinham para salvar Ivone, para fazer o milagre, o indescritível milagre, que Paulo implorara a Deus como extremo recurso.

Concentrado na sua prece repassada de extraordinária fé, renascida da exacerbação do sofrimento e do temor de ver Ivone morta, perdera os sentidos. As formas celestiais, congregadas para o mesmo fim, se moviam num conjunto harmonioso. Deslumbrantes, agitavam-se em torno de Ivone e lhe transmitiam seus eflúvios magnéticos sutilíssimos. Reanimavam-na, soerguiam-na do leito de morte, infiltravam-lhe no sangue, nas veias, no coração, no cérebro, no grande simpático, as emanações miraculosas da vida e os fluidos apropriados à restauração da vida orgânica. Ivone, em estado semi-corpóreo, via-os a todos, belos, joviais, a lhe falarem numa voz melodiosa, tocante e delicada.

— Ivone, perguntou Iara à sua filha, queres regressar à vida espiritual?

— Mãe! a vida espiritual me atrai; mas, uma chama etérea me prende ao mundo. Adoro o Espaço, a liberdade da alma e da consciência, mas, a Terra, não sei porque, me faz palpitar.

Iara compreendeu o que se passava no coração da filha e sorriu.

— Vamos prolongar a tua existência. Deus no-lo permitiu; porém, não esqueças nunca os sagrados deveres que tens a cumprir.

Uma teia de estrias radiosas desdobrou-se daquele Espírito e uma suave emanação muito fina, delicada e penetrante atingiu a enferma.

Otávio, o laureado poeta que cantara em poemas melodiosos a vida ignota de Ivone, sorria-lhe docemente, enquanto Lívia e o magnânimo Ilca acudiam ao filho amado.

Paulo, disse o antigo sacerdote, estendendo a mão sobre a cabeça do moço, o Senhor dos mundos atendeu ao teu pedido. A tua Ivone está salva. Seja ela para sempre e por todos os tempos o astro de inextinguível fulgor, a alvorada perpétua da tua existência. Porém, não te esqueças jamais de cumprir os deveres que a tua religião te impõe. Leva a luz às almas obscuras, socorre os que sofrem, consola o moribundo e ama os teus semelhantes como a ti mesmo.

Quando o moço despertou do seu êxtase, estava como que aturdido, deslumbrado! As frases do pai ainda lhe vibravam aos ouvidos, mas já eles haviam desaparecido todos. Saturava o ambiente um fluido virginal, doce e inefável mistério do Além, melodia votiva e comovente, perfume de flores estranhas, gorjeios miríficos. Parecia-lhe ouvir uma melopeia sacra rolando em surdina, muito além, sob a opala luminosa das estrelas e tudo em torno dele repousava num eflúvio de vitalidade e paz.

Paulo correu, meio fora de si, vibrando ainda de emoção, ao quarto da enferma. Ao chegar ali, encontrou Ivone sentada no leito. Reanimada sùbitamente, milagrosamente, já o esperava. Ao vê-lo entrar, sorriu-lhe com esse encantador sorriso que traduz todas as comoções da alma espiritualizada.

— E' possível!? Tu, sentada?! Agonizavas ainda há pouco!...

— Estive tão mal assim? Como, se nada sinto?

— Ó minha querida, julguei perder-te. A morte rondava esta alcova.

— A! sim, lembro-me agora de tudo o que se passou. Como pude, então, sobreviver à morte de meu pai, ao envenenamento, a todas essas amarguras que me amortalharam neste leito? Durante tanto tempo me vi desprendida do corpo, ondulando nas nuvens fugitivas, distante deste mundo, que me julguei morta.

— E' verdade, a febre te fêz viver uma vida etérea; mas, Deus estendeu sobre mim a sua misericórdia. A minha dor bem justificada mereceu a compaixão divina e a intervenção dos Espíritos protetores, pois estiveram aqui os nossos amados mortos: meu pai, minha mãe e os teus queridos defuntos, que desfrutam a paz dos Justos. Eles fizeram o milagre que supliquei ao Onipotente.

— Suplicaste a Deus por mim?

— Sim; e as potências divinas me atenderam, pois os vi aqui, como num sonho luminoso.

— Graças! Graças meu Deus! exclamou Ivone contrita, juntando as mãos e volvendo os olhos para o céu.

Depois, dirigindo-se ao moço que curvara a cabeça, ajuntou:

— Obrigada pela solicitude e dedicação que me tens consagrado nesta trajetória, estendendo-me a mão e amparando-me nas provas que me foram dadas para resgatar as faltas de uma existência extinta.

— Nada tens que me agradecer; considero-me agora o mais ditoso dos seres humanos, pois muito tenho sofrido com esta tua enfermidade. Bendigamos o sofrimento indispensável à perfeição da alma, primeiros ensaios para as glórias futuras e para as delícias do amor divino.

— Terminamos, Paulo, as nossas provações. Estamos sós, encarando o profundo e vasto horizonte que se abre às nossas vistas.

— E' uma nova fase da existência; afigura-se-me um renascimento de palpitante felicidade.

— Começaremos de hoje em diante a cultivar... a cultivar juntos as flores da alma, que são todas as excelsas virtudes, a fim de que em novos renascimentos possamos palmilhar sendas alfombradas de veludosas pétalas e ungidas de aromas suaves.

— Sim, Ivone, iremos cultivar as flores... e, quando a morte nos arredar do corpo, iremos juntos, como dois "mistas", envoltos em névoas adejantes, procurar a glória eterna nos mundos superiores.

E, lentamente, eles se inclinaram e trocaram um suave ósculo, esse ósculo divino que simboliza o amor verdadeiro, puríssimo, da espiritualidade, que une dois seres para todas as provações da Terra e para todas as venturas do Céu.

Um Espírito

